超約 ドイツの歴史

THE
SHORTEST
HISTORY
OF
GERMANY

JAMES HAWES

私の父、モーリス・ホーズの思い出に、
そして、私の三番目の息子、
カール・モーリス・ホーズ・フォン・オッペン
——二人の人生は2015年2月25日に数時間交わった——
の未来に捧げる

日本語版序文

ここ数年、ドイツは日本人にとって理解しにくい「遠い国」になりつつある。大量の難民受け入れ、極右の台頭、罰則は厳しかったが手厚い芸術支援も行ったコロナウイルス対策、そしてロシア・ウクライナ戦争やガザ・イスラエル紛争に対する政治的態度など、容易には説明できないことばかりだ。だが同時に、ドイツは二〇二四年に日本を抜いてＧＤＰ世界三位となり、日本にとっては「無視できない国」にもなりつつある。

ジェームズ・ホーズ『超約　ドイツの歴史（原題 *The Shortest History of Germany*）』は、約二千年間のドイツ史を紐解くことで、ドイツを考えるヒントを与えてくれる。本書が特に重視するのは、時間だけではなく地理空間である。ライン川（西）とドナウ川（南）の周辺からエルベ川（東）付近までを「西のドイツ」、そしてエルベ周辺地域と東側を「東のドイツ」として、この「二つのドイツ」の歴史を叙述する。原著の表紙には、左右の逆方向を向く「双頭の鷲」が象徴的に描かれている。

さて、この序文は、実はドイツ鉄道の車窓から「川」を眺めながら書いている。日本と比べてドイツの川の流れは緩やかだ。よって、川付近に平野が広がり、そこに都市が形成されている。現在では自動車・鉄道のための大きな橋が架かっているが、その数もそれほど多くないことに気づく。川沿いの都市は、現在も交通、防衛、そして商業の要衝として存在感を放ち続けており、今なお河川は重要な境界地域を形成している。

日本語版の監修を担当した私は、過去に「エルベの東」のベルリンに五年ほど住み、その後、二〇一九年から「ドナウの南」のミュンヒェンに居を構えている。正直、ミュンヒェンに住み始めたとき、別の国に来たと思った。地域言語（方言）の違いだけではない。何もかもが違っていたのである。本書に照らし、相違点を一つだけ取り上げておこう。ベルリンではスラヴ系の友人が多く、私は市民講座でポーランド語を習ってみたほどである。バイエルン州はスラヴ国家のチェコに接しているにもかかわらず、州都ミュンヒェンでは「スラヴ」を感じる機会は少なく、「イタリア」に触れる機会が増え、私はイタリア語を習い始めた……。

話を『超約　ドイツの歴史』の紹介に戻そう。本書は二〇一七年にイギリスで出版され、またたくまにベストセラーとなった。二〇一九年にはドイツ語やイタリア語にも翻訳された。現在、某書籍通販サイトでは英語版で一八五〇ほどの評価（旧版と改訂版を合わせた数、五点満点で平均四・五）、ドイツ語版で六五〇ほどの評価（平均四・四）が付いている。

本書は、史料・資料を多数採用し、それらの分析から導かれる大胆なテーゼが多くの読者を引きつけた。その魅力を損なわないように訳文は工夫した。主に英語の原著から訳出したが、ドイツ語版での追加点や修正点も参考にした。原文で斜体になっている重要タームは、訳文では太文字にした。また、各章末には原著の説明註（原註※）に加えて訳註（＊）を置き、日本の読者の理解に資する情報を記した。さらに、本文中の（　）は原著の補足説明で、〔　〕には訳者からの説明註を付けている。高校世界史レベルの知識を補うことで、本書をより深く理解できるだろう。また、「スタンリー」や「カロデンの戦い」などの原著者の出身地であるイギリス的な教養知識も唐突に登場するが、これらも本書がベストセラーになった理由の一つなので省略せずに翻訳し、これらの単語も〔　〕を用いて説明している。さらに、二〇二二年九月に書かれたロシア・ウクライナ戦争開始後の「追記」も収録している。これは、著者ホーズの語るドイツ史理解が現代にも応用可能である証左となっている。

では、ページを繰って、二千年の変遷を追う通史と東西の空間史を組み合わせた「新感覚」のドイツ史を体験していただきたいと思う。

日本語版監修者　柳原伸洋

ノルウェー
フィンランド
スウェーデン
ロシア連邦
エストニア
ラトヴィア
デンマーク
バルト海
リトアニア
ロシア連邦
オランダ
エルベ川
ベラルーシ
ポーランド
ライン川
ドイツ
オーデル川
ウクライナ
マイン川
チェコ
ドナウ川
スロヴァキア
モルドヴァ
スイス
オーストリア
ハンガリー
スロヴェニア
ルーマニア
クロアチア
ボスニア・
ヘルツェゴヴィナ
イタリア
アドリア海
セルビア
モンテ
ネグロ
コソヴォ
ブルガリア
アルバニア
北マケドニア
ギリシャ
トルコ

北海
アイル
ランド
イギリス
大西洋
ベルギー
ルクセンブルク
フランス
ポルトガル
スペイン
地中海
0
1000km

目次

掲載図版一覧

数字は掲載頁を表わし、頁内に複数の図版がある場合には、その位置を、t（上）、m（中）、b（下）、r（右）、l（左）で示した。続けて図版クレジットあるいは出典・ステイタス等（パブリックドメインはPDと略）を明示した。原書（*The Shortest History of Germany*）に掲載の図版にはSHGと記した。

地図・表・図版（地名等を日本語に訳したものがある）：15t、15b、16、17、19、24、26t/b、28、29、31、32、34、36、40、42、44l、45t/b、46、51、53t/b、55、56、58、60、65、67、74、75、77、78、79r、81、84、106、108、109、111、119、122、124、127、131、133、134、136、138、145、149、152、156、168、169、170、171、174、175、179、180、181、182、183、184、185、189、191、193、194、197、199、202r/l、203、206、207、208、209、211、213r/l、214、215、217t/m/b、218r/l、219、223、224、225t/m/b、227、230、232、235、236、245、246、249、253、254、262、274、276、279、281、282、288、289r/l、296（以上、SHG）、6-7（編集部制作）、114b（柳原伸洋制作）

写真・作品：30、52、71、116、126、135（以上、提供：アフロ）、44r（アフロ）、93、114t、143、147、156、164（以上、写真：アフロ）、291（写真：ロイター / アフロ）、33、79l、87、98、105、107、117、120、141t、141b、215（以上、PD）、242（CC-BY-SA 3.0/A.Savin, Wikipedia）、248（CC-BY-SA 3.0/Bundesarchiv, Bild 146-1984-079-02）、250（CC-BY-SA 3.0/Bundesarchiv, Bild 141-1879）、263（CC-BY-SA 3.0/KAS/ACDP 10-001: 642）

THE SHORTEST HISTORY OF GERMANY

超約 ドイツの歴史

はじめに

「ドイツの今」は、いつ始まったか

西洋は完全に後退している。アングロサクソンの列強諸国は、大小を問わず、すでに失われた栄光の幻想の中に引きこもっている。ヨーロッパ中のポピュリストたちが声高に叫んでいるのは、国家への忠誠心を持たない見えざる支配者たちによって管理された冒瀆的なシステムが、移民とグローバル化という災禍をもたらしているということだ。自分を不幸だと思い込んでいる皇帝ウラジーミル〔プーチン〕は、バルト沿岸諸国とヴィシェグラード諸国〔ポーランド、チェコ、スロヴァキア、ハンガリー〕が恐れている彼の**グレートゲーム**[*1]の陣容を眺めている。一九九八年から二〇〇五年までドイツの外務大臣を務めた人物は絶望的な状況について、こう述べる。

ヨーロッパは、戦略的にアメリカの立場の代わりを果たすにはあまりにも弱くて分裂している。つまり、アメリカの指導力なしに西洋諸国は生き残れないのである。したがって、今日生きているほとんどすべての人が知っている西洋世界は、ほぼ確実に我々の目の前で滅びるだろう。

ヨシュカ・フィッシャー『西洋の終焉』〔二〇一六年一二月五日〕

他方で、『ニューヨークタイムズ』紙のある記事は、**リベラルな西洋の最後の守り手**がドイツのアンゲラ・メルケル首相〔在任二〇〇五～二〇二一年〕かもしれないと書いた。

ドイツだって？　その過去の行いは今なお色褪せていない。アドルフ・ヒトラーが形式上は民主主義的に政権掌握〔一九三三年〕を果たし（とはいえ、かろうじてであり、本書で後述するように特殊な有権者集団のおかげだったのだが）、そして残忍なレイシスト的な支配をもくろみ、全面戦争をけしかけた国、それがドイツではないか？　はたしてドイツは、こんな短期間に劇的に変われたのだろうか？

もちろんそれも可能だろう。しかしこの変化を理解するために、そしてなぜ今ドイツが最後の希望なのかを理解するためには、私たちがドイツ史について理解していると思い込んでいる数々を捨て去り、濁りなき眼で捉えなおさねばならない。

では、本当の意味での始まりからスタートしよう。いやむしろ、さらに少し遡って**始まりの始まり**から……。

始まりの始まり

紀元前五〇〇年頃、スカンディナヴィア南部もしくはドイツ最北部の鉄器時代集落のどこかで、ヨーロッパ内のインド＝ヨーロッパ語族の支族が、ある子音を他の人々とは異なる音で発音し始めたと推測されている。

誰が、どこで、いつ、なぜそんなことをしたのかについては、正確なことは誰も知らないし、おそらく今後も知ることはできない。だが、私たちは**何が**起こったのかを再現することはできる。例えば、疑問詞を取り上げてみよう。いくつかの西洋言語は c/k/qu 音〔ラテン語の quis, quid, quo, cur, quam など〕を使用し、その一部は現在もそのまま使用されている〔quoi, que, che, kakiya など〕。しかし、デンマーク語、英語、ドイツ語、その他のいくつかの言語集団〔いわゆるゲルマン諸語〕の祖先は新しく hv/wh/h 音を使用し始め、hvad/what/was のような今日でも頻繁に使われる単語を生み出した。

紀元前五〇〇年頃にこれらの新しい音を使い始めた（と思われる）部族は、**原始ゲルマン**〔ゲルマン祖語を話した人々〕して知られている〔図1〕。彼らが自分たちをどのように呼んだのかはわからない。なぜなら、この時点で原始ゲルマン人は、水道〔ローマ水道〕、図書館、劇場、選挙、歴史書などを持ち合わせていた地中海世界の人々とは何の接点もなかったからだ〔図2〕。

ただし、紀元前一五〇年頃までに、原始ゲルマン人が地中海世界と交流し始めたことがわかっている。この時期から、ローマ製のワイン容器がドイツ全土で見られるようになったからである。また、

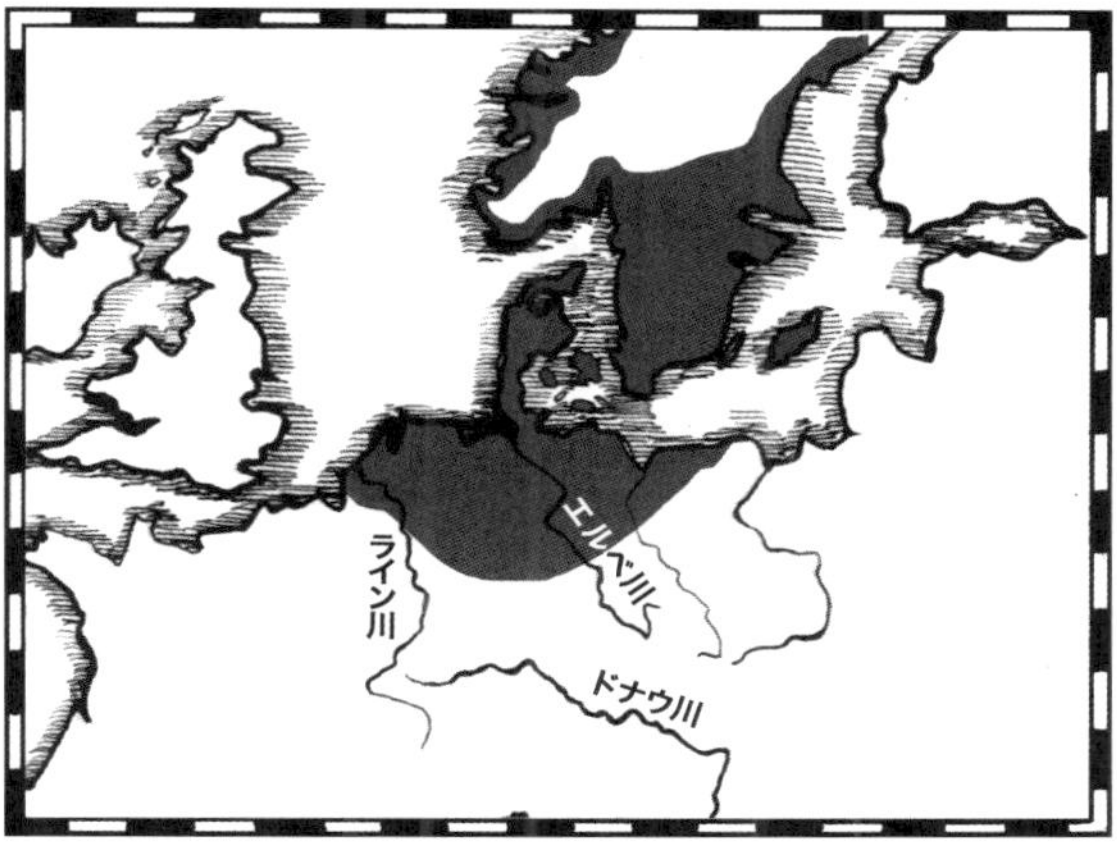

図１　紀元前500年頃に子音の変化が始まったと考えられる地域

ゲルマン語の第一子音推移は、民話収集家グリム兄弟の兄ヤーコプ・グリムが発見したことから、**グリムの法則**とも呼ばれている。この法則は、ゲルマン語と非ゲルマン語〔例えばラテン語起源の語〕を両方とも使用する現代英語において最も顕著に現れている。

変化	例（訳）
p → f	paternal – fatherly（父らしい）
f → b	fraternal – brotherly（兄らしい）
b → p	labia – lip（唇）
c/k/qu → hv/wh/h	century – hundred（100）
h → g	horticulture – gardening（庭）
g → k	gnostic – know（知る）
t → th	triple – three（3）
d → t	dental – teeth（歯）

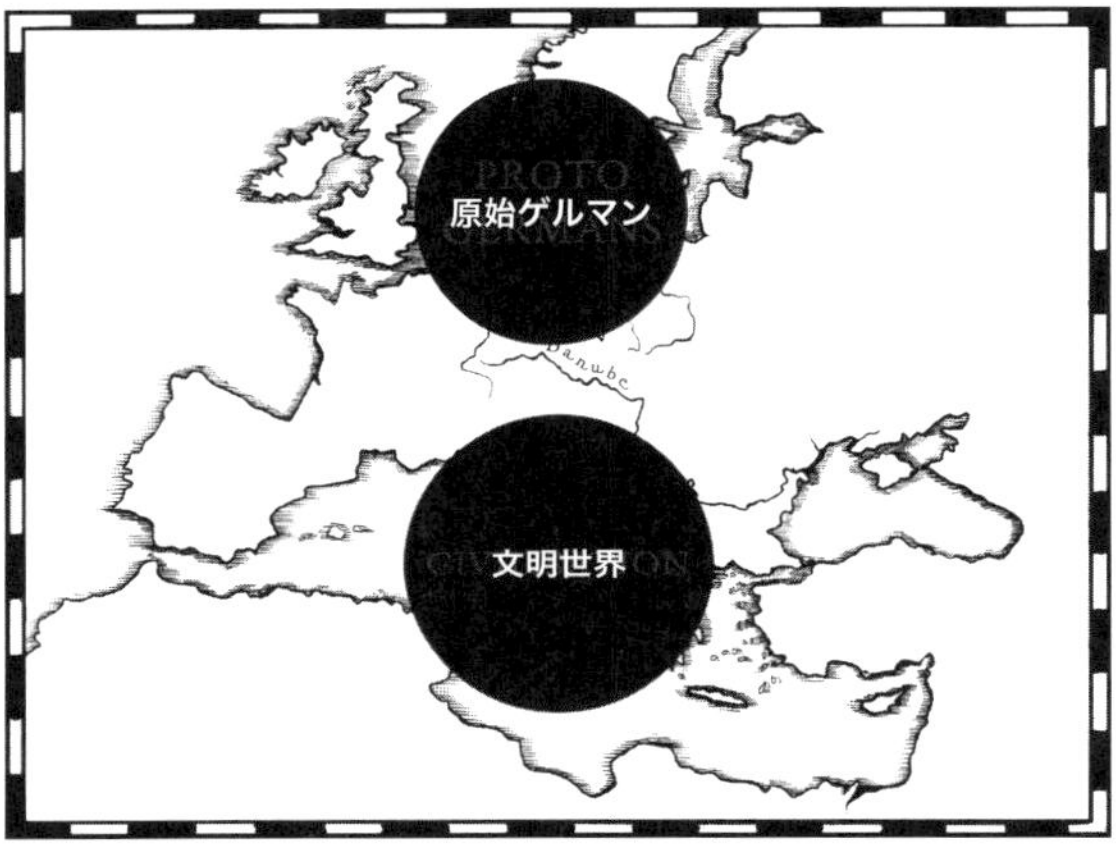

図2

ゲルマン諸語で「物を買う」を表す言葉 kaupa/kopen/shopping/kaufen などはすべて、ラテン語で商人または宿屋の主人の意である caupo に由来しており、買い物がゲルマン人にとって新しい経験だったことがわかる。

彼らのファーストコンタクトはラインやドナウの交易所だったと思われる。そこでは原始ゲルマン人のエリートが、毛皮・琥珀・金髪（ローマのかつら職人によって珍重されていた）、そしてとりわけ奴隷を酒と交換していた［図3］。

この交易はしばらくの間は平和裏に続けられたようだ。しかしそれも紀元前一一二年から紀元前一〇一年、キンブリ〔キンベル〕とテウトネス〔テュートン〕と呼ばれる北方の二部族が共和政ローマを脅かし、最終的には大将軍ガイウス・マリウスによって撃退されるまでの間だった。後世の愛国者たちは原始ゲルマン人を古代ドイツ人だと主張したが[*2]、ロー

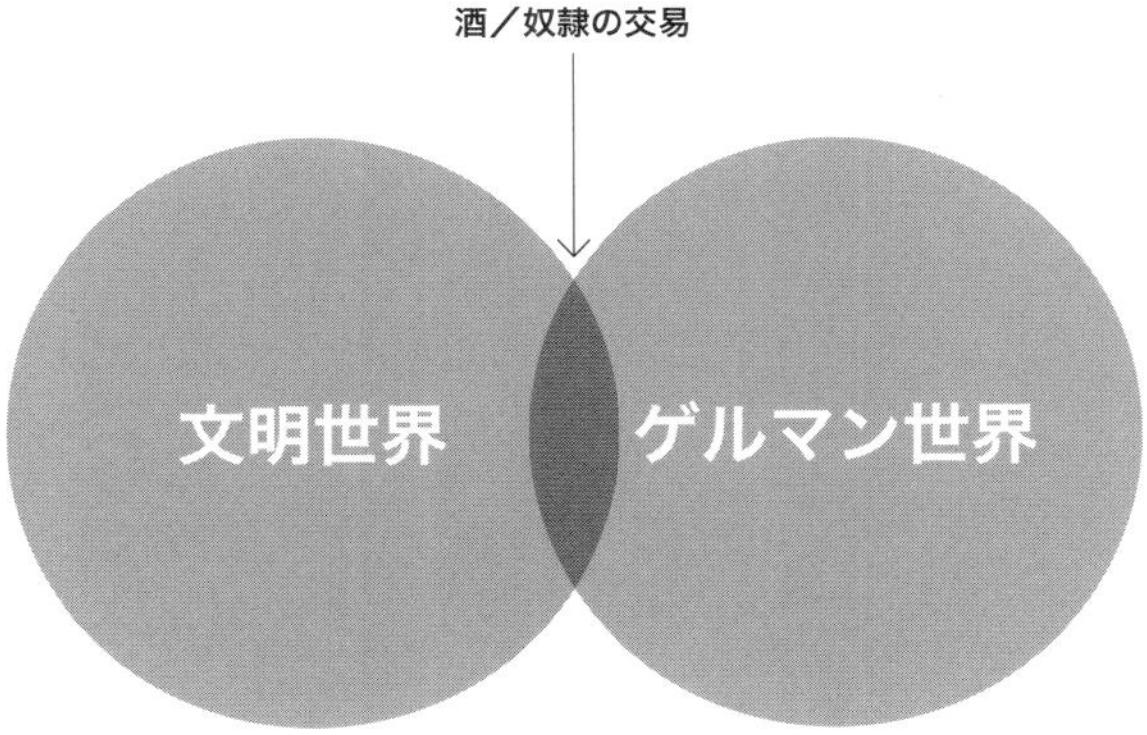

図3

マ人にとって原始ゲルマン人は単なる蛮族にすぎなかった。同時代的に、誰も彼らを**ゲルマン人**とは呼ばなかった。管見のかぎり、紀元前五八年まではゲルマン人という呼称は用いられていない。このゲルマン人をめぐる壮大な物語は、それにふさわしく史上最も有名な人物の一人から始まる。

註

1——グレートゲームは、二〇世紀初頭のロシアとイギリスの間における中央アジア覇権をめぐる争いを指す歴史用語。

2——ゲルマン人は英語だと、German であり、ドイツ人（German）と同じになるが、ドイツ語も日本語も、「ゲルマン〔ドイツ語で Germane〕」と「ドイツ〔ドイツ語で Deutsche〕」は別物である。この点は訳出で工夫した。

第1章

ローマがゲルマンを発見し、ゲルマンがローマを圧倒する——紀元前五八〜紀元五二六年

カエサルによるゲルマンの発明

紀元前六〇年三月、ローマでは庇護を求める異邦の人々がもたらす脅威が、民衆の話題をさらっていたという。このように記したのは哲学者・法律家・政治家であったキケロである。さらに北方では騒乱と戦争が起きていた。これによって、当時すでにローマ化されていたガリア・キサルピナ地域〔アルプスのこちら側のガリアの意〕、つまり現在の北イタリアにおよそ位置する地域に、人々が殺到していたのである。征服されていないガリア・トランサルピナ〔アルプスの向こう側のガリアの意〕には、新しく厄介な勢力があると考えられていた〔図4〕。紀元前五八年、征服戦争によって名声を高め、さらに借金を清算したいという思いに駆られていたガリア・キサルピナの新たな総督ユリウス・カエサルが、彼らをゲルマーニー Germani と名づけた。

カエサルは、ベストセラーとなった史書『ガリア戦記』の一ページ目でこのゲルマーニーという語を用いたときから、この語をライン川の彼方の住人と結びつけていた。カエサルは、まるでスタンリー*1

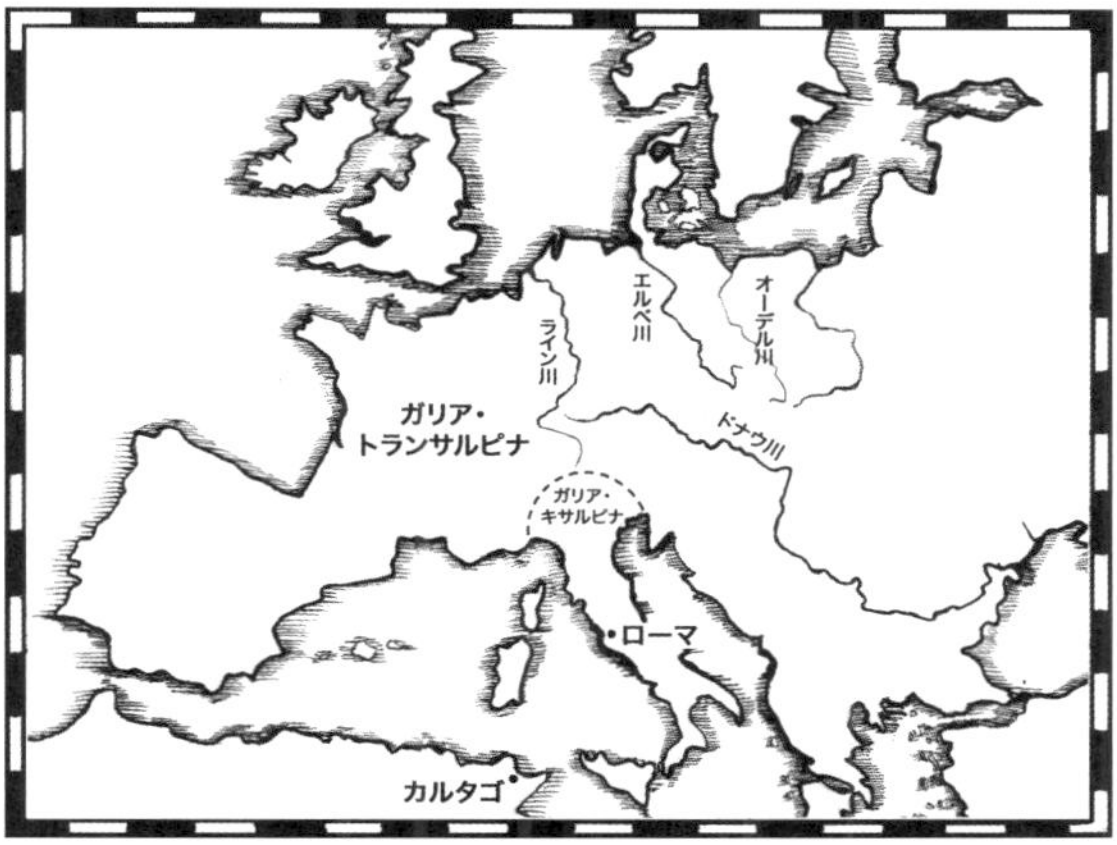

図４　カエサル以前のローマとガリア

の探検隊にとっての中央アフリカのように、読者たちにとって未知の地図部分を埋めていき、そして壮大な着想に至る。それは、ローマとガリアは物理的にも文化的にも重なりあうが、ラインの向こうにはまったく異なった集団・民族がいるという考えだ。『ガリア戦記』のページを繰るたびに、このメッセージはより鮮明となるだろう。

　カエサルはすぐに状況が悪化の一途を辿っていることを察知した。一部のガリア諸部族が、権勢を誇るハエドゥイ族〔現ブルゴーニュ地方に住んでいた部族〕に対抗するために、ライン川の向こうの武勇誉れ高い一万五〇〇〇人のゲルマン人に報酬をちらつかせ味方に引き入れ、ラインを渡って来させた。そして勝利したゲルマンの指導者アリオウィストゥスは、ラインの向こう側からさらに多くの仲間を呼び寄せ、ついに非ローマ人がいるガリア全土において**事実上の支配者**となったのだ。当時ガリアにはすでに一二万人のゲルマン人がいた。そして、さらに多くのゲルマン人が到来することが予想され、そうなれば元々いた人々は追い出されて新天地を探さないといけなくなるだろう。

愛国者カエサルはすぐに危険を察知した。ローマのガリア・キサルピナ地方に――ひょっとするとローマ本土にも――蛮族の移民が押し寄せるだろう。カエサルは怯えるローマ軍兵士を壮麗な演説で鼓舞し、脅威に満ちた小径と森とを慎重に避けて進軍した。そして紀元前五八年の**ウォセグスの戦い**〔現アルザス地方での戦闘。フランス語では「オクセンフェルトの戦い」〕で、カエサルが**ゲルマーニー**と総称した部族と交戦することとなった。

ゲルマン人は大敗を喫した。近代以前の戦争の常だが、敗走は総じて虐殺へと転じる。生き残りが川を渡って逃げ出すと、カエサルは追い打ちをかけた。ウビイ族〔ゲルマン人でローマの同盟者〕は、ライン対岸へ渡ることを手伝うと申し出た。しかしカエサルは、川に橋を架ける方がよりローマらしく、より安全だと判断した。そしてカエサルの軍団は一〇日間で架橋を成し遂げる。これは、まさに驚くべき偉業だ。

しかし、ローマの軍事技術がいかに優れていようとも、結局は戦場という現場での戦いが勝敗を決する。そしてゲルマン人は自らの土地を知り尽くしていた。彼らは森へ逃げ込み、そこで全軍を集結させローマ軍を迎え撃つ計画を立てた。カエサルはそのことを察知するや否や、名声・政治への貢献としては十分に進軍したとして、きびすを返して撤退地の橋を壊しながらガリアへ戻った。

ガリア戦争の残りの期間、ゲルマン人はガリアで反乱を起こそうとする者たちの潜在的な味方として身を潜めて構えていた。これに対する解決策はただ一つ、ゲルマン人にローマの力を思い知らせることだ。紀元前五五年、ゲルマン人がラインを渡河し集団移住を試みたとき、カエサルは**対ゲルマン戦争**を決意した。

カエサルは、四三万人の敵をライン川とマース川[*2]との合流点〔現オランダの河口近く〕に追い込み、そこで「敵を壊滅させた」後、「ローマ軍は一人残らず無事だった」と自慢している。[*3]ローマ人の立場から考えたとしても、これは戦争ではなく明らかに虐殺だった。有能な雄弁家小カトーは、カエサルを罰としてゲルマン人に引き渡すことを公に要求した。しかしカエサルは『ガリア戦記』を利用し、自分の残忍な行動には効果的な抑止力があるとして正当化した。例えば、再度、反抗的なガリア人がゲルマン人を賄賂で買収しようとしたとき、ゲルマン人は「前にあのようなことがあった以上、危険は冒さない」と返答したのだった。

しかし、この新たに見出された蛮族たちは、本当のところどのような人々だったのだろうか。カエサルは、紀元前五三年にライン川に築いた第二の橋頭堡《きょうとうほ》に立つというまさにドラマチックな場面で、この刺激にあふれた物語を中断し、歴史上初めてゲルマン人についての有名な叙述を読者に向けて語った。

カエサルのゲルマン人描写

ゲルマン人の習慣はガリア人とはたいへんに異なっている。神事を司るドルイドもいなければ、犠牲式への熱意もない。神々の数に入れるのは、姿が見えて、はっきりした御利益のある神々、つまり、太陽神、火神、月神だけである。その他の神々は人の伝えにも聞いたことがない。一生のすべてが狩猟と軍事への精進からなり、幼い頃から困難な苦役に励む。……川で水浴するときには男女が入り混じり、着衣は獣皮か短い皮衣だけでカラダの大部分が露出している。

彼らは農耕に熱心ではなく、主食とするのは乳、チーズ、肉である。誰一人として一定の区画の農地や専有地を持つ者はない。……諸部族にとって最大の栄誉は、領地の周囲の境界地域をできるだけ広く荒廃させて無人地域を持つことである。武勇の本願は近隣部族を土地から駆逐して退去させ、あえて近くに留まる者をなくすことだと見なされている。……山賊行為は、各部族の領地外でなされるなら、恥にはならない。……客人への狼藉は道に背くことと考えられている。来訪がいかなる理由によるにせよ、客人が不正を蒙るのを防ぐ。客人は神聖であると信じられ、客人にはどの家も開かれており、食物が分け与えられる。

……ヘルキュニアの森〔南西ドイツの黒い森を含む地帯とされる〕の横幅は、軽装備でも九日かかる広さがある。実際、こう言うしか終点を示す方法はなく、道のりを計測する手だてもない。……多種の野生生物が生息しているのは確かで、他の地域では見たことがないようなものがいる。

『ガリア戦記』第六巻二一節〜二五節（高橋宏幸訳『カエサル戦記集　ガリア戦記』岩波書店、二〇一五年、一九六〜二〇〇頁より。一部、表記を改めた）

正当な神々も神官もいない、財産もない、社会秩序もない、パンを作るための麦畑もない、測量の方法もない、あるのは凶暴な獣がうようよいる広大な森と絶え間ない部族間の闘争である。さらに言えば、まさに未開の地であり、ローマにとってこの地を管理して利益を上げられる見込みはない。

だが、『ガリア戦記』は人類学ではなく政治の書なのだ。ライン左岸〔カエサルの勝利地点〕と右岸〔カエサルが二度にわたって侵攻したが獲得できなかった地〕との対比が重要だ。**こちら側**にはガリア人。肥沃な土地で農業を営み、ギリシャ・ローマ式のパンテオンに祀られた神々とたやすく対照可能な正当な神々を崇拝し、基本的な法を有し、選挙の原初的なものを実施し、ある種の社会秩序を持っていた。そして、ドルイドたちはギリシャ文字に通じていた。これらは文明的能力の確かな証拠である。カエサルは、ローマ化に向き徴税にも適した地域全体をローマ市民のために勝ち取った。対して、ラインの**あちら側**にいるのはゲルマン人である。

同時に、本質的にライン川はまったく異なる二つの文化の境界線ではないことも明白だ。カエサルは、ラインを越えたはるか向こう側に住む部族の少なくとも一つは最近までガリア支配下のガリア人であり、逆に当時ライン流域に住んでいたベルガエ人〔現ベルギー一帯に住んだ人々〕は、「最近、ゲルマン人から分派してきた」のだと報告している。ラインのゲルマン側の岸辺に住むウビイ族はローマの確かな同盟者であり、対してガリア側の岸辺には敵対的な部族が住み、明らかに彼らもゲルマン人だった。彼らは**ガリア戦争**の全期間を通して、攻め入り、同盟を結び、逃亡し、移住するためにライン川を行き来していた。カエサル自身、ゲルマン騎兵を精鋭の護衛兵として使役していた。

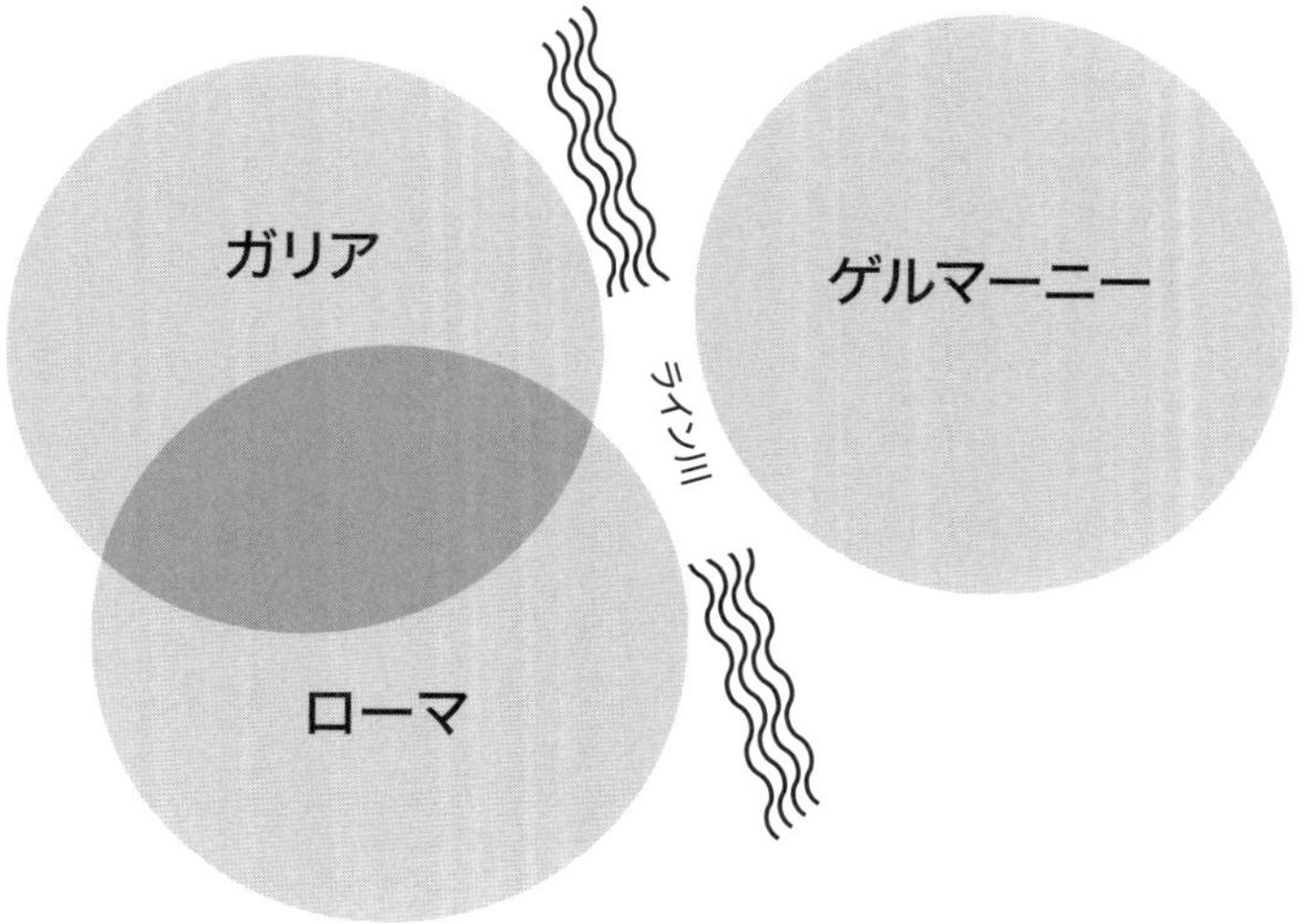

図５　カエサルによるガリアとゲルマーニーの区別

紀元前五八年から紀元前五三年のライン川沿いは実質、今日のシリアの状況に似て先行きが見えず混乱し、完全な無秩序状態だった。だが、このような情報を勝利の知らせとして華々しく伝えられるだろうか。だから、カエサルはローマ支配の自然境界を発見したと発表したのだ。ライン川はもはや、第一次世界大戦後にイギリスとフランスによって引かれた中東を通る恣意的な国境、サイクス・ピコ協定〔一九一六年〕の「越えてはならぬ線」のローマ版となった〔図５〕。ライン川の向こう側の人々は救いようがないほど野蛮であり、彼らの土地はまるで悪夢のような荒野だと宣言された。さらに悪いことに、彼らは特にローマ自体に対して敵意を持っており、「ローマの敵への絶対的な支援者」とされた。それ以降のローマの使命は明白になった。それは、ラインを監視し、渡河しようとするゲルマン人を攻め立てることである。

このように、ユリウス・カエサルはゲルマン人を「発明」したのである。

ローマと同化していくゲルマン

共和政ローマはその後、内乱とカエサル暗殺後に帝政となったことで混乱した数年を経験した。しかし、ライン川についてのカエサルの路線、すなわち文明化可能な**こちら側**のガリア人と、文明化不可能な**あちら側**のゲルマン人といった考えに囚われ続けた。もちろん、未開の人々の使い道も見出された。初代ローマ皇帝アウグストゥスは、ユリウス・カエサルを真似て北ラインラント地方のゲルマン人を専属の護衛とした。ローマによって任じられたユダヤ王ヘロデも同様のことをした。しかし、紀元前一七年、ゲルマン人の大規模な軍勢がライン川を越え、第五軍団の神聖なシンボルであった鷲の軍旗〔アクィラ〕を奪い、勝利宣言とともに川の向こう側に運び去った。帝政が成立したばかりのローマは、自らの威光をこのように嘲弄されることを許せず、最初の大規模な戦略的侵攻に着手した。すなわち**ゲルマーニア**の完全征服である。

皇帝アウグストゥスの若い継子である大ドルススは指揮を任された。現在のマインツ、ボン、ネイメーヘン、そしてクサンテンへとつながるようなライン沿いの地域に基地が設けられた［図6］。紀元前一二年から紀元前九年にかけて、これらの拠点から、大ドルススは諸軍団と艦隊を率いて北西ドイツの深部に進出し連戦連勝を収めていった。紀元前九年、大ドルススはエルベ川に到達した。歴史家のカッシウス・ディオとスエトニウスによれば、そこで巨大な女性の幻影が現れ、大ドルススに対して、彼の余命

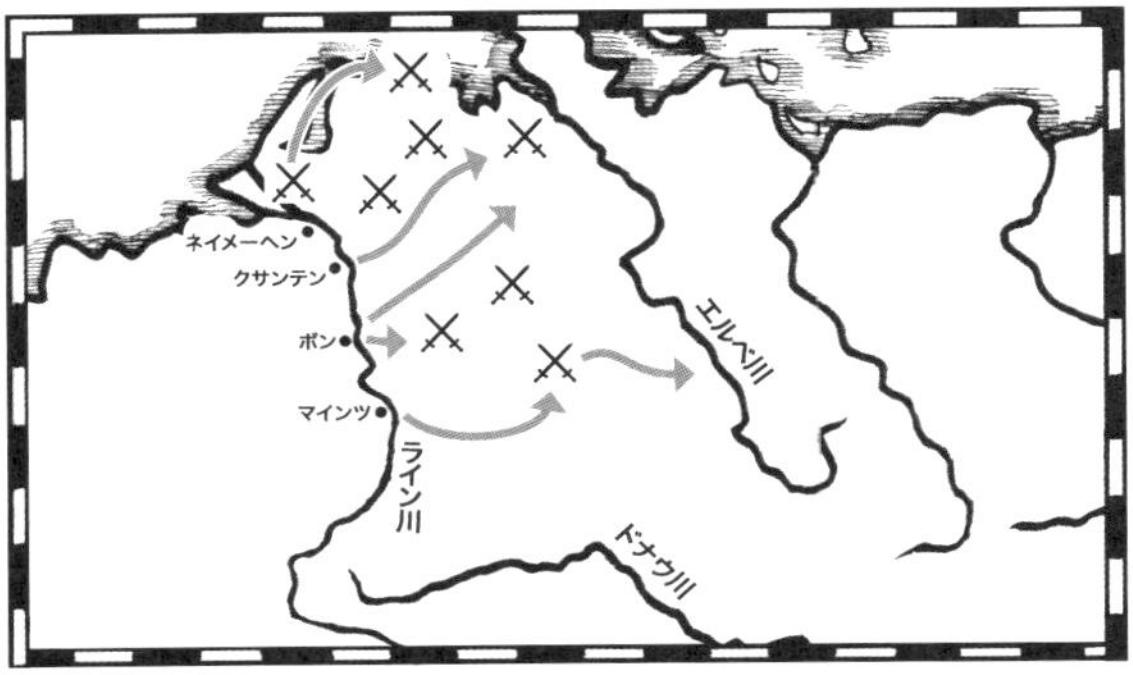

図6　ローマのゲルマン進出〔紀元前12年から紀元5年〕

エルベ川に到達した大ドルスス：エドゥアルト・ベンデマンによる木版画〔1860年作〕

が尽きようとしているので引き返して征服への飽くなき欲動を抑えるよう忠告したという（同年、大ドルススは西方への帰還中に落馬死した）。

これは、ドイツとヨーロッパの歴史において画期となった瞬間である。エルベ川での停戦は、通常の軍事的・政治的な決定ではなく超常的な力による運命だった。ライン渡河は問題ない。だが、エルベ渡河はあらゆる理性的営為の終着を意味したのである。

ドナウ・ライン・エルベに囲まれた地域、つまり**ゲルマーニア**に対する最終的な征服は紀元六年内が予定されていた。これは、おそらくローマ時代最大の作戦であり、それによれば一二個の軍団〔レギオ〕――ローマ帝国の全兵力の約四〇％に相当する――が、西はライン、南はドナウから広範囲に挟撃し、最後まで抵抗する部族の包囲戦を企てたのである［図7］。

この大規模な攻勢が始まる数日前に、現在のボスニアにおよそ位置する地域でローマ補助軍の反乱が勃発する。これがバルカン半島におけるイリュリア大反乱である。そのため、ラインとドナウに展開していた軍は急遽南進することになった。

翻って**ゲルマーニア**の状況は、ローマの進出が止まったにもかかわらず、ローマ化は加速した。カッシウス・ディオは「都市が建設されつつある。蛮族たちは市場を開き、平和的な集会を催すようになってきた」と記している。これは、ディック・チェイニーがイラクにおける砂漠の嵐作戦（一九九〇年の湾岸戦争におけるアメリカ軍の作戦名）で夢見たような状況に似て、今までは大げさだと片づけられてきた。しかし最近では、ローマ人が本当に**ゲルマーニア**を開発していたことを示す、はっきりとした証拠が考古学者に

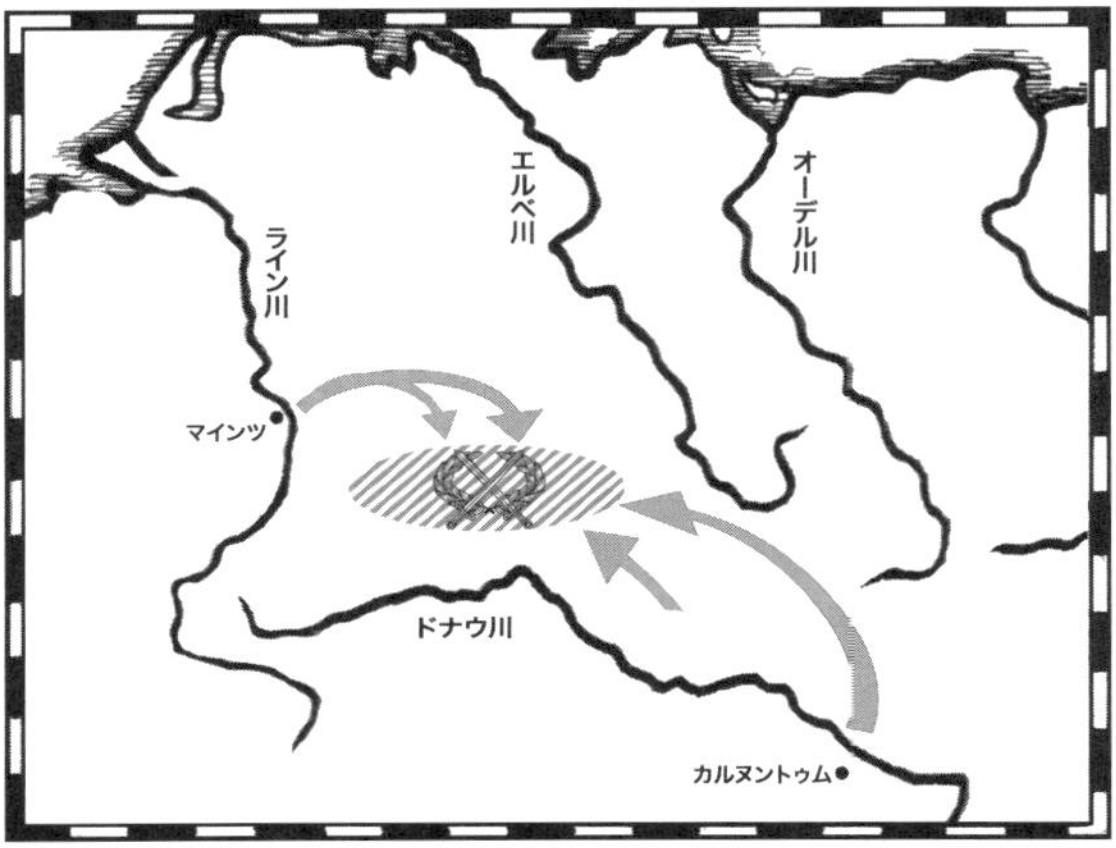

図７　ローマ帝国の壮大な計画（紀元６年）

よって発見されつつある。ラインから約一〇〇キロ東側のヴァルトギルメス〔ヘッセン州ラーン市〕で、街路、市場、公共広場を完全に備えた軍人と市民のための町が発見されている。ここで見つかった硬貨は、ローマが紀元五年から九年まで同地を占領していたことを示すものだ。後者の紀元九年という年〔トイトブルク森の戦いの年〕は、ドイツ史の授業で暗記する年号として、ずっとドイツの小学生の脳内に叩き込まれてきた。

アルミニウスとその後

ゲルマン人の地域に進出したローマ人は、まるでインドを支配したイギリス人のように、この地を戦いの絶えない小国の寄せ集めだと捉え、自己都合でそこに広大に拡がる単一のネイション〔国家・国民〕があるという考えを押しつけた。そしてイギリス人と同様に、彼らはこの発見された土地に合わせて文明化途上の指導者層を創り上げ、彼らからの忠誠を期待した。

紀元九年、**ゲルマーニア**の総督プブリウス・クィンクティリウス・ウァルスは、夏の時期、支配地域の奥地で過ごしていたが、それは戦争をしていたのではなく税の徴収を行っていたのである（後世、この徴税は極めて厳しかったと言われる）。冬期を過ごすためにライン方面に戻る途中、彼は、ローマ化されて食事も共にする僚友アルミニウス〔ヘルマンのラテン語名〕を信用してしまうという失敗を犯した。アルミニウスは北西部のケルスキ族の長の息子でローマの軍隊で訓練された人物だった。アルミニウスは、付近で小規模反乱が起こっているので今年中にもう一度だけ兵を起こし平定すべきだと、ウァルスに告げた。ウァルスは、アルミニウスの義父から彼を信用せぬように警告されていたにもかかわらず、挙兵を承諾してしまった。さらに、彼は自分が鎮定された安全地帯にいると思い込んで、わざわざ戦闘用の編隊を組もうともせずに三つの軍団を出発させた。従軍する非戦闘員その他を含むローマ軍は、狭い小道や鬱蒼とした森に突入していった。これらは、約五〇年前にカエサルが慎重に避けて通った場所だった。まさにそのような地で、ローマ軍は待ち伏せ攻撃を受けて惨敗した。これは**トイトブルク森の戦い**として知られ、この様子は記録として多く伝え残されている。それは地獄絵図だったとされ、現代の映画製作

カルクリーゼ遺跡で発見されたローマ騎兵の仮面

アルミニウスに率いられるゲルマン戦士（ケルスキ族）たち（トイトブルク森の戦い）

者でも、どう描くべきか悩むほどであろう。一九八七年、イギリスのアマチュア考古学者トニー・クラン少佐による画期的な発見によって、この戦場は現ニーダーザクセン州のカルクリーゼだと考古学的に証明されている。

　この戦いの結果、ライン東部におけるローマの拠点はほとんどすべて破壊された。これは確かにローマにとっての大敗北だったが、後世にルターやプロイセンの歴史家が考え出したような歴史的な転換点ではなかった。[*4] 実際に、紀元一四年から一六年にかけて、大ドルススの息子ゲルマニクス〔ローマ帝国第三代皇帝カリグラの父〕は復讐のためにこの地を蹂躙し、ついにアルミニウスとその盟友たちをヴェーザー川岸〔現ドイツ中部を流れる川〕に追い詰めることに成功する。激突前夜の様子には、いくつもの伝説的な語りがある。アルミニウ

図８　ストラボンによるヨーロッパの地図

スとローマ側に残った弟とが、川を挟んでラテン語で互いに罵り合ったという説話である。ゲルマニクスは、自軍を暗闇に紛れさせる作戦をとった。これはシェイクスピアの『ヘンリー五世』のモデルとなる。朝になるとゲルマン軍は敗走し、虐殺された。タキトゥスによれば、「死体と放棄された武器が散乱し、それが一六キロは続いていた」とされる。そしてその直後、ドイツ・ナショナリズムにおいて最初の英雄となるアルミニウス〔ヘルマン〕は、同族の仲間によってひそかに殺害された。

　ライン地方は再び平定された。ローマ軍は、あらゆる軍隊と同様、都会の若者よりも野育ちのたくましい少年を採用し、ゲルマン人たちは最も好まれる兵士となった。ローマのブリタンニア〔ブリテン島〕征服のとき、ゲルマン人の部隊は完全武装でテムズ川を泳ぎ渡り、天下分け目のメドウェイの戦いを勝利に導いた。ローマ帝国の護衛組織は完全にゲルマン人部隊であったため、それらを恐れたローマ市民からはシンプルに**コホルス・ゲルマノル**

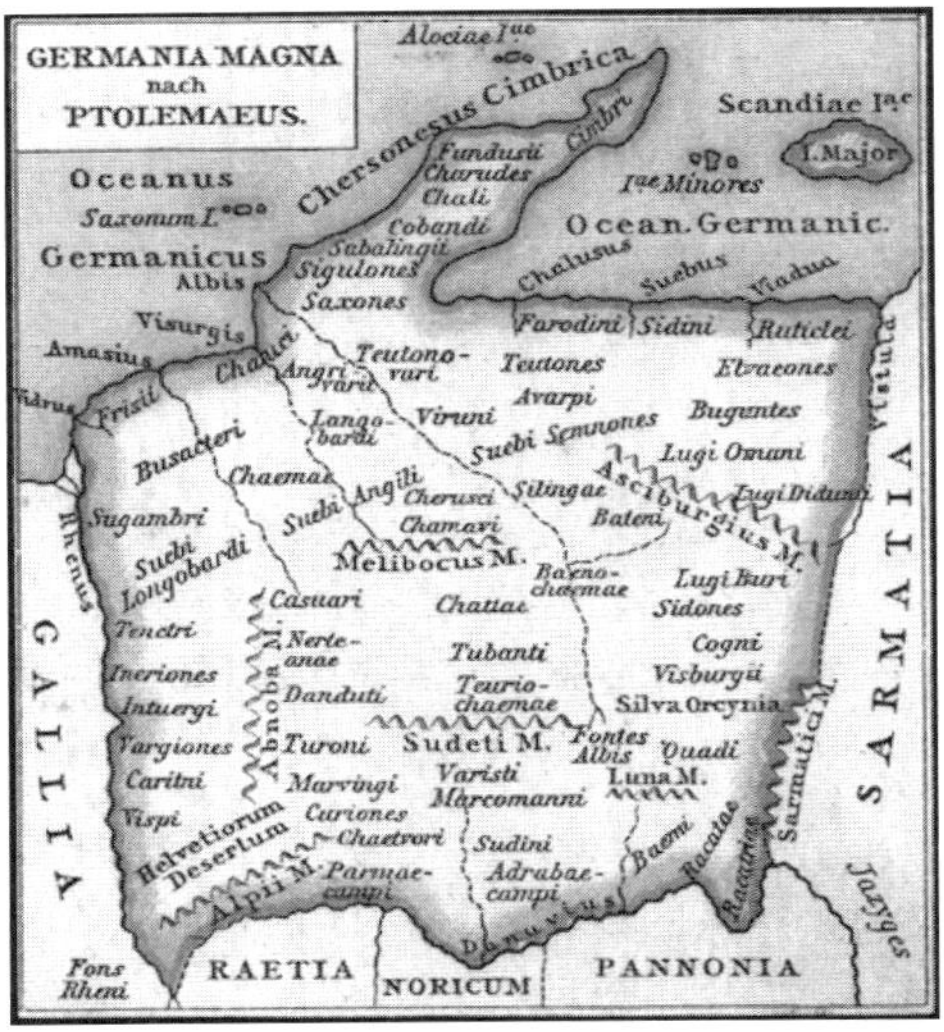

図９　プトレマイオスのマグナ・ゲルマーニアの地図

ム〔ゲルマン歩兵大隊〕と呼ばれるようになった。ラ
イン地方の一部地域では、ローマに兵士を提供することが地域経済全体への支えとなっていた。

当時のローマは絶頂期を迎えていた。ネルヴァ、トラヤヌス、ハドリアヌス、アントニヌス・ピウス、そしてマルクス・アウレリウスといったいわゆる**五賢帝**のもとで、ほぼ一〇〇年にわたる平和と安定と繁栄が続いた。同時に、ドイツ地域を含むあらゆる前線で冷酷無比に侵攻を続けていた。最近ようやく、我々はその距離の長さを知るところとなった。紀元二〇年頃では、ギリシャの地理学者ストラボンがドイツについて図８〔三一ページ〕のような見解を見せていた。

彼によれば「ローマ人はまだアルビス川〔Albis、つまりエルベ川〕の向こう側に進出していない」と。だが一五〇年頃、アレクサンドリア〔現エジプトの都市〕の偉大な学者プトレマイオスは、**マグナ・ゲルマーニア**〔大ゲルマーニア〕をエルベ川のはるか彼方にまで広がっているものとして描いている。

　ごく最近までプトレマイオスの地図〔図9〕はおよそ想像の産物だと考えられていた。ところが二〇一〇年、ベルリン工科大学の研究チームが新たに発見された地図を用い、最先端のコンピュータ処理技術を駆使して、この地図が従来考えられてきたよりもはるかに正確であることを突き止めた。プトレマイオスは、北アフリカ沿岸の図書館で作業していたにもかかわらず、彼が描いた地図は軍事的な実地測量情報を入手しなければ描けないほど正確なものだった。研究チームは、ローマ軍が紀元二世紀初頭には現ポーランドのヴィスワ川あたりまでの東方の地形を知り尽くしていたに違いないと結論づけている。

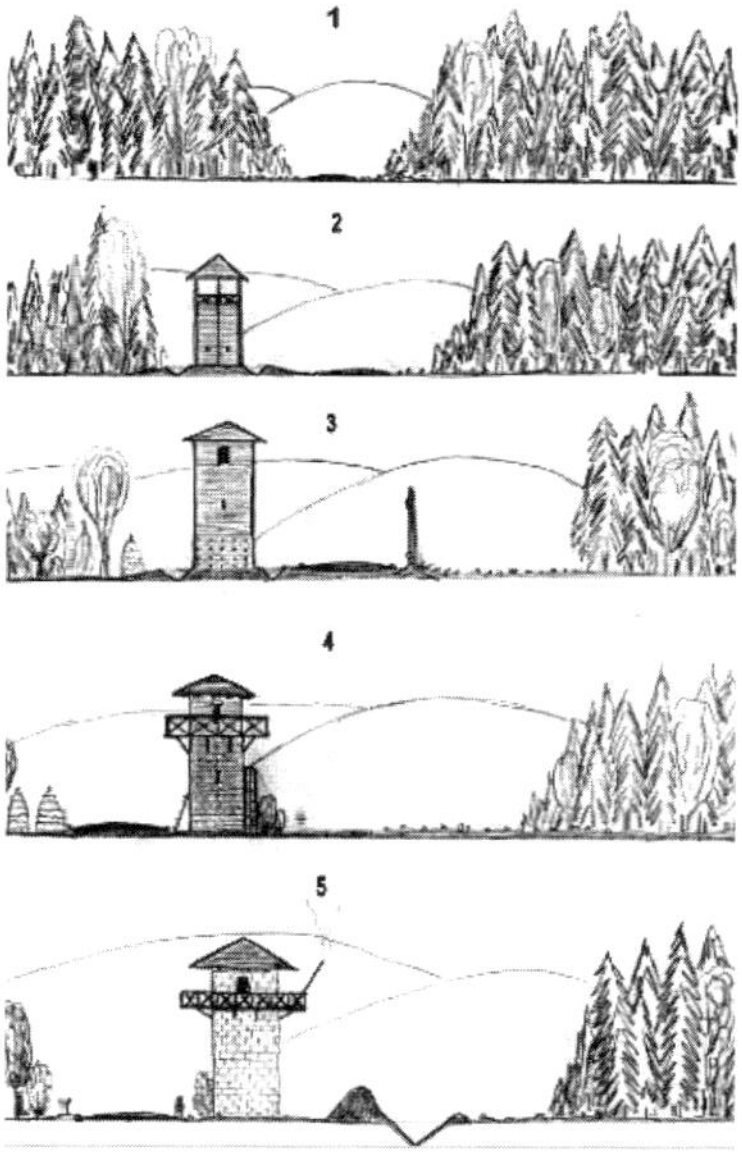

リーメスの発展過程

残り続けるリーメス（堡塁《ほうるい》）

　ローマ人は、後にドイツと呼ばれる地域をすみずみまで調査していたようだが、決してそのすべてを征服したわけではなかった。事実、ドイツの将来はローマがどこまで支配していたかによって大きく

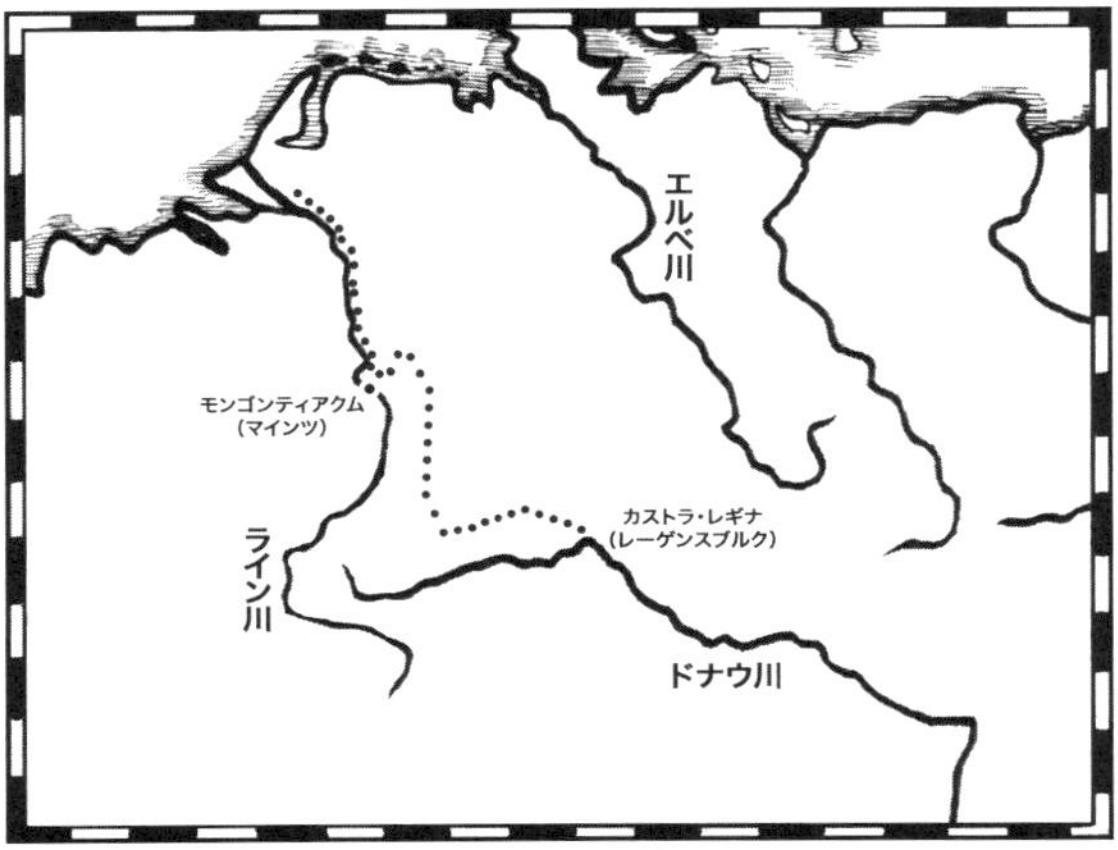

図 10　中央ヨーロッパのリーメス

左右されることになる。どこまでが境界線だったかは、今でも大地に刻み込まれているため疑いの余地はないだろう。

正確な年代は不明だが、遅くとも紀元一〇〇年頃にはローマ人はドイツ南西部の大半を完全に支配下に置いていた。一六〇年頃までには、**リーメス・ゲルマニクス**として知られる要塞を設置した境界線〔リーメス、堡塁〕を設け、支配を盤石なものとしていた。この境界線は北ではライン川をたどり、マインツの手前で東に折れてマイン川〔現在ではドイツの南北分水嶺として知られている〕に沿って南東に向かい、現在のレーゲンスブルクに位置する地域へ至る。

ドイツ史におけるこの断線は、ヨーロッパ自身のまさに万里の長城である。つまり、全長五六〇キロの境界線には約一〇〇〇の砦や監視塔があり、その多くは今も痕跡が残っているのである。長年、歴史家たちはこの地を不自然なまでに無視してきたが、ここ一〇年、ようやく正当な注目を集め始めた。以後、本書の内容を理解するうえでも、ローマ人のドイツ支配領域の範囲を具体的に思い起こしていくこととなる。

現在のドイツ地図では、**リーメス**の線上には、ケルン、ボン、マインツ、フランクフルト、シュトゥットガルト、ミュンヒェン、ウィーンといった都市が位置している。ライン川のすぐ東にあるデュースブルクのような場所は、もともとローマの前線基地だった。言い換えれば、北ドイツの港湾都市ハンブルクを除いて、後にオーストリアと西ドイツになるすべての大都市はローマ帝国の内部にあるか、もしくは今日でもローマの影響を残している都市なのである。

野蛮で高潔なゲルマン

初期ゲルマンに関するローマの叙述で最も有名なものは、歴史家タキトゥスの『ゲルマーニア』〔紀元一〇三年頃〕である。カエサルと同様、タキトゥスはゲルマン人をローマ人の対極に位置づけていた。ただし、タキトゥスにとってはそれは悪い意味ではなかった。なぜなら、ローマ人が悪徳と贅沢によって軟弱になり、皇帝にひれ伏すだけの存在に成り下がったと彼は難じていたからである。ゲルマン人は確かに蛮族だが「大衆娯楽の誘惑に惑わされない高潔な人々」だと考えられた。

後代の愛国者たちは、タキトゥスの著書を、ゲルマンがローマ化されなかった証拠だと誤読した。しかし実際には、タキトゥスはまったく逆の意味で書き記している。というのも、ローマ人は後世の帝国主義者と同様、ローマ周縁に住む野性的で高潔な部族を鎮定するやいなや、彼らの物語を読むのを

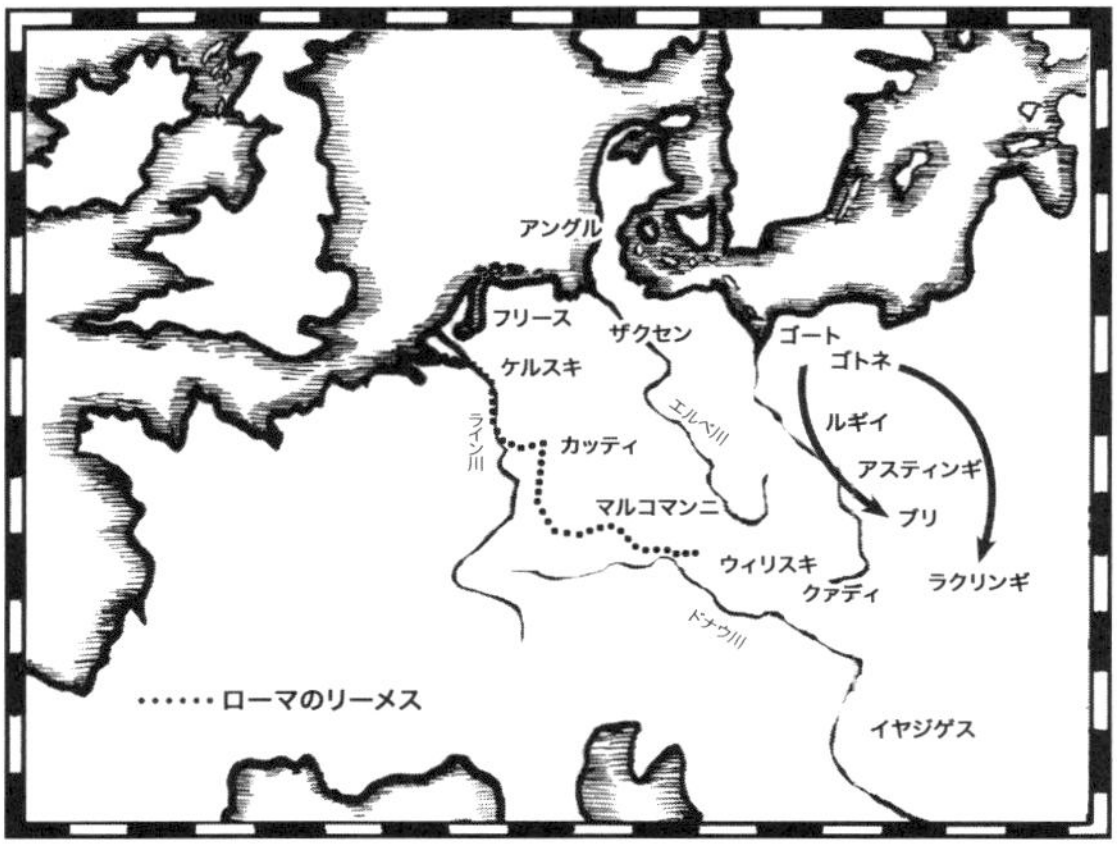

図 11　紀元 160 年頃におけるローマのリーメスとマグナ・ゲルマーニアにおける諸部族

何よりも好みはじめたからだ。彼らとの過去の戦闘が激しいものであればあるほど、後の語りにおいて敵はより高貴な姿で語られるようになった。

例えば一七四五年、ハイランド地方〔ブリテン島北部〕のスコットランド人たちの侵攻〔ジャコバイト反乱〕に、イングランド全土が震撼した。この時点で、侵攻者をロマンチックに思い描くイングランド人などはいなかった。だが翌年のカロデンの戦いで、ブリテン軍がハイランドの軍を打ち破ってしまうと、ブリテン軍はすぐにもハイランド地方のスコットランド人たちを前線への突撃部隊として任用しはじめた。それとともに、彼ら〔ハイランドのスコットランド人〕の汚れ無き生来の勇猛さについてのロマンチックな語りに、イングランドの人々は魅了されたのであった。

紀元一〇〇年のローマ人とゲルマン人も同じだった。最後のゲルマーニア大反乱は六九から七〇年に起こった。この発端は、ローマの精鋭護衛組織コホルス・ゲルマノルム〔ゲルマン歩兵大隊〕が解散させられ、ゲルマン人が屈辱を感じたためにほかならない。つまり、タキトゥスと同時代のローマ人読者は、安全圏にいて想像の中だけで野性味あふれるゲルマーニーの物語を楽しむことができたのである。

ゲルマンに関するタキトゥスの最も有名かつ最も悪名高い記述は、ゲルマン人は純粋な部族であり「他の部族とは一切混血しておらず」、全員が同じ外見を持っている。つまり、青い目、赤色もしくは金髪、巨大な体躯だという記述だ。あまり引用されないが、タキトゥスはまさにゲルマーニアの原初的な事実を見抜いていた。北は海、西はライン、南はドナウに囲まれてはいるものの、ゲルマン系部族とさらに東方にいるあまり知られていない諸部族との違いを定めるのは双方が相手に抱く恐怖心だけだった。タキトゥスは、すでにこの時点でドイツ史の核心を衝いていた。つまり、その東端がどこまで達しているのかが不明確だという点についてである。

タキトゥスについては、後ほど彼が再び注目される一五世紀へ話が進んだときに触れよう〔九八ページ〕。さしあたり重要なのは、トイトブルクの森で手痛い敗北を喫したにもかかわらず、ローマが一〇〇年頃にはゲルマーニアの最も豊かで肥沃な地域を完全な支配下に置いていたということである。

終わりの始まり

地中海東部地域から帰還したローマ軍は恐ろしい土産を持ち帰った。「アントニヌス疫病」〔おそらく天然痘のパンデミック〕が、一六五年頃から一八〇年頃にかけて西ヨーロッパを襲ったのである。同時期に南下してきた、より獰猛なゲルマン系部族つまりゴート族に圧迫されて、ドナウ沿いのゲルマン部族が、手薄になっていたローマの要塞を攻撃し始めた。

五賢帝の最後の一人であるマルクス・アウレリウスは、流行病で弱った軍を率いていかざるをえなかった。エドワード・ギボンの『ローマ帝国衰亡史』〔一七七六〜一七八九年〕によれば、「八回にわたる冬の行軍で、マルクス・アウレリウスは凍ったドナウ岸辺という厳しい環境に自ら身をさらした。この過酷さは虚弱だった彼の命取りとなった[*5]」とされる。マルクス・アウレリウスは、単一の敵や単一のネイション〔同一アイデンティティを有する集団〕に対峙していたのではなく、恐るべき政治ジグソーパズルと向き合っていた。**ゲルマーニー**という言葉で、そのパズルのピース一つ一つであるさまざまな部族が一括りとされていたからである。

カッシウス・ディオ『ローマ史』第七二巻

ある部族は一二歳の少年バタリウスの指揮の下で同盟を約束し、金品の贈り物を受け取った。また、クァディ族のように和平を求める者もおり、これは認められた。しかし、市場に参加する権利は彼らに与えられなかった。なぜなら、イヤジゲス族とマルコマンニ族がクアディ族になりすまし、ローマの様子を偵察し、物資を購入することを恐れたからだ。……ラクリンギ族はアスティンギ族を攻撃し、決定的な勝利を収めた。その結果、アスティンギ族はローマ人に対してそれ以上の敵対行為を行わなくなった等々……。

マルクス・アウレリウスは、事態を掌握しようとして、むき出しの権力顕示と魅力的な提案とを組み合わせて提示した。ローマに屈した後に、選ばれたゲルマン部族は、軍事援助と現金助成と引き換えに他のゲルマン諸部族と戦うローマの同盟者**フォエデラティ**になるよう依頼された。だが、この体制は本質的にローマが時機に応じて軍事的強権を継続的に発動できるかどうかにかかっていた。

この軍事的な支配は、マルクス・アウレリウスの落命をもたらしはしたが、さしあたり彼に資した。しかし三世紀初頭から、ローマは地中海東部地域の莫大な富をめぐってササン朝ペルシアから挑発を受け始める。軍事力をそちらに向けねばならなかったので、ゲルマンとの境界線を管理することはますます難しくなっていった。

二三五年、ライン沿いのローマ軍は謀反を起こし、新しいタイプの皇帝を即位させるに至った。巨漢で恐ろしいマクシミヌス・トラクスだ。彼はゴート族の息子だった。そして、ギボンによれば、軍によってのみ任命された「読み書きの教育をまったく受けていない」最初の皇帝で、半分ゲルマン人だった。マクシミヌスはローマにとって終わりの始まりだった。彼の治世は**三世紀の危機**をもたらし、この危機の四九年間に約二〇人もの皇帝が交代した〔軍人皇帝時代〕。二八四年までに、ラインとドナウの彼方の土地は失われ、莫大な費用をかけて川岸に新しい**リーメス**を建設しなければならなかった。この状況はさらに一世紀ほど続いたが、その間にゲルマン人は「実際には弱体化していたイタリア〔ローマ帝国〕の威光を覆っていたヴェールをはがしていった」（ギボン）のである。こうして、ローマは守勢のみに専念することになった。そして常に防衛戦争とは、ある一つの帰結に至るのである。

闇か光か？

　私たちは、文明的なローマが野蛮なゲルマンの手に落ちて暗い闇の時代が始まったと考えがちだ。だが、ヨーロッパではすでに灯火は消えつつあった。ゲルマン人がその消灯スイッチに到達するよりもずっと前から、である。

　二三五年以来、一人の皇帝が弑《しい》されるまでの期間にどれくらいか、いつなんどき、次の内戦が起こりローマ全体を荒廃させるのかは誰にも予測不可能だった。どれほど「ローマ」がすでに異質なものになっていたかは、有名な**四人の皇帝像**〔三〇〇年頃〕からもうかがえる。私たちには、古典的な彫刻というよりもノース人〔北欧・スカンディナヴィア人〕のチェス駒のように見えるだろう。

四人の皇帝像〔現ヴェネツィア。13世紀に、十字軍がコンスタンティノープルから持ち帰った〕

　コンスタンティヌス帝〔在位三〇六～三三七年〕が、ある種の秩序を回復させたが、これによって都市ローマはコンスタンティノープルに帝国の第一の都市の座を譲った。ただし、それはゲルマン人の膂力《りょりょく》のなせるわざだった。三一二年にローマを占領したコンスタンティヌス帝の最初の行動は、名を馳せた近衛隊プラエトリアニを廃止し、彼自身の精鋭のゲルマン騎馬護衛兵**スコラエ・パラティ**

ナエに置き換えることだった。最後の非キリスト教者にしてギリシャ・ローマの偉大な思想家であるリバニオス〔三一四～三九三年頃〕やゾシモス〔三～四世紀〕は、皇帝が蛮族ゲルマンの軍によってローマ文明を消し去ったと非難した。コンスタンティヌスはキリスト教を信仰した最初のローマ皇帝だったので、まさに最初から、ゲルマン軍閥とローマ・キリスト教との間に軍事的・政治的なつながりが形成された。

しかし、さらに大きな変化が到来しつつあった。それは、歴史上の大事件によく見られるように、人口構成の劇的変化によるものである。

大移動するゲルマン諸部族

紀元三〇〇年を過ぎるとゲルマン人の戦士集団は、何らかの不可抗力によって居住地を変えざるをえなかったと考えられる。すなわち**民族大移動** Völkerwanderung として人口に膾炙している**人々の移動**である。

この時代の唯一の証言者はローマ人たちなので、私たちが知るのはローマ人が境界線上で見たものだけだ。ゲルマンの奥地は未知のヴェールに包まれている。気候変動は、人口増加やローマの富を単に奪いたいという欲求と並んで、大移動を説明しうる有力な要因の一つであろう。いくつかのケース、例えば後述するゴート族なら、はるか東方からの高まる圧力を要因とする。また、ローマ帝国が徐々に崩壊した結果、その境界に位置する地域に権力の空白が生じたことが大移動の原因だとも言われている。だが実は、移動の理由だけではなく開始時期さえも正確には誰も知らない。先述したように、二

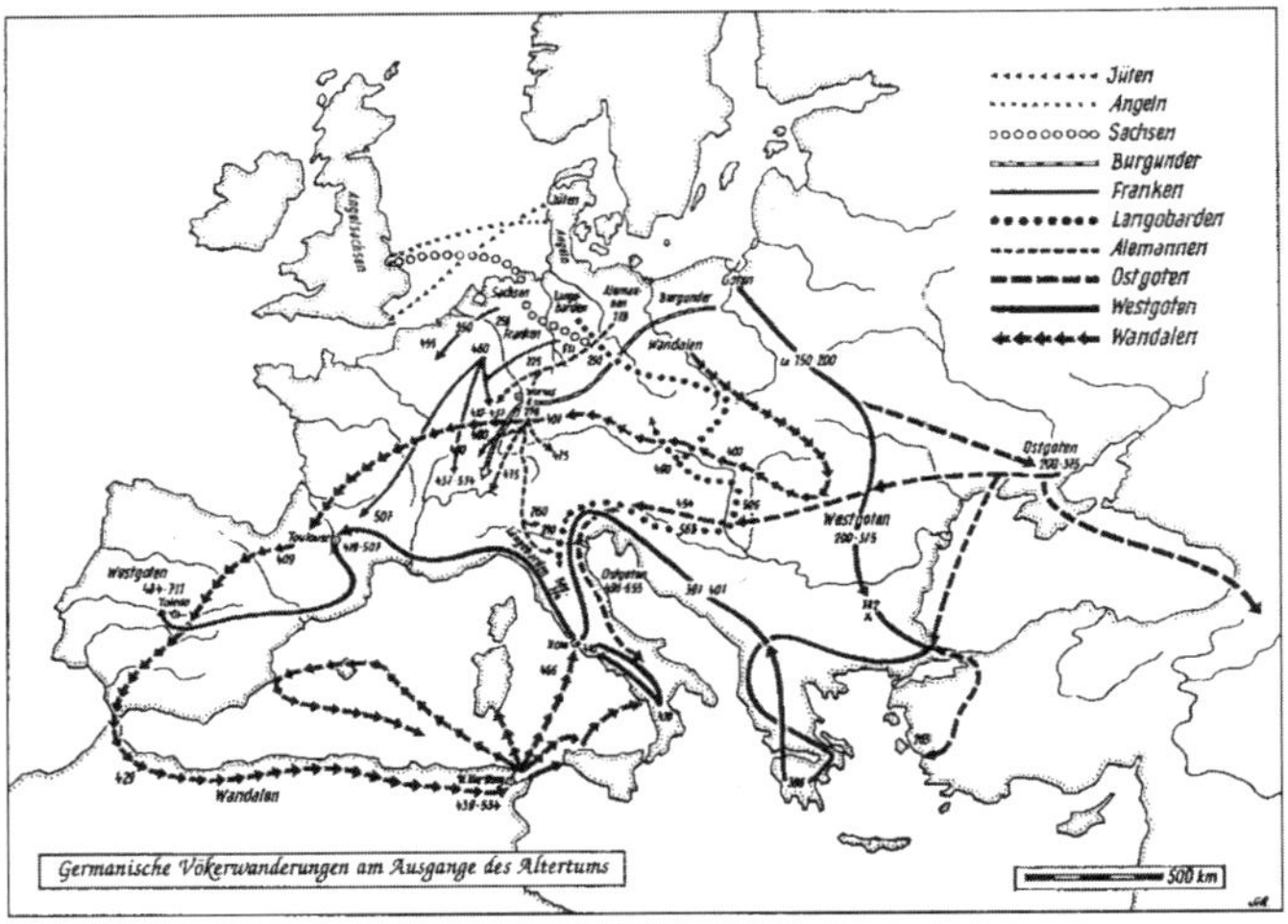

図12　古代末期におけるゲルマン人の大移動

世紀におけるマルクス・アウレリウスの悩みの種〔パンデミック〕が兆候だったのかもしれない。いずれにせよ、一九世紀に作成された地図〔図12〕は、どこから議論を始めるべきかを考えることさえ難しい理由を如実に示している。

ただし、一つ言えるのは、ボーア人〔オランダ系の南アフリカ移民〕やアメリカ西部開拓者のように集団が一体となって移動するという一九世紀的なイメージは誤解を招くということだ。実は、数々のゲルマン部族の壮大な冒険旅行によって、ヨーロッパ大陸の言語地図が長期的な影響を受けることはほぼなかったのである。ここからわかるのは、移動者の圧倒的多数が男性だったということだ。数世代であれば、彼らは哀れな農民や軍事的に訓練されていない都市住民を支配できるだろう。しかし通常、言語は母系から伝えられる。そのため、同じ部族の女性たちがいなければ、戦いに敗れたときや吸収されてしまった場合には、現地の文化や言語が再び優位を占めることとなる。

これは、ヨーロッパと北アフリカ全域で起こったことだ。読み書きができない異教徒ゲルマン人という新参者たちによって、識字能力がありローマ化されたキリスト教文化が完全に消された唯一の場所は、ライン河口から北西に位置する列島最大の島の低地部分、すなわちイングランドだった。ただし、それはまた別の話である。

大陸のゲルマンについて我々の知る最初の歴史と呼べるものはゴート族のものである。

ゴート族——ローマの救世主?

ゴシックという言葉は、ティーンエイジャーのファッションからホラー映画、そして建築に至るまで暗くて不合理で反伝統的なものを総称するようになった。これを聞いたらゴート族はぎょっとするだろう。

確かに彼らはローマ皇帝を殺した最初の蛮族だったが、それは三世紀という危機の時代、正確には二五一年の出来事だった。四世紀には、彼らは最初のキリスト教徒かつ文字の読めるゲルマン系部族となり、聖書をギリシャ語からゴート語に翻訳したほどである。ギボンによれば「コンスタンティヌス朝で世襲的に仕えてきた」忠実なローマの**フォエデラティ**〔同盟者〕であり、彼らによるローマ破壊はローマ内への移住を切願することから始まった。

三七五年、ユーラシアの草原地帯〔ステップ〕からフン族が現れ、ゴート族を現ウクライナ地域からドナ

ローマへ進軍しようとするオドアケル

テオドリックの墓

ウ川へと追い出した。ゴート族は、自分たちが奉仕する帝国の最も荒涼とした大地でも厭わないとして移住するための渡河を嘆願した。ローマ人は、「飢えて捨て鉢になっている予測不能な数の蛮族たちが文明人の領域への移住を希望しており、それを受け入れるのか受け入れないのかという選択に迫られた」（ギボン）。そこでローマ人はあらゆる解決策の中でも最悪のものを選び取った。ゴート族は確かにドナウを渡ることを許可された。しかし、あまりにも過酷な地に居住したので、飢えから自暴自棄になったローマ内のゴート族には帝国内部で戦争を仕掛けるという選択肢しか残されていなかったのである。

三七八年、ゴート族は皇帝ウァレンス（在位三六四〜三七八年）を殺害し、現トルコのアドリアノープルで彼の軍を屈服させて帝国の真の実力者となったのである。四一〇年、アラリック率いる西ゴート族がローマを略奪したことはよく知られているが、これはローマ・ゲルマン間の一戦争における付随的被害にすぎない。例えば、アラリックが敵として主に戦ったのはスティリコ（ローマの将軍）であり、彼は現オーストリア地域出身のヴァンダル族だった。四五五年にローマが再び攻囲されてから西ローマが滅亡するまでの約二〇年間、帝国は有名無実の存在となった。つまり、西ゴート族の母を持つ軍事指導者リキメルが**法律上 de jure** ではないとしても**事実上 de facto** は支配し、まるで皇帝たちを下級外交官のように勝手に任命して、恣意的に殺した。四七六年、オドアケル〔ゲルマン人とされているが詳細は不明〕によって、ついにローマ帝国〔西ローマ帝国〕は滅ぼされた。以来、八〇〇年まで**ローマ帝国**とはコンスタンティノープル〔ビザンティウム、現イスタンブール〕を中心とする東のローマ帝国を意味することになった。

　四九三年、オドアケルは、ゴート族の中で最もローマ的な存在であるテオドリック大王〔四五四～五二六年〕によって直接殺害された。テオドリックは名目上は皇帝〔東ローマ帝国の皇帝〕に仕えていたが、実際には皇帝と完全に対等であり、独立したイタリアの統治者となった。テオドリックはラヴェンナ〔北イタリアのアドリア海の港湾都市〕を首都とし、コンスタンティヌス帝の時代以来二〇〇年にわたってイタリアが経験しなかった安定統治と事実上完全な平和を三〇年の間もたらした。ラヴェンナにある独特なかたちのテオドリックの墓〔前ページ〕は、今もなおその姿を残している。それはまるで古典建築を学ぶ学生がマジノ線〔一九三〇年代にフランスが建造した対ドイツ要塞のライン〕の建設に協力して造ったかのような形状だ。そして信じられないことに、その屋根は重さ三〇〇トンもある

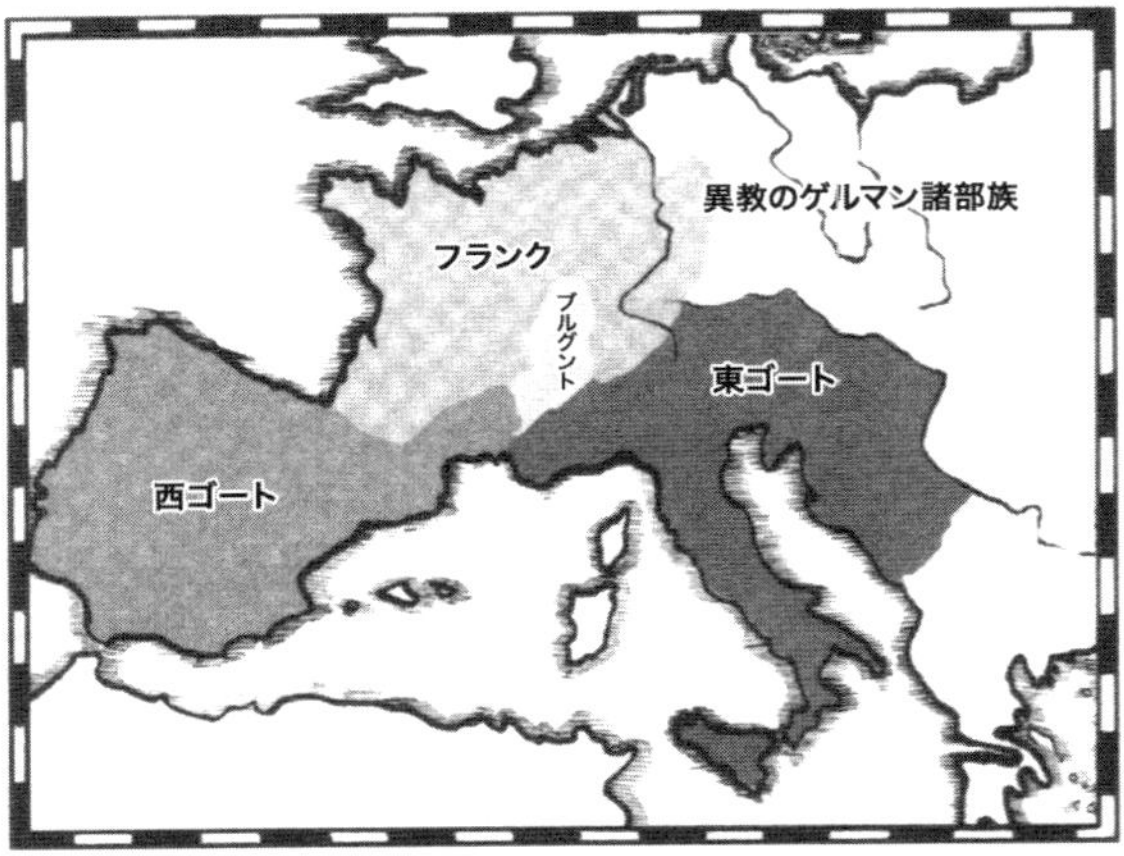

図 13　テオドリック死去時のゲルマン系の諸王国〔526 年〕

石灰岩の一枚板である。

前ページの写真は、五〇〇年頃に鋳造された二枚の硬貨である。一つは東ローマ皇帝ゼノン〔在位四七二～四九一年〕のために造られたもので〔下〕、もう一つは彼の部下でゴート族の王でありイタリアの支配者であるテオドリックのためのものだ〔上〕。どちらも宮殿に住み、法を発布し、キリスト教徒として荘厳な教会を建てた。

上側のゴート硬貨も蛮族的とまでは言わないが、しかし下側のローマ硬貨はハドリアヌス帝時代の硬貨〔二世紀前半〕とはかけ離れたものだと言える。ローマの衰退と没落は、多かれ少なかれゲルマン人の台頭と時期的に重なるのである。

二三五年の時点では、ゲルマン諸部族はローマ帝国の支配によりドイツ地域に閉じ込められた文字が読めない蛮族であった。しかし、五二六年にテオドリック大王が死した後、彼らは旧西ローマ帝国全体を支配するほどの力を有するキリスト教徒となっていた。その中で最も成功したのは、ローマ化されたゲルマーニアにとどまった人々だった。彼らはヴァンダル族、西ゴート族、ランゴバルト族、東ゴート族よりも長く続き、ヨーロッパ文明を開花させ、巨大なアイデンティティ集団〔ネイション〕にその名を与えることとなった。しかし、その名は「ドイツ」ではなかった。

註

1――ヘンリー・モートン・スタンリー〔一八四一～一九〇四年〕。イギリスの探検家。一九世紀後半のアフリカ探検で知られる。

2――マース川はフランス北東部からベルギーを抜けて、北海河口近くでライン川に接近する。マース川沿いの都市としてマーストリヒトが知られている。また、マース川は神聖ローマ帝国の西部境界でもあり、旧ドイツ国歌の一番でも「ドイツの領域」として歌われた。現在は一番は歌われず、三番のみが公式に採用されている。

3――カエサル『ガリア戦記』（石垣憲一訳、平凡社ライブラリー、二〇一五年）を参照。

4――マルティン・ルターもプロイセンの歴史家も、アルミニウスを「ドイツ」の象徴としてローマに対するゲルマンの勝利として描き出したことを指している。

5――訳文は本書を基に、エドワード・ギボン『図説　ローマ帝国衰亡史』（吉村忠典・後藤篤子訳、東京書籍、二〇〇四年）を参考にして作成した。

第2章

ゲルマン人によるローマの再生——五二六〜九八三年

ローマの後継者

西暦二九七年、フランク人〔ゲルマン系の一部族〕[*1]たちが歴史の表舞台に登場する。それは、ラインを越えて現オランダ・ベルギー付近に進出したことによる。ローマ帝国は同地域における彼らの存在を容認し、四世紀半ばにフランク人たちは「帝国の忠実な**フォエデラティ**〔同盟者〕」となった。アクインクム〔現ハンガリーのブタペスト〕には、この時期に造られた有名な墓碑が残され、この碑文にフランク人の自己像が端的に言い表されている。

フランク人の私は、ローマ市民であり、兵士である。

四〜五世紀、遊牧民の騎馬軍団が南東から到来して〔フン族の西進〕、ヨーロッパを荒廃させたとき、歴史上よくあることだが地理的な要因が命運を分けた。フランク人ははるか北西に定住していたので大きな衝突を免れた。彼らにとっては、ブリテン島やスカンディナヴィアとの海上貿易の方が重要だったので、ヨーロッパ南部の経済崩壊を乗り切れたのである。フランク人は、ローマ軍と長い時間を過ごすことでカストル〔城〕を築いて領土を要塞化し、土地を転々とする同系部族たちの略奪対象を、より弱い相手へと向かわせるという術を獲得していた。それゆえに、フランクは他の諸部族とは異なり、大移動に参加せず、自分たちの土地にとどまった。そして軍事エリートたちは古フランク語〔ゲルマン語〕と同様に、ずっと前からラテン語も話すようになっていた。要塞化した土地と二言語からなる文化的基盤とによって、混沌とした情勢でもフランクは南や西へと漸進でき、結果、メロヴィング王家を歴史に登場させた。

メロヴィング家の自己認識がどうだったかは、王朝の創始者キルデリク一世〔四八二年頃没〕の墓を見れば一目瞭然である。墓が発見された一六五三年、彼の遺骨はローマ軍司令官のマントを纏っており、死者の国での生活のために供えられた金もまた、ローマ帝国時代の硬貨の形状であった。初代のメロヴィング王と彼の死を悼む親族にとって、キルデリク一世はローマ帝国の軍人君主としての死を迎えたことになる。この王の息子クローヴィスは、キリスト教への改宗〔四九六年〕よりも前に、西ローマ帝国の筆頭者を称する最後の対抗勢力を屈服させた。よって、ローマ帝国が名目の上で終焉したことなど、ライン地域では意味をなさないも同然だったのである。

ゴート戦争〔五三五〜五五四年〕で、ゴート族勢力が完全に崩壊したとき、〔王朝自体も疲弊したものの〕メロヴィング朝は多大な恩恵にあずかった。彼らは、現フランス地域の獲得に七世紀全体の約一〇〇年を費やしたが、ドイツの歴史において重要なのは、ライン川をまたぐ先祖代々の権力基盤を一度たりとも失わず、また引き渡すこともなかったという点である。文化的境界としてのライン川は、紀元前五八年にその役目を終えたときと同じく、紀元後七〇〇年においても実質的な意味を失っていた。彼らは、ローマの法的遺産を部族的ゲルマン法に混ぜ合わせたラテン法典によってフランク・ドイツ王国を統治したのである。

七三二年、彼らは西洋文明の救世主となった。イスラームという宗教と結びついた最先端の国家はウマイヤ朝という名で無敵と評され、スペインを経てフランスへと進出した。だがそれは、トゥールの戦いによって完全に阻まれた〔トゥール・ポワティエ間の戦い〕[*2]。ムスリムの軍勢を打倒したのは王ではなかった。というのも、メロヴィング朝末期の王は、よく知られているようにあまりにも非力であり、実権は宮宰〔王宮の長〕が握っていた。七三二年の英雄は、宮宰という英雄には似つかわしくない称号を持つカール・マルテルであった。

マルテルの子ピピン〔ピピン三世、小ピピン〕はメロヴィング朝の権威という虚構を捨て、七五一年、彼自身のフランク王朝を築いた。簒奪者《さんだつしゃ》ゆえにピピンは正統性を必要としていた。それも迅速に、である。そして、ローマ教皇はコンスタンティノープルから独立したローマ帝国を取り戻すための強力な力添えを欲していた。七五三年、ステファヌス二世はローマ教皇として初めてアルプス以北を旅した。七五六年、ピピンはフランク人が教皇の権威を保護することを約束し、ローマ教皇自らが統治するための領土〔後の教皇領〕を献上した〔**ピピンの寄進**〕。他方、七五四年七月、サン＝ドニ〔現パリ北部〕にてステ

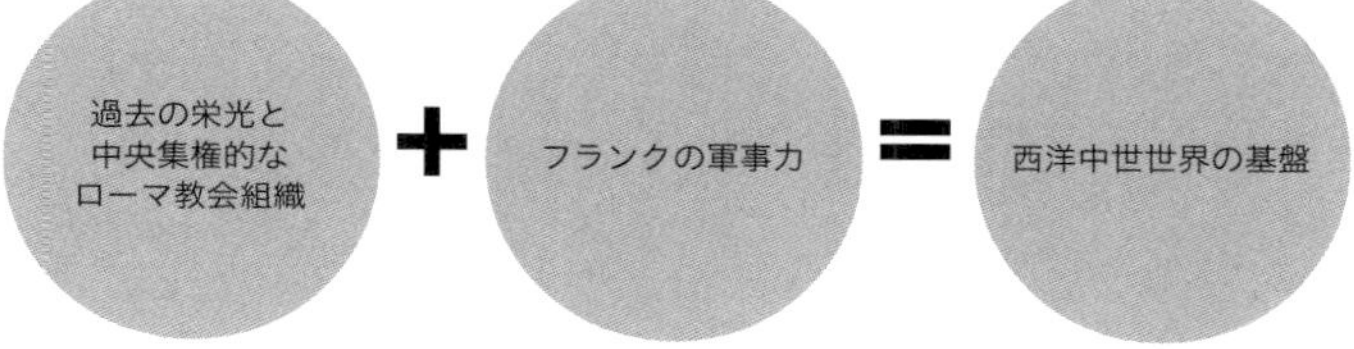

754年、サン＝ドニの取引

ファヌスは私的かつ公的に、ピピンとその二人の息子に聖油を用いて聖別を執り行った。

ローマ教会とフランクの権力者との間の取引は、後代の青写真となった。つまり、軍指導者たちは実際上の世俗権力と富の一部を教会へと献ずる。これに対して教会は彼が単なる軍人以上の存在であると宣言する。このモデルに則った権力分立は、記憶に新しいところではフランコ政権下のスペイン〔一九三六〜七五年〕やデ・ヴァレラ〔一九三七〜五九年までの間に初代、三代、五代の首相を務めた〕政権下のアイルランドなど、ヨーロッパで今もなお行われている。[3]

西ヨーロッパに再び光が差した。サン＝ドニで教皇ステファヌスによって祝福を受けた二人の少年のうちの一人は、後世にとても大きな影響を及ぼす存在となった。イギリスでは一九七一年まで彼が定めた通貨制度[4]を採用していたし、今日にいたるまで、ドイツ東部と国境を接するスラヴ系の言語、そしてハンガリー語でも王〔király, キラーイ〕という言葉はまさしく彼の名に由来している。そう、カール大帝、通称シャルルマーニュとして知られる人物である。

あらゆるものを決定づけている連続性

カールの記憶は今もなお生き続けている。その理由は、彼が最終的にはローマ帝国の文化を中世世界、さらには今私たちの生きている世界へと運ぶ架け橋となったからだ。

カールは広大な領域を継承した。これはゲルマーニアとガリアとを合わせた地域で、ローマ帝国が、その権力の頂点にあった紀元後二世紀頃に支配下においた範囲とほぼ等しいものだった〔図14、15〕。フランク人の彼は、長い間受け入れられてきた文化集団、つまり（他集団から）**ゲルマン**と呼ばれてきた集団の出身で西ゲルマン語を話した。しかし、母語が何であろうと、カールは彼の多民族国家全域で法律・政治・礼拝の言語としてラテン語が教育されるように尽力した。この教育には、彼自身が作成を委託した教本が用いられた。

アルブレヒト・デューラー
「カール大帝（シャルルマーニュ）」
1511-13 年頃

カロリング・ルネサンスは、この根強い連続性の最高潮だった。つまりは、**ローマの領域の内側**〔**リーメスの内側**〕、あるいはその近くでのゲルマン人たちの生活がローマの意に沿ったエリートたちによる支配から断ち切られることは決してなかったのである。彼らエリートたちは、ローマの異教徒であれ、キリ

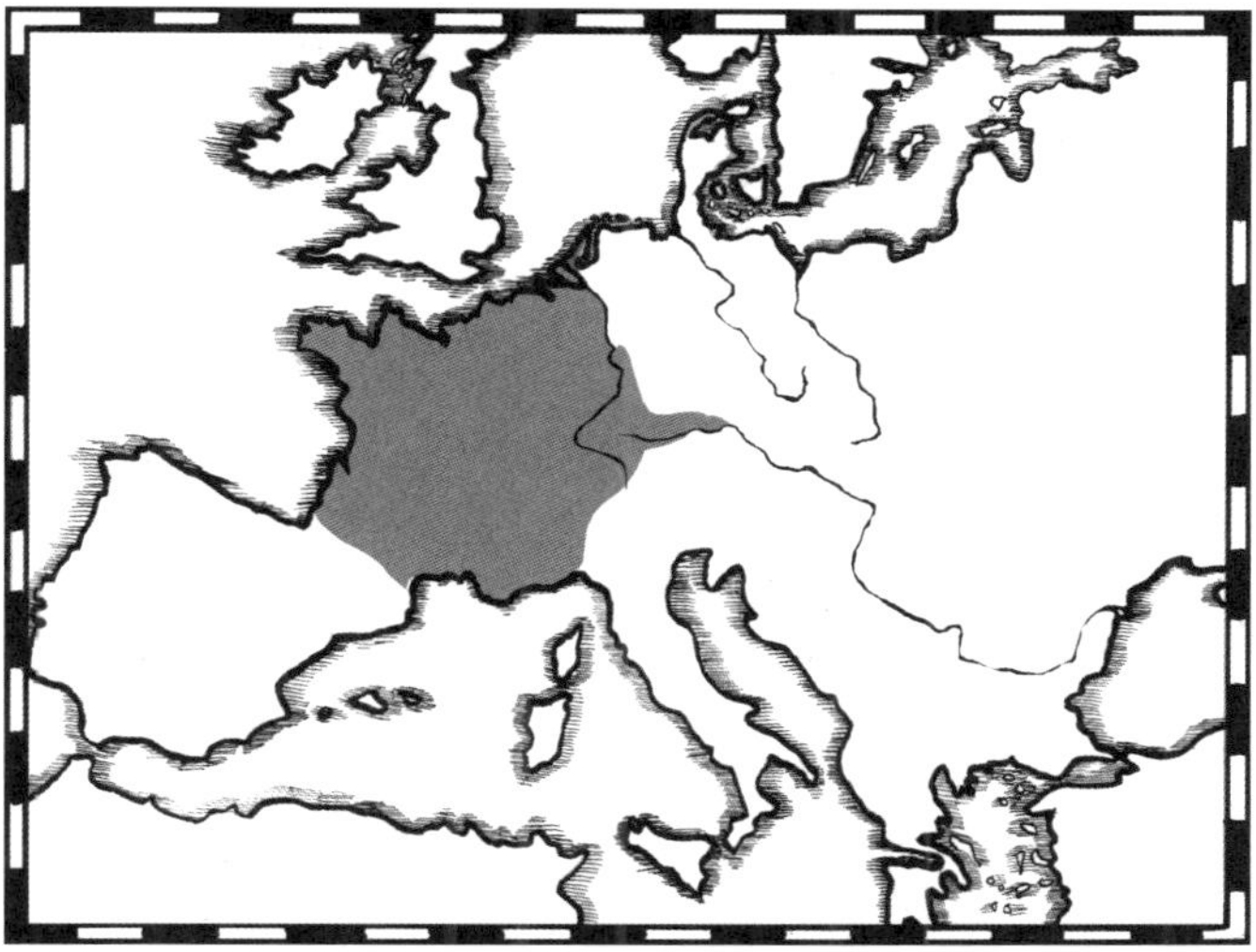

図 14　強い連続性：ローマのガリアとゲルマーニア、紀元前 160 年頃……

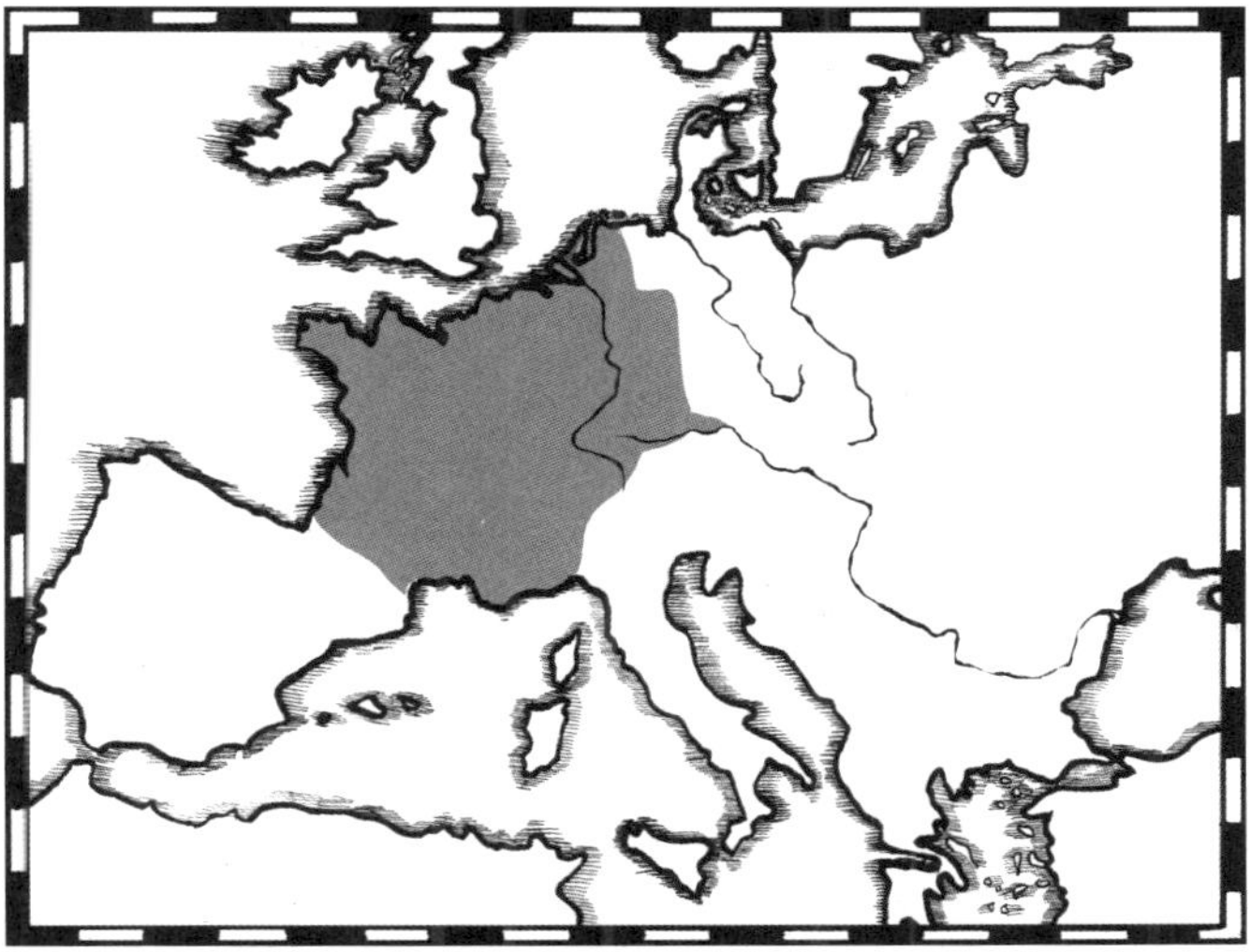

図 15　……そして、768 年にカールが継承したフランク王国

スト教へ改宗したローマ帝国後期のフォエデラティ〔同盟者〕であれ、あるいはキリスト教徒であるメロヴィング朝の人々やフランク人たちであろうと、彼らはみなローマ帝国を法、宗教そして外交における拠り所とみなしていた。ドイツのライン・ドナウに跨がる領域は常に、西ヨーロッパと結びついていた。

実際、カールが即位したときに直面した大きなジレンマは、完全にローマのものだった。つまり、彼の帝国東部に隣接して居住しているローマ化されていない異教徒のゲルマン人をどうするか？という問題である。彼らの姿は、カール大帝の伝記を著したアインハルト〔エインハルドゥス〕によって叙述された（アインハルトは明らかに自分が彼らの一員だとは考えていない）。

〔ゲルマン部族の一つ〕ザクセン人は、ドイツのほとんどすべての部族と同様、獰猛な人々である。悪魔を崇拝し、我々の宗教に対する敵意に満ちあふれ、あらゆる法・人間・神を侵犯し冒瀆することを不名誉なこととみなしていなかった。

三〇年にわたる壮絶な闘いと何千人にも及ぶ処刑の後、さらに洗礼の拒絶は以後、極刑に値する罪になるという脅し〔七八五年に公布〕の結果、カールは、エルベ川までのすべてのゲルマン人の鎮圧と改宗、そして統治という、ローマ人が成し遂げることのできなかった事績を果たした。そのとき、彼は最も偉大な一歩を踏み出したのだ。

812 ～ 814 年頃のデナリウス銀貨

ローマの復活、そしてドイツの敗北？

八〇〇年のクリスマスの日、カールは**インペラートル**〔元首〕、そして**アウグストゥス**〔尊厳者〕として教皇レオ三世により皆の前で崇敬・称賛され、ローマ皇帝として戴冠した。この戴冠式は大陸全土でローマ帝国の復活として捉えられ、そしてカールの都アーヘン〔現ドイツ西部の国境近くの都市〕は新たなローマと称された。彼の公印はこれを端的に示している。**ローマ帝国の再興 Renovatio Romani Imperii**、そして**カール大帝 Karolus Imp Aug** の名が刻印された硬貨〔上〕は、はるか昔のローマ時代の真の偉大さを意識的に模したものであった。つまり、ローマ帝国後期の幾人かの皇帝のようにまっすぐに我々を見返しているのではなく、古典的な横顔で、月桂冠をかぶりヒゲをそった清潔な姿で描かれている。

西の帝国は復活し、西部ドイツがその権力の座に就いた。カールが東の国境を彼の帝国と東方の異教徒たちとの間に引いたとき、その国境にも古代ローマで用いられた名を使った。そう、**リーメス**である〔図16〕。

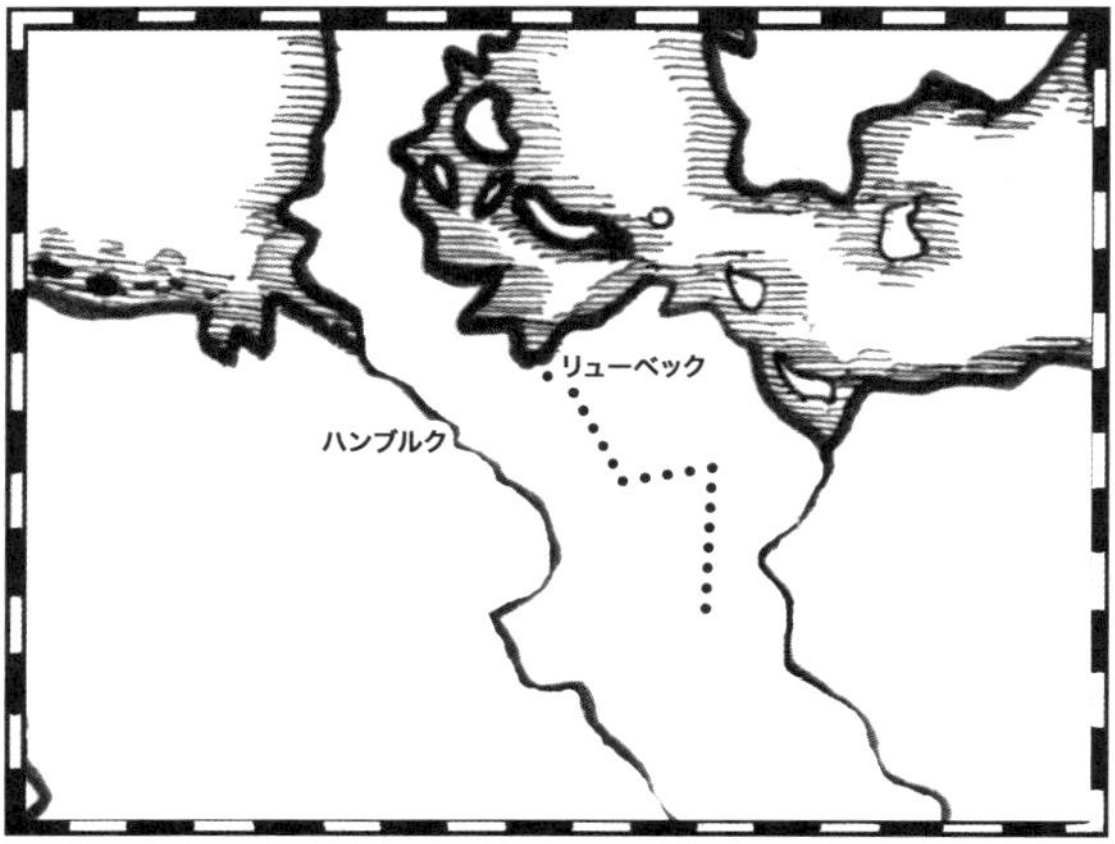

図16　ザクセンとのリーメス（9世紀初頭）。ここには、20世紀半ばの東ドイツ国境との相同性が見られる。

カエサルの玉座に今やゲルマン人が座り、ドイツの都市からヨーロッパ全体を支配した。しかしこれは、逆説的にゲルマン文化が絶滅の危機に瀕していたことを意味している。

カールの帝国ではラテン語によって政治、裁判、そして礼拝が行われた。そのコレクションは現存しないが、カールは神話や物語の収集を命じていたことがはっきりとわかっている。だが、カールが私的には用いていたであろうゲルマン系の言語についてはほとんど明らかになっていない。

八〇〇年頃の記録として残されているドイツ語

我々がゲルマンの言語について知っていることのほとんどは、ラテン語から翻訳された宗教上の用語・断片である。加えて、いくつかの護符、そして見事な叙事詩「ヒルデブラントの歌」の二頁の断片が残されている。これは、父と子とがそれぞれ敵対する軍に入っていく運命を描いたものだった。だが、残されている物の中で最も重要なのは、日常的に使用されていたフレーズのわずかなコレクションである。これはラテン語の宗教テキストの欄外にそれを翻訳した文言の記述〔glossと呼ばれる註解〕である。

現代のガイドブックが、教養のある旅行者をすぐに手助けしてくれるのと同じように、これらのフレーズは、ラテン語を理解しない下層階級に対して命令（もしくは侮辱）の必要が生じた場合の指南となった。例えば、*skir minen part* は、「shear my beard（ヒゲを剃れ）」で、*gimer min suarda* は「gimme my sword（私に剣を渡せ）」、そして *vndes ars in tino naso* は「hound's arse in thine nose（お前の鼻に、犬のケツでもぶち込んでおけ）」といった言葉だ。

「ドイツの deutsch」という語は、もともとドイツとは何の関係もないものであった。七八六年、教皇が遣わした者は「イングランドでは教会会議がラテン語と民衆語で theodisce〔この場合はアングロサクソン語で〕執り行われている」と報告した。その後、lingua theodisca はラテン語と対比されるゲルマン系の諸語〔フランク語も含む〕を意味するようになり、それらがやがてドイツ語 Deutsch やオランダ語 Dutch になったのである。*5

そしてさらに、帝国の東部国境では強大な新しい人々がヨーロッパの舞台に登場した。スラヴ人である。**スラヴの民族形成**がいつ、どこであったのかについてはいまだに解明されていない（愛国的なロシア、ウクライナ、そしてポーランドの歴史家はみな、それぞれが起源だと主張している）。ただし、八〇〇年時点でスラヴ人

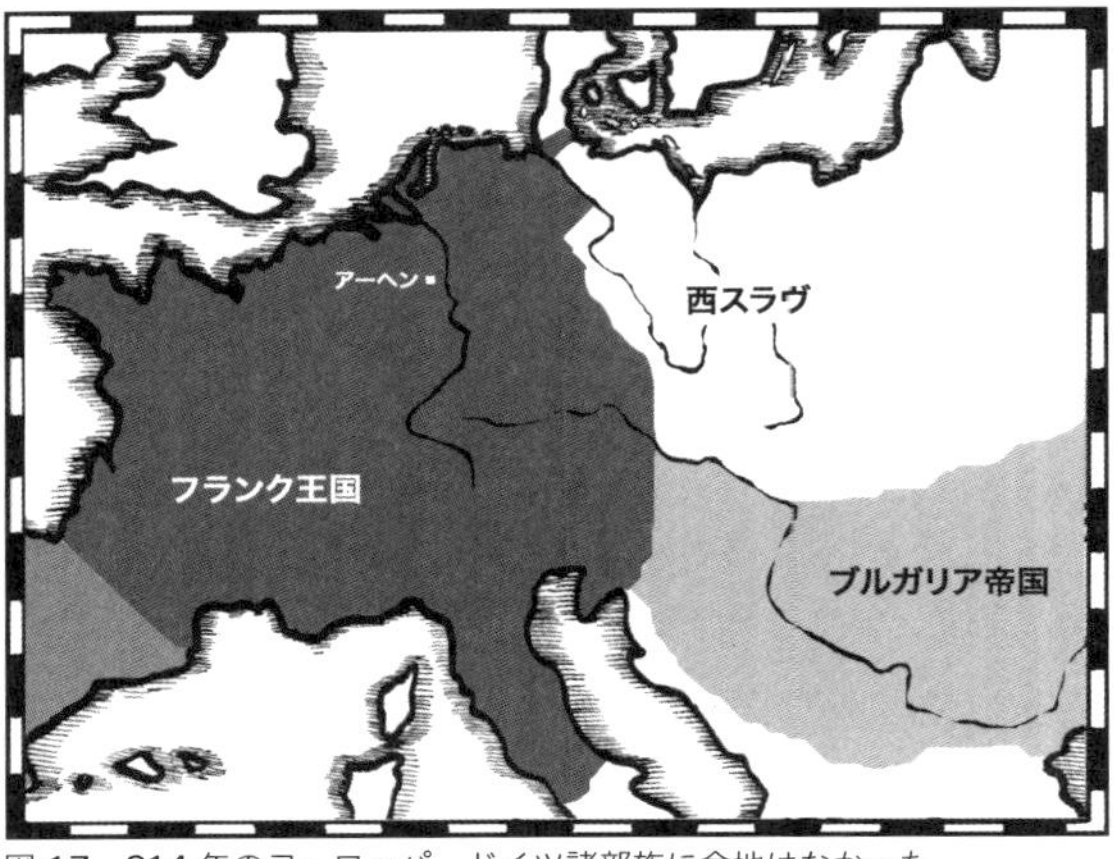

図 17　814 年のヨーロッパ。ドイツ諸部族に余地はなかった

は、エルベ川そしてこれを越えた地域さえも占拠していた。

八一四年にカール大帝が逝去したとき、紀元一五〇年にはローマ帝国が大ゲルマーニアMagna Germaniaと呼んでいた地域は、二つの人々に完全に分断された。それは、再び勢いを取り戻しつつあるライン地域を拠点とするラテン系民族の支配する帝国と、東から前進するスラヴ人によって、である［図17］。

もしも、カール大帝の帝国、つまりラテン語支配の帝国が何世代か先にまで維持されていたのであれば、フランク・ゲルマン文化は、かつて強大だったゴート族やヴァンダル族といった彼らの親族に続いて、埃にまみれた歴史書の書架に並べられてしまっていた可能性は非常に高い。

ドイツの誕生

だが、実際にはそうではなかった。カール大帝の死後、三〇年にわたって、ドラマ「ゲーム・オブ・スローンズ」[*6]のような王位争奪戦が繰り広げられた。反乱、同盟、王位簒奪、親族間での争い、厳粛な誓約と露骨な誓い破りが再三再四繰り広げられ、大帝国は崩壊・分裂し、現代のヨーロッパ諸国家の概形を生み出していった。

八四二年、争いを続けていたカール大帝の二人の孫、ドイツ王ルイ（ルートヴィヒ二世、ライン川以東を支配）とシャルル禿頭王《とくとうおう》（シャルル二世、カール二世、現フランス地域を統治）は、彼らのもう一人の兄弟であるロタールとの交渉のため、軍を率いてストラスブールへと赴いた。この会合はあまりに重大なもので、三兄弟と上級顧問（当然、全員がラテン語を解した）だけの話し合いだけでは不十分で、より広い範囲に伝える必要があった。三兄弟それぞれを支持する者たちも、互いに、何が誓われたのかを正確に聞く必要があった。しかしながら、ここで問題が生じた。西フランクと東フランクの人々は、お互いを理解することができなかったのだ。ユリウス・カエサルによって表向きは分割されたライン地域の西部と東部の人々は、この時点で実際にまったく異質なものとなっていたのである。この唯一の解決策は、シャルルとルートヴィヒがラテン語で交渉し、それを彼らの書記たちが西フランク語と東フランク語にそれぞれ訳すという方法だった。最終的には、（それは間違いなく、ヨーロッパ史において最も劇的なシーンの一つである）大勢の人々の前で、彼ら兄弟の軍団での使用言語を用いて覚書を互いに読み上げた。この**ストラスブールの誓い**は、言語史家たちにとってとても貴重なものである。つまり、この日、フランス語は初めて言語として記録され、そしてドイツ語は外交言語の地位に達したのである。

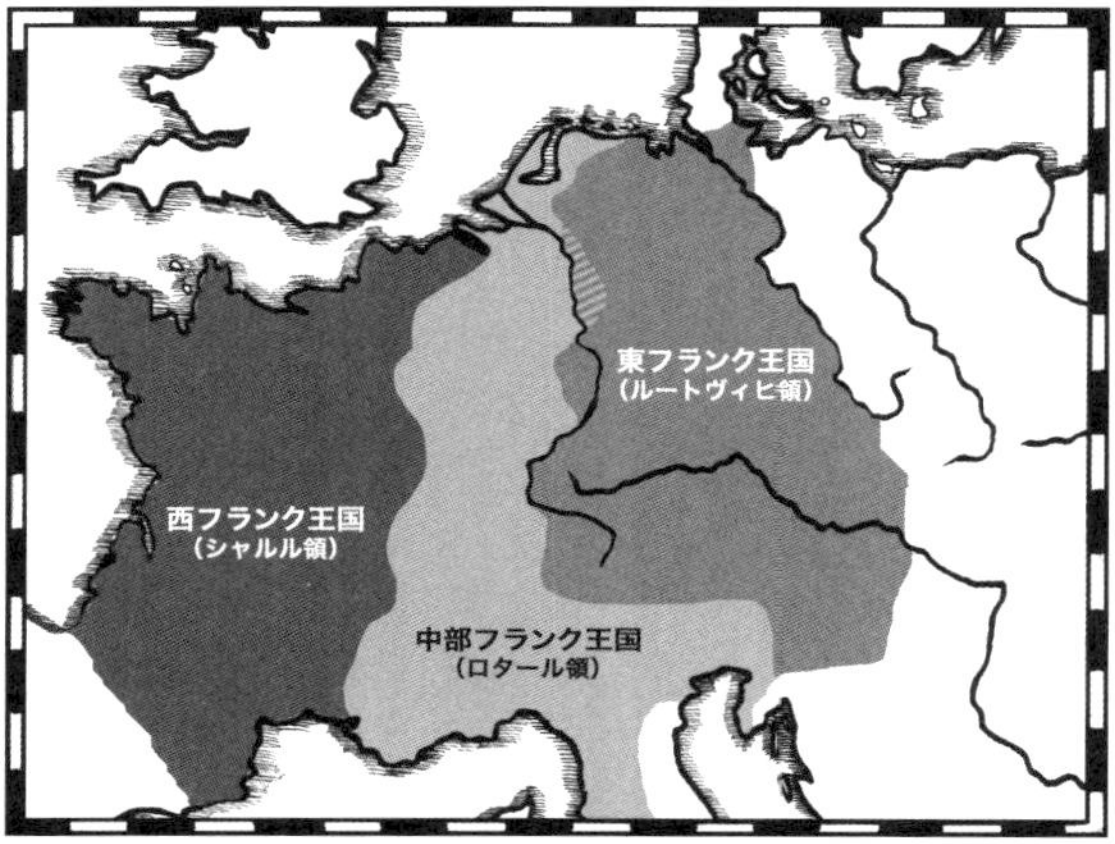

図18　ヴェルダン条約〔843年〕により領土区分

ストラスブールの誓い〔八四二年〕

両者の誓いは「神とキリスト教の民の愛のために……」という部分の通訳から始まる。ドイツ王ルートヴィヒはシャルルの西フランク軍に向けて、Pro Deo amur et pro christian poblo……と語りかけ、シャルルはルートヴィヒの東フランク軍に向けて、In god es minna ind in thes christianes folches……と語りかけた。

一年後の八四三年、**ヴェルダン条約**により帝国は、カール大帝の孫で存命だった三人、シャルル、ルートヴィヒそしてロタールの間で分割された〔図18〕。

さて、今日における意味での「ドイツ」が誕生したとき、タキトゥスがこの七五〇年ほど前に提起した疑問が現実のものとなった。つまり、ルートヴィヒ二世の領域（もちろんライン地域）がどこから始まったのかは一目瞭然だが、では正確にどこで終わるのか？　これついては誰もわからなかった。ヴェルダン条約は単にライン地域を越えたすべて ultra rhenum omne をルートヴィヒ二世に割り当てたのである。しかしながら、このすべてはゲルマン人自身がとどまる地、エルベ川までを指すのだろうか？　それとも、カール大帝への敬意を込めつつも、しかし彼が未征服だった地、スラヴ地域であるエルベ以東も含むのだろうか？

ザクセン人による権力奪取

八七〇年、ルートヴィヒとシャルルはロタールの領土を分割し、それぞれがフランスとドイツになる西フランク王国と東フランク王国を創立した。ロタールの領域は、ロタリンギア〔ロートリンゲン〕という名称と、フランク人、ゲルマン人そしてローマ人が混住した土地の記憶だけが残された。ロタリンギアは現ルクセンブルクを、現在のオランダ、ベルギー、ライン地方、アルザス、スイス、そして北イタリアの多くを覆う地域にまで押し広げたかのようなもので、ナポレオンや欧州連合の父のような未来の政治家たちを惹きつけた。

エルベ川は今や、東フランク人〔当時はそう呼称されていなかったが、以下、彼らをドイツ人と呼ぶこととする〕にとっては、カエサルにとってのライン川のような存在となった。つまり、エルベという境界を越えたいという誘惑に駆られつつも、第一の優先事項は厄介な蛮族たちから領土を守ることであった。カロリング朝の東フランク王国後期〔八七六〜九一一年〕の王たちは、異教のスラヴ人たちの侵入を阻止し、また彼らに貢物を献上させ続けるようにエルベ流域での存在感を維持せねばならず、これに軍事力の大半を割かねばならなかった。この地域はきわめて後進的であり、年貢はたいてい金銭ではなく蜂蜜で算出された。

一〇世紀前半を通じて、北ヨーロッパと東ヨーロッパは最悪の状況に見舞われた。偶然か必然かはわからないが、火山活動が歴史的なピークを迎えて何年もの間不作が続くと同時に、超自然的な現象というべきか、二つの移動する異教徒の脅威がドイツに襲来した。長期間にわたりヴァイキング船が、北海沿岸の集落を荒廃させながらライン川を上ってきた。他方で、マジャール人〔今日のハンガリーにつながる人々〕の騎馬集団がドイツ南東部の奥深くまで来て略奪を行った。これは、カロリング朝最後の王である幼童王ルートヴィヒ〔別名ルートヴィヒ三世、もしくはルートヴィヒ四世とも。この名称の揺れは、いかに情勢が混乱していたかを示している〕の国を決定的に弱体化させた。ドイツ人たちは今や、ドイツ全体の強大な支配者を切望していた。いくら名声があっても、財産を常に分割相続したりローマの栄光にいつまでもすがったりするような王朝は、もはや不要なのである。

九一一年に幼童王ルートヴィヒが死去すると、ドイツの地方有力者たちはドイツ王権〔東フランク王権〕を西ヨーロッパにおいて唯一無二のものにするために、あることを行った。つまり、血統主義原則を棄て古代ゲルマンの選挙王政の慣習に立ち戻ったのである。彼らは、カロリング王朝とは母方の遠縁でしかないフランケン公コンラート〔コンラート一世〕を推挙した。

これよりドイツ王権の歴史は、王族と高位貴族間の絶え間ない競争の歩みとなった。王たちは当然、自身の息子への相続を望んだ。しかしながら、王が強力になり過ぎたり逆に弱過ぎたりすると、有力者たちはドイツの王権は実際のところ選挙で選ばれたものだという事実を思い起こさせようとした。

コンラートは、王の意志をかつての同族たちに継がせることはできずに九一八年に死去した。選定された彼の後継者はザクセン公ハインリヒ（ハインリヒ一世、捕鳥王）であった。このあだ名は、王に選ばれたことを伝えられたときに、この熱心なハンターが鳥を捕まえるための網を仕掛けていた最中だったことにちなむ。捕鳥王ハインリヒはローマ帝国にはまったく関心を示さなかった（彼の部族がキリスト教に改宗したのはほんの一世紀前だった）。しかしそれよりも、東部境界をスラヴ人やマジャール人から守ることに関心を寄せていた。

彼は新たな権力を自領に集中させ、国境を安定化させ、軍事力を拡張し、そして威信を高めたのだった。聖遺物、特に有名な「運命の聖槍（ロンギヌスの槍）」は計画的にザクセンへと移された。ザクセン東部辺境にはマイセンなどの新たな要塞が置かれた。ここに、エルベにいたる領域の統治が復活したのだ。マジャール人に関して、ハインリヒ一世は着々と騎馬民族の大群に対抗するための騎兵を中心とした軍隊を築き、九三三年には完膚なきまでに撃破した。この勝利は、貴族たちに彼の息子オットー（オットー一世、オットー大帝）を後継者として受け入れさせるほどの影響力を持った。

ライン・ドナウ・エルベ間の地域全体を指す領域、つまりゲルマーニアは、この時点で初めてフランク人以外で、かつその父親が王であった唯一の支配者を持つことになったのである。ドイツは世襲的な君主政、そして統一の道を歩んでいるかのように思われた。

銀の時代

厄介なことに、ドイツの王たちは、カール大帝の帝国の栄光を忘れることができなかった。世に言うオットー大帝は、カール大帝とはまったくの無関係であったにもかかわらず、九三六年にアーヘンでカール大帝の大理石の玉座に座り戴冠した。これは決意表明であった。

しかし、ローマに気を遣う前に、オットーは彼の東方問題に対処せねばならなかった。アルプス以北においてテュートン人 teutonici という言葉が初めて記録されたのは彼の治世のことであり、オットーのドイツ臣民と奴隷たち sclavani、つまりスラヴ人とを区別する宮廷史料の中であった。対してスラヴ人は、ドイツ人を総称する口のきけない者 nemci という語を造り出した。これはスラヴ語諸語において現在もなお使われている。大ドルススがこの地で立ち止まれとの超自然的な宣託を受けてからおよそ一〇〇〇年が経ってもなお、エルベ川は依然としてローマを含む我らと、異なる奴ら（あるいは逆もまた成り立つ）との間の長大な境界線だった。

オットーはすぐにエルベを越えて支配を確立し、九四八年にハーフェルベルクとブランデンブルクの新たな二つの教区を設立した。単に「巨大な城（マガドﾞ・ブルガ）」として知られていたエルベ川沿いの国境の要塞は、彼の宗教・政治・軍事的な中心都市マクデブルクとなった。エルベ川・ザーレ川とオーデル川の間の地域は、いくつかの辺境領（マルク Mark）に分割された。[*7] これらの辺境領は、後の東ドイツ（ドイツ民主共和国）に驚くほど一致した領域である［図19］。

図19　ドイツ人とスラヴ人との競合地域（960年頃）

オットーがレヒフェルトの戦い〔九五五年〕でマジャール人を完膚なきまでに破ると、東部国境は安定し彼は最も価値のある報償の一つである、カール大帝のローマ帝冠に狙いを定めたのである。

しかしここで問題が生じた。中世ヨーロッパは正統性に囚われていた。というのも、適切な法的肩書きという概念が物理的な力の支配に対抗しうる唯一の抑止手段であったのだ。オットーは、自身が真の皇帝であるという主張を正当化せねばならなかった。彼はカール大帝との関係は皆無だったので、血がこれを解決することはなかった。また、彼は西フランク〔フランス〕を支配していなかったため、カール大帝と同じ領域を支配していると主張することもできなかった。では、一体何の権限によって彼は皇帝を称したのか？　彼の廷臣と聖職者たちはまったく新しいアイデアを思いついた。これが以後、何世紀にもわたり影響を及ぼしていく。それは、ドイツ王権と歴史的な西ローマ帝国の帝権との間には、神秘的であるものの根本的なつながりがあるというものだ。この着想は**帝権移転（移譲）論**〔トランスラティオ・インペリイ Translatio imperii〕として知られる［図20］。

九六二年、オットーはローマの皇帝として正式に戴冠したが、この帝権の継承にまつわる問題はすぐさま露見した。というのも、教皇は確かにオットーの支配を正当化し栄誉を与えたし、広大な支配地域の統一に助力した。しかしながら、教皇とこのように結びついたことで、教皇の護衛義務も生まれたのである。

ドイツで全権を握っていたオットー大帝は、何年もイタリアで過ごすこととなり、彼の支配の中心地での支配力が弱まっていった。彼の息子オットー二世はさらにローマに注力して九八三年に同地で早世し、幼子のオットー三世が残された。同年、ドイツ辺境領においてエルベ川の向こう岸の諸部族が好機を得ることとなった。

九八三年の**スラヴ人の大反乱**は、ドイツ史における紀元九年〔トイトブルク森の戦い〕のように、スラヴ史にとって重要である。それは、文化の存命を確かにした出来事であった。紀元九年、ローマ人がライン川を越えてすべてを失ったのと同じように、九八三年、ドイツ軍はエルベ川の西側に完全に撤退させられた。数十年と経たない間に、ポーランド人、そしてかつて恐れられていたマジャール人は独立したキリスト教の王国と体制を築いた。他方で、初めのうちはポーランド人に従属したベーメン人〔今日のチェコ人につながる人々〕も、しばらく後にこれに続いた。これらの新たな王国〔ポーランド王国、ハンガリー王国など〕は、ドイツの支配者に貢物を献上することなく、独自に教皇との直接のつながりを持って

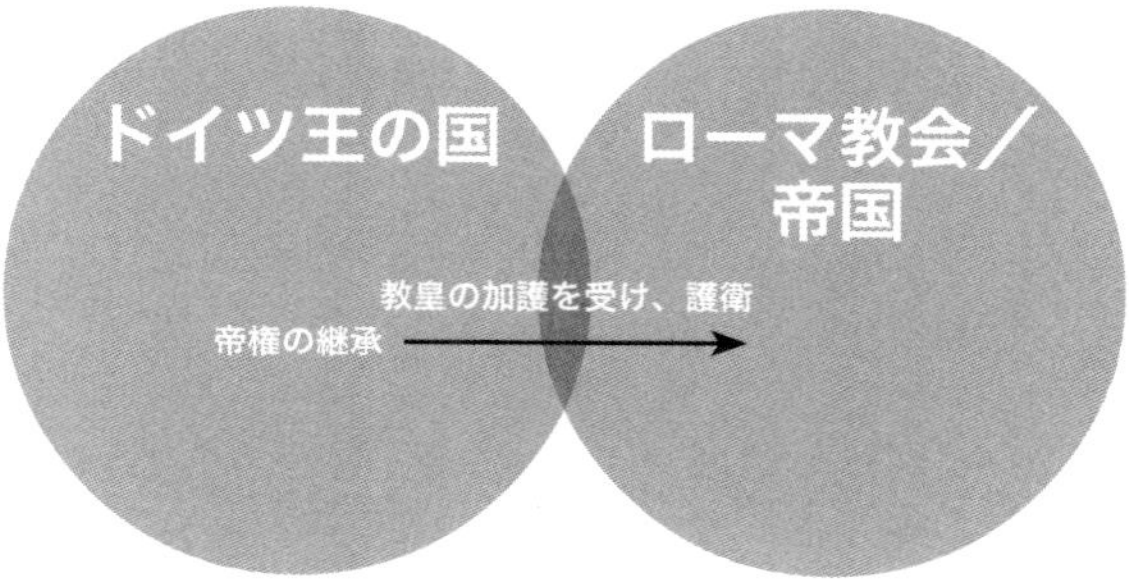

図 20　帝国移転論における保護義務

いた。

突如としてヨーロッパははるかに広大になった。ドイツは、なおも一〇〇〇年前に大ドルススとその子ゲルマニクスが手打ちをしたまさにその地、エルベ川をその境界としていた。しかし今、その東の境界の向こう側には、はるか遠くまでキリスト教の王国が広がった。ドイツはもはやヨーロッパの周縁ではなく、その中心となったのだ。

ドイツは、この新たに拡大したヨーロッパにどのように適応したのだろうか？　ローマ帝国は、ドイツを含めた全ヨーロッパで起こったことを決定づけたのだろうか？　それともオットー大帝が主張したように、ドイツの支配者たちは全ヨーロッパの自明な支配者となるような歴史上のローマの地域との関係を有していたということだろうか？

註

1――フランクはゲルマン系の一部族だが、後に王国となるので「人」として訳した。

2――七三二年のトゥール・ポワティエ間の戦いは、フランク王国とウマイヤ朝との戦いで、フランクが勝利した。ただし、この戦いの正確な日付や場所は特定されていない。

3――デ・ヴァデラ政権下の一九三七年の憲法では、カトリックを「国教」化はしないが、「特別な地位」という表現を用い、他の宗教に対する信仰の自由を認めた上で、特権性を認めた。

4――旧ポンド制。二〇進法と一二進法を組み合わせた計算法で、一ポンドが二〇シリング、一シリングが一二ペンスに換算された。

5――ドイツ語の期限や諸説については、以下の書籍を参照されたい。三佐川亮宏『ドイツ その起源と前史』（創文社、二〇一六年）

6――「ゲーム・オブ・スローンズ」は、ファンタジー世界を舞台としたアメリカのドラマ。二〇一一年から二〇一九年まで続いた。

7――「辺境」とは、王の権限が部分的にしか及ばず、半独立した辺境伯たちが自身の名のもとに武力で統治する国境地域を指す中世ヨーロッパの概念。

第3章

ドイツをめぐる闘争の嵐――一〇〇〇～一五〇〇年代初め

三つ巴の争い

九八三年以降の五〇〇年以上にわたるドイツ史は、王・貴族・教会の三つ巴のシーソーゲームかのようだった。ある意味で英仏と似ているが、ドイツは事態がより複雑だ。第一に、世襲制ではなく選挙制の王政の伝統があったこと、そして第二に、ドイツ王が自身はローマ皇帝でありたいという欲望に駆られ続けたためである。

王、貴族、教皇

人は変われど、根底にあるものは何世紀も変わっていなかった。

すべての王は、ドイツの王位を世襲制にしてローマ皇帝になろうとした。そこで、貴族と教皇を味方につける必要はあったが、彼らに過度に譲歩することはなかった。

すべての貴族は、ドイツの秩序維持と防衛にとって十分に強い王を選出しようとした。しかし、選挙を廃止するほどの強い王にはしたくなかった。

すべての教皇は、教会を保護し、教会の存在に頼ろうとする強い皇帝を望んだ。しかし、教皇庁を支配するほどの強い王は望まなかった。

最後の**オットー朝**の王ハインリヒ二世が一〇二四年に子供を残さず亡くなった後、数々の武功をあげた軍指導者コンラート二世は新しく**ザーリアー朝**〔ザリエル朝〕を創設した。当初は揺るぎなき覇道を歩んでいるかに思われた。コンラート二世の息子であるハインリヒ三世は、貴族たちとのトラブルもなく後継者となり、従順なドイツ人の教皇を立て続けに四人擁立した。王権は隆盛を極めた。しかし、ハインリヒ三世は中世の王としては致命的な過ちを犯してしまった。一〇五六年、彼が没したとき、ハインリヒ四世はまだ幼子〔五歳〕であり、過去に繰り返された王位争奪の争いが勃発したのである。

ドイツの貴族たちは互いに覇を争った。エルベの向こうのスラヴ人たちは、最後の大規模な異教への回帰を行った。そして、キリスト教に改宗した自らの王を弑逆《しぎゃく》し、エルベ下流の港町ハンブルクを包囲した。最終的には、成長して統治者となったハインリヒ四世がエルベ河畔の平和を取り戻し、貴族たちとも折り合いをつけることができた。しかし、イタリアの政争の手練れで、強権を有する新たな教皇グレゴリウス七世が行動を起こした。

グレゴリウスは、ハインリヒ四世が直面していた困難に乗じて教皇庁をドイツ支配から解放する好

ハインリヒ四世（中央）がカノッサ城主であるトスカナ女伯マティルダ（右）に教皇との調停を依頼しているところ

機だと捉えた。カロリング朝の初期から行われていた帝国教会政策のおかげで、高位聖職者たちはしばしば皇帝の高位の使用人として強大な世俗権力を有していた。グレゴリウスは、高位聖職者を教皇が選出して配置できるようにしようとした。つまりは、叙任するということである。この**叙任をめぐる争い**〔叙任権闘争〕が王権にとって大きな脅威となったのである。ハインリヒは反撃に転じ、ドイツ王でありローマ皇帝である者がそう認識しているのであれば、教皇は教皇にすぎず、その範囲を超えるものではないと主張した。

支配地域の諸侯に対するハインリヒの力は、この危険を乗り越えるにはあまりにも弱かったため、彼は中世の図像にも残る命がけの冬の旅に出る。一〇七七年一月、ドイツ王でありローマ皇帝であったハインリヒ四世は家族と少数の従者だけを連れ、雪に閉ざされたアルプスを越えてイタリアへ入った。そして彼は、教皇グレゴリウスが彼の破門を解いて再び教会に迎え入れると決めるまで、カノッサ城の前で三日間、贖罪用の苦行衣を着て裸足で立ち続けた〔カノッサ事件、カノッサの屈辱〕。

しかし、それはほんの一時休止にすぎなかった。ローマ教皇は再び反乱を起こし貴族たちを支持した。これに対して、ハインリヒ四世はイタリアに侵攻し、結果、彼は息子とも戦うこととなった。教皇側に付くか国王側に付くかが続々と表明されて混沌とした状態となった。そのうち両者とも、このような状態が長続きしないことに気づいた。**ヴォルムス協約〔一一二二年〕**において、教皇庁と帝国は新たなシンボルと聖職位の印を作り、誰がどのように司教を任命するのかについての芝居がかった指令によって事態を収拾しようとした。しかし真の、そして唯一の勝者は、この数十年にわたる国王と教皇のつばぜりあいを利用して両者からの独立を強化した、ドイツの大貴族や教会関係者だった。

ヴェンデ十字軍〔ヴェンド十字軍〕

先に述べたような対立の中でも、ドイツの貴族、国王〔皇帝〕、そしてローマ教皇の三者が同意できた事由、それは十字軍だった。そしてドイツの間近な地に、特に好都合な十字軍の対象があったのである。

一二世紀初頭に、ヨーロッパの気候は一〇世紀初頭の陰鬱な時代から大きく変化した。地球温暖化について今日私たちがどう思おうと、**中世の温暖期**〔一〇世紀から一四世紀頃〕は北ヨーロッパの農民にとっては純然たる恩恵であり、先進地域の人口は爆発的に増加していた。エルベ川を越えた所有者不明の大地だった**東エルベ**は、ドイツ人でもポーランド人でもなく、集合的に**ヴェンデ人**として知られるスラヴ系異教徒の部族が住んでいた。この地域は、荒涼として寒冷で居住に適さない、湿地・森・川が広がる土地だった。しかし、長い温暖期によってこの土地は魅力を増し、ドイツ貴族たちはすでにその土地に少しずつ手を伸ばし始めていた。

一一四七年、ローマ教皇と彼の信頼する助言者であったクレルヴォー大修道院長ベルナール〔ベルナルドゥス、後の聖ベルナール〕は、**ヴェンデ十字軍**を正式に宣言した。聖ベルナールが記したところによれば、（改宗は自由意志によるものとする通例の教義に反するが）教会は「**悪魔の手先**である異教徒をキリスト教に従わせて、異教の習俗もしくはそれを信奉する同一のネイション〔アイデンティティ集団〕そのものが一掃されるまで」戦い続ける徹底的な戦争を意図していた。

しかし物事は計画通りに進まなかった。異教徒があまりに激しく抵抗したからだ。そのためドイツの十字軍は、包囲した要塞城壁に即席で掲げられた十字架など、極めて表面上の改宗意志表明さえも受け入れ始めた。ドイツの貴族たちが教会の徹底した要求には従わず封建関係を結ぶ征服と貢納という自分たちの要求を追求していることを、教皇の監視団は憤慨しつつローマへ報告した。東エルベの征服は聖ベルナールが思い描いていたような掃討作戦ではなく、地元の指導者との場当たり的なやり

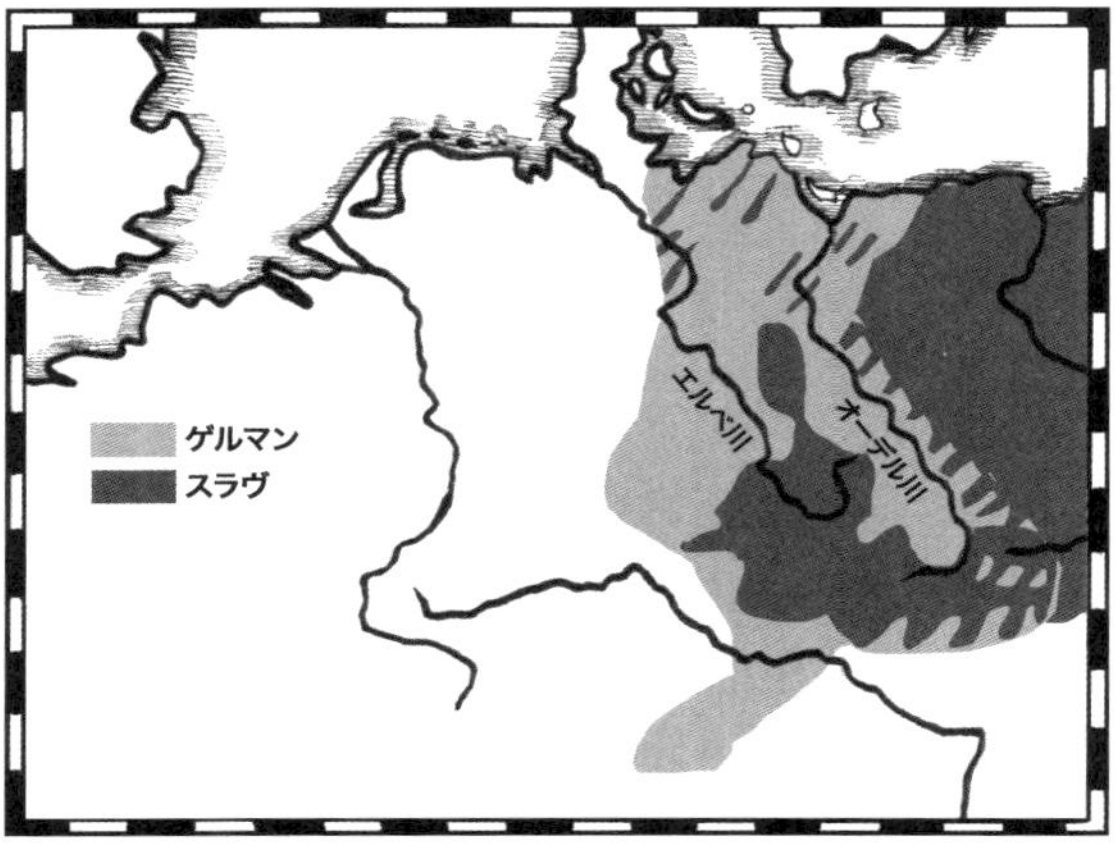

図 20　東方への植民（1200 年頃）

取りに終わったのである。

エルベ川以東におけるドイツの不完全な勝利は、この地域の将来に大きな影響を与えることになった「図20」。東エルベには土地を欲する多くのドイツ人が住み着いたが、スラヴ系の旧住民は各地で彼らの言語と文化を維持できていた。彼らの存在は、以下のことを世代を超えて思い起こさせた。つまり、ここが植民化した地であり、人々から力づくで奪ったものだということを。そして、同地にはいつの日かこの地を奪い返そうとするかもしれない人々〔スラヴ系住民〕が居住していることもまた想起されたのである。※（原註）

現在もドレスデン〔現ドイツ東部ザクセン州の州都〕から北や東に少し行けば、ヴェンデ人の子孫であるソルブ人が住んでいる。

居住者たちはおそらく防衛のために、一本だけの入り口道路を備えた円状の居住地区という独特の様式を生み出した。

これらの**円形村落 Rundlings** はとても独特で、ドイツの町村をランダムに写した航空写真を見れば、考古学者なら誰でも円形村落の跡を見つけられるだろう。そして、その地がエルベ川の東だということもすぐにわかる。同様に、ドイツの地理学者なら誰でも地名が -in で終わる場合（例：ベルリン Berlin）、エルベ東部の可能性が高く、-ow（例：テルトウ Teltow）または -itz（例：ゲルリッツ Görlitz）で終わる場合は、ほぼ確実にエルベ東部だとわかる。

この新たに征服されたドイツ植民地は、一〇〇〇年前から西ヨーロッパの一部として存在していたドイツ〔ライン・ドナウの地域〕とは明らかに異なる場所として、以後、ずっと存在し続けることになる。

プロイセンの騎士団領における植民地的な特性は、より鮮明だったし、今でも明確に判別可能である。ダンツィヒ〔現ポーランド北部のグダニスク〕の南にある巨大なマリーエンブルク〔現マルボルク〕の周辺に、修道会騎士は規格化された城塞のネットワークを地域全体に張り巡らせていた。これらの城塞から、騎士たちはこの地を統制し管理していた。

ライン・ドナウとエルベとの間の地域では、ドイツ人の祖先たちが異論の余地のない土地所有者だった。しかし、**東エルベ**（この言葉は一一四七年以前にすでに一般的に用いられていた）において、移住者は暴力を行使して土地を強奪した。他方で原住民はこの場で長らく生活しており、いつでも反乱がおこりえたのである。「彼ら〔原住民〕と対峙する我々」という、予防的で攻撃的な植民地的世界観が生まれるのは不可避だった。これは、半占領状態のアイルランドにおけるイギリス移住者たちと同じである。そして典型的なことだが、植民者たちの中の下層民は、あらゆる政治の拠り所として、自身のナショナルなエリート像の権威を盲信していた。このような基本的な状況は、何世紀も変わらぬままだった。西側とは異なる歴史の経過に鑑みれば、かなり異なった社会的・政治的な文化が発展したことは驚くに値しない。これを根拠に、社会学創設者の一人であるマックス・ヴェーバー〔一八六四〜一九二〇年〕は、しばしば地域差を無視してこの土地全体を「東エルベ」として描いた。

黄金時代

一時的だが、このときは今までにないほど事態は良くなっていた。一一五二年に**フリードリヒ一世**〔バルバロッサ（赤髭王）〕が王に選ばれた。そのとき彼は多くの前任・後任の者たちと同様に帝冠を目指すことを選んだように見えて、実際のところは帝国の二分化を受け入れたのだ。彼はイタリアやシチリアで帝国を統治する一方で、ヴェンデ十字軍によって力をつけた従兄弟のハインリヒ獅子公がドイツの**事実上の**支配者となることを許した。

この権力共有策は成功した。黄金時代の偉大な王はいつかドイツの危機のときにキフホイザー山脈の中で眠りから甦るとされた。つまり、ドイツ人のイマジネーションの中で、バルバロッサはイギリス人にとってのアーサー王のような存在になったのだ。

バルバロッサの息子ハインリヒ六世の下で、帝国の栄光は新たな高みに達した。ハインリヒ六世の

7人の選帝侯　左から、ケルン、マインツ、トリーア、ライン、ザクセン、ブランデンブルク、ベーメン

最大の幸運による成功は、一一九三年に捕らえられたイギリスの獅子心王リチャードに、封建領主として忠誠の誓いを立てさせたことだった。しかし、一一九七年にハインリヒ六世が若くして亡くなると、再びドイツの有力者を担ぎ出して王を選出する古代の制度が定着した。

これ以降、最も強力な七人の領主と大司教のみが投票権を持つことになる。この七人は**選帝侯**として知られるようになり、その後の五〇〇年間ドイツの歴史の中心にとどまり続けた。マインツ大司教、トリーア大司教、ケルン大司教の三人は教会の高位聖職者でありながら、ドイツ、イタリア、そしてブルグント〔フランスのブルゴーニュ地方一帯〕において大書記官長という地位にもあった。残りの四人は世俗の権力者で、ベーメン〔ボヘミア〕王〔献酌長官〕、ライン宮中伯〔大膳長官〕、ザクセン大公〔侍従長官〕、ブランデン

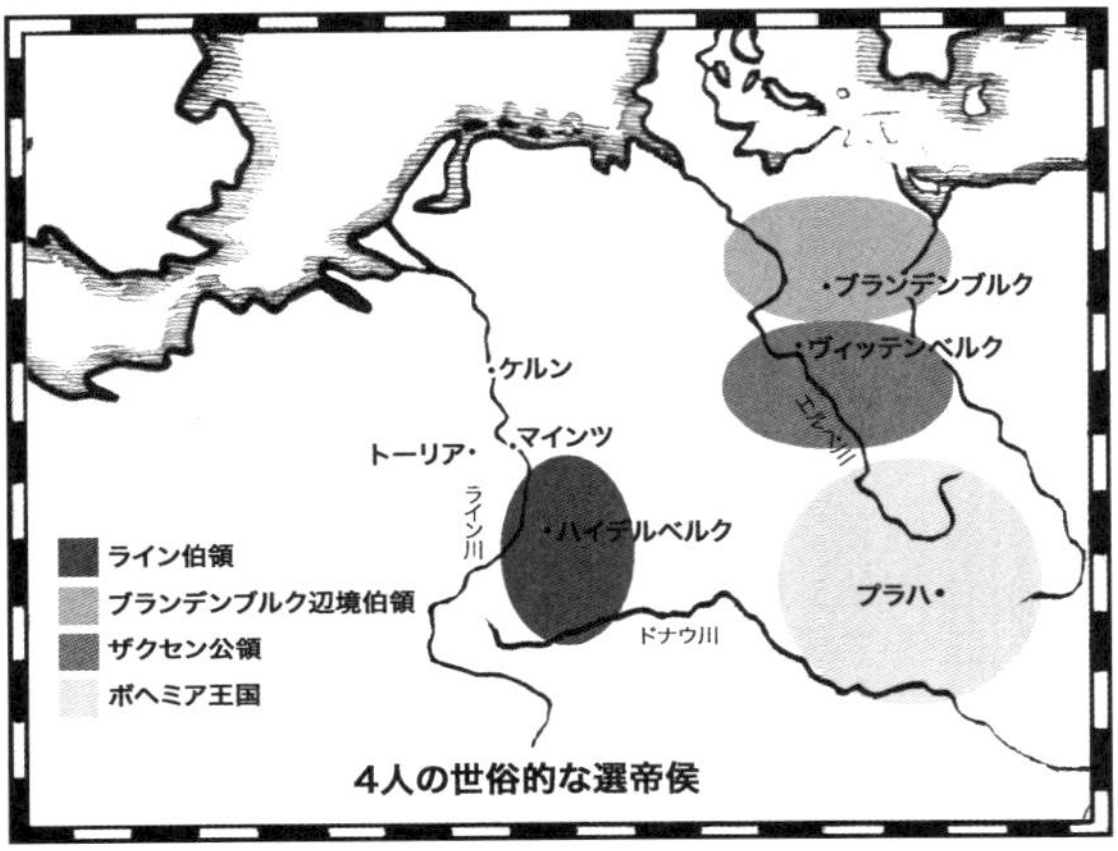

図 21

ブルク辺境伯〔式部長官〕だ。この前者三人の聖職者は、いずれも旧ローマ帝国の領土内〔リーメス西部〕に拠点を置いていた。しかし、四人の世俗的な選帝侯のうち三人は、ドイツの境界〔つまりエルベ川〕を越えて権力基盤を置いていた〔図21〕。

フリードリヒ二世は彼ら全会一致で選出され、権力と栄光の絶頂にあると思われた。というのも彼は一二二九年、戦わずしてエルサレムをキリスト教世界のために解放したからだ。ローマ皇帝、ドイツの王、ロンバルディアの王、シチリアの王、ブルゴーニュの王、エルサレムの王として、彼は**世界の驚異**〔stupor mundi〕と称えられた。確かに彼にはたくさんの称号があった。しかし、アルプス以北における彼の中心的権力は実は選帝侯に依存していた。一二三一年、選帝侯は皇帝フリードリヒ二世に**ヴォルムス帝国決議**に署名させ、自分たちの諸邦の支配権を認めさせた。

今や、ドイツ・ライヒの有力者たち〔選帝侯〕はまる

ミンネゼンガー、マネッセ写本より

マクデブルクの騎馬像（1240 年）

でドイツ「本土」の支配者のようであり、立派だが船首の飾りのような皇帝を頂くようになった。この協約関係はうまくいき、この時代はまさにドイツの黄金時代となった。ドイツはまさしくヨーロッパの中心だった。経済は活況を呈し、さらには後期ロマネスク建築の傑作があちらこちらに誕生し、あらゆる文明の最高級のものに匹敵するような彫刻や絵画などの工芸品が生み出された。さらに突如として、ヨーロッパ全土で最も多様で華麗な文学も誕生し、それらは三つの異なるかたちで花開いた。

ミンネザング

ミンネゼンガー（恋愛詩人）は、同時代のフランスのトルバドゥール（吟遊詩人）に倣った宮廷詩人である。そして彼らは、繊細かつ簡潔で形式が整った恋愛詩を書いた。その詩は、ナイチンゲールのような歌声に満ちて悲恋的であり、そして（冒瀆とはいわないまでも）官能的で情熱的な宗教描写にあふれたものだった。これらは現在もなお魅力を放っている。

民俗的な叙事詩――ニーベルンゲンの英雄伝説

ゲルマンの古い民話は**民族大移動**といった歴史上の出来事と混ざり合い、アッティラ王やテオドリック王といった人物も登場するようになった。一二世紀末から一三世紀初頭にかけての最盛期には、これらの伝説は「ニーベルングの歌〔ニーベルンゲン伝説〕」として、文学作品となった。ドイツ語版『イーリアス』ともいえるこの物語は、不屈の戦士ジークフリートが宮廷的な愛によって牙を抜かれ、ついには宮廷の謀略家たちに裏切られる様子が描かれている。彼の死後、ゲルマン人〔ブルグント族〕はドナウ川を渡り東方へ誘われ、そこでアッティラのフン族に壮絶な抵抗をするも、キリスト教的な慈悲など少しも得られず全滅させられる。

宮廷小説〔宮廷叙事詩〕

この様式は、アーサー王伝説の最新のフランス語版から派生したもので、宮廷生活の華麗さや、半ば宗教的そして半ば官能的で、風変わりな試練、使命、そして冒険が長々と語られる。それは、聖杯のため、愛のため、純潔のためといった具合である。最も有名なのは『トリスタンとイゾルデ』や『パルジファル』で、これらは後にリヒャルト・ヴァーグナーが長大なオペラの原作として用いた。

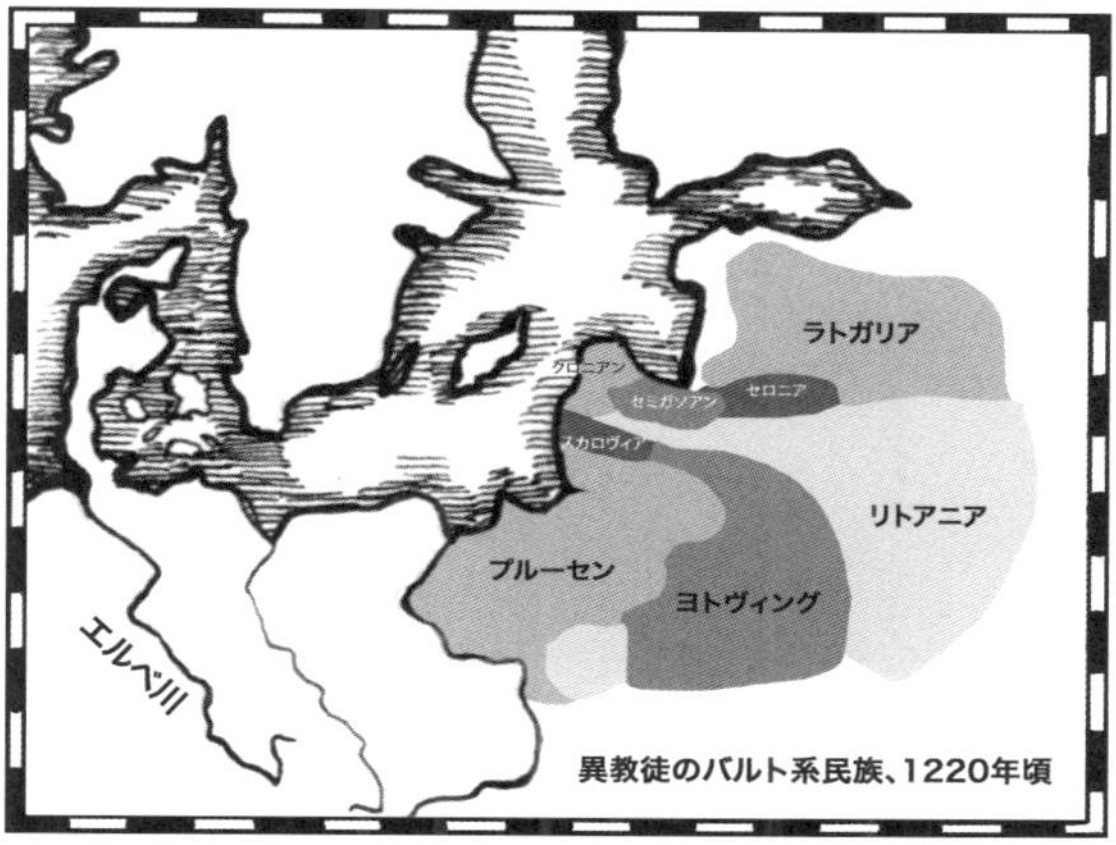

異教徒のバルト系民族、1220年頃

図 22

この時代のドイツの活動と自己認識は、お互いに密接に関係しつつも、その挑戦は二つの異なる動きの興隆に最もよく現れている。その二つとは、つまりドイツ騎士団〔テュートン騎士団〕とハンザである。

ドイツ騎士団からプロイセンへ

キリスト教地域のポーランドの向こうには、**プルーセ**ン人が住んでいた。約一三世紀前の造語だった**ゲルマーニー**と同様、**プルーセン**のラテン語名**プルスキエ**〔Pruscie〕はさまざまな異教徒の総称だった。彼らは現在のグダニスクとリガのほぼ中間の地域に住む異教徒のバルト系部族で、若いポーランド王国が手を焼いた存在だった〔図22〕。

一二二六年、皇帝フリードリヒ二世は北東ヨーロッパの歴史における中心的な文書の一つである「リミニの金印勅書」〔純金の印によって押印されたことからこう呼ばれる〕に署名する。この勅書は、ドイツ騎士団〔テュートン騎士団〕のためのものだった。彼らはもともと、聖地で負傷した十字軍兵の手当てをするために旅立ったリューベックやブレーメンの商人だった。この勅書は、彼らに武装させ、プルーセン人を征服するよう呼びかけたものである。他の多くの者たちが失敗したことに彼らが成功すれば、同地を皇帝直属の配下として統治することが許されるとした。

プルーセンは、キリスト教徒とは異なり何の権利も持っていなかった。実際、ドイツ騎士団が、文字が読めない異教徒の蛮族プルーセンに対して抱いたイメージは、約一三〇〇年前のカエサルによるゲルマン評〔二二〜二三ページ〕を思い出させる。

ニコラウス・フォン・イェロシン著『ドイツ年代記』〔一三三〇年頃〕

> 神は彼らにとって未知の存在だった。そのため、愚かにもあらゆる生き物を神として崇めるという誤謬に陥っていた。雷、星、月、鳥、動物、そして――神を信じない悪魔の産物――ヒキガエルさえも。彼らは客を迎えるときは、可能なかぎりその客のために最善を尽くす〔これが彼らの最大の美徳だ〕。

ドイツ騎士団はやがてリミニの金印勅書で指定された地域を越えて進出し、さらにはポーランド人が求めたものもはるかに超えていった。一二六六年、イギリスの偉大な修道士であり学者でもあったロジャー・ベーコンは、ドイツ騎士団の露骨な世俗的野心について苦言を呈している。

ロジャー・ベーコンの苦言〔一二六六年〕

プロイセンおよびドイツ系の人々の領域の隣接地域では、テンプル騎士団、聖ヨハネ騎士団、およびドイツ騎士団の修道士たちが異教徒の改宗を大いに妨害している。というのも、彼らは常に戦争を起こし、異教徒を完全に支配したがっているという現実があるからだ。説教をした後、異教徒は何度も平和裏に信仰を受け入れようとしてきた。しかし、ドイツ騎士団たちは彼らを征服して奴隷にすることを望んでいるため、これを許さないのである。

この結果、**ドイツ騎士団国家**が誕生した。この地はキリスト教国ポーランドの東方に位置し、完全ではないもののドイツ化がかなり進んだ地域だが、物理的にも政治的にも他のドイツ地域とは切り離されていた。騎士団の本拠地マリーエンブルクは地上最大の城となった。一四一三年まで、彼らには戦うべき正真正銘の異教徒の部族がいて、冒険に飢えた貴族たちがヨーロッパ中から援助にやってきた。チョーサーの『カンタベリー物語』〔一三八〇～一四〇〇年〕では「真実の、申し分ない、気品ある騎士」[*1]が**プルーセ**〔プロイセン〕で十字軍に参加している。やがて騎士たちは、彼らが駆逐しようとした異教徒の名で呼ばれるようになり、ドイツ領域を越えてドイツ系の人々のまったく新しい小国家プロイセンが誕生した〔図23〕。

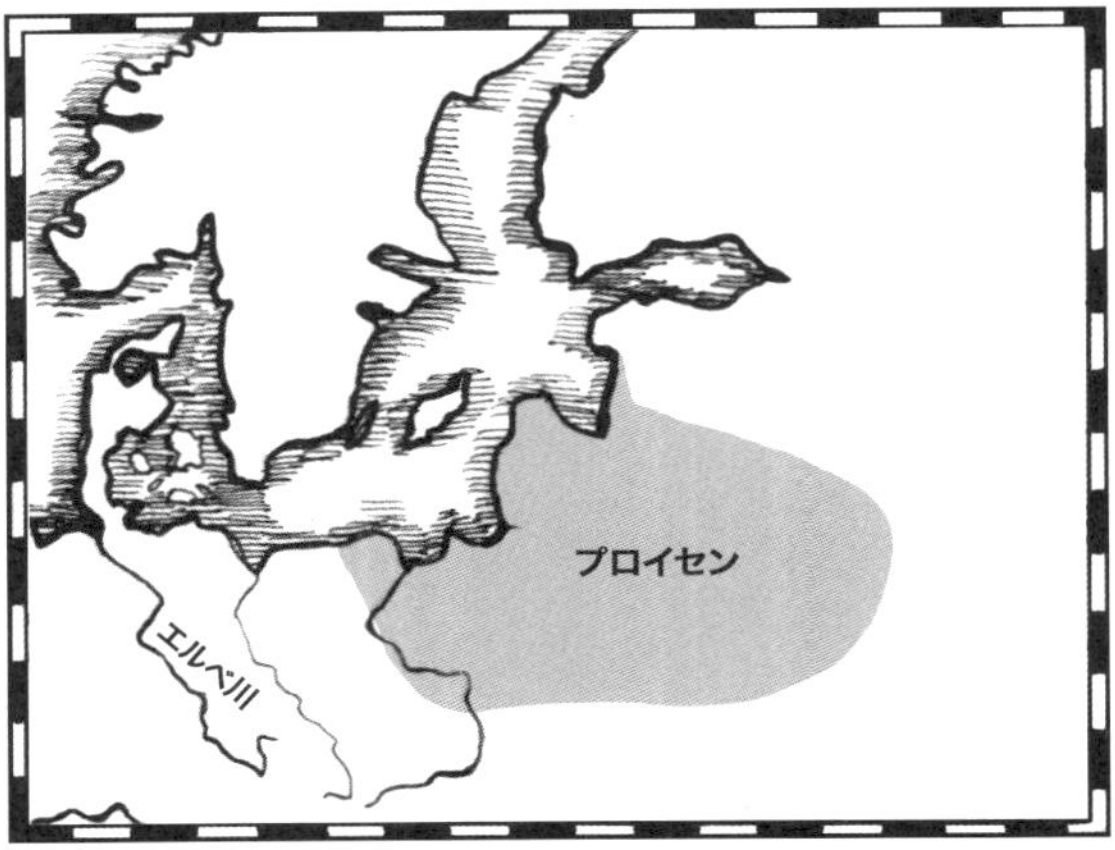

図23

この鎖帷子《くさりかたびら》に身を包んだ遍歴騎士たちは、騎士とはかけ離れた**ハンザ**〔ハンザ同盟〕の人々と手を取り合ったのである。*2

ハンザ——ロンドンとノヴゴロドとを股にかける伝説的商人たち

ハンザは商業都市の連合体であり二つの中心を持っていた。ケルンがイングランドや低地諸国〔オランダ〕との貿易を、リューベックがバルト海周辺の貿易を統括していた。

バルト海沿岸地域では、ハンザとドイツ騎士団の関係は極めて緊密だった。例えば、ハンザの会合に商人以外で出席できたのはドイツ騎士団長だけだった。

ハンザ商人と植民を進める騎士団はともに、荒涼とした北東ヨーロッパ境界地域の貴重品の独占状態にあった。すなわち急成長する西ヨーロッパにとって、当地の毛皮、琥珀、タール、温暖化したバルト海から無尽蔵に供給されるニシン、スウェーデンの鉱石、そしてロシアの木材の需要が高まっていたのである。これは、近代的な貨幣経済と、文字が読めない異教徒である狩猟採集民との、同時代に認知されている世界における最後の接点だった。冷酷な騎士団に対する現地住民の恐怖を後ろ盾に、抜け目のないハンザ商人は大儲けすることができたのだ。

ハンザは、ヘンリー四世のイングランドのような大国にさえ、税制上の優遇措置や独占権、準主権的な飛び地を与えるよう融資したり、賄賂を贈ったり、陳情したりできるほど裕福になった。イギリス人はハンザ商人を**イースターリングス**〔東の人々〕と呼んだ。この呼び名が確かな価値を持つ貨幣の名につけられたのは偶然ではない。そう、**スターリング・ポンド**〔イギリスの通貨ポンドの正式名〕である。

ハンザに逆らうものに対しては、現代の大企業のボスたちがただ夢見るだけで実行できないような物理的な力も行使することができた。例えば一三六八年には、ノルウェーとデンマークに対して、あけすけに宣戦布告をして勝利している。ヨーロッパにおいて、商人によって構成される非国家組織がこれほどの影響力を振るった例は他にないだろう。

選帝侯たちの勝利

もちろん、ドイツ騎士団とハンザに敵対者がいなかったわけではない。彼らがヨーロッパの北端でこれほど繁栄したのは、彼らに対抗してきたかもしれない国々が南東からの脅威にさらされたからである。それは、あらゆる侵略者の中で最も恐ろしいバトゥ・ハーン〔チンギス・ハーンの孫〕が率いるモンゴル族の集団だった。

一二四一年、モンゴル軍はすでにロシアにトラウマを植えつけ〔多くの歴史家によればこのトラウマは現在も残存している）、ヨーロッパ大平原を越えて現在のドイツ・ポーランド間の国境から六〇キロ圏内まで押し寄せた。モンゴル軍は**レグニツァの戦い**〔ワールシュタットの戦い〕でポーランド・ドイツ・チェコの連合軍を全滅させた後、ハンガリー軍の殲滅《せんめつ》を支援するために南下した。

アルプス以北のヨーロッパ人にとって、世界の終末のように感じられた。一二五〇年に皇帝フリードリヒ二世が死去する頃にはドイツは無秩序に包まれた。その継承権をめぐるライバルたちは、自陣に味方してくれさえすれば相手に可能なかぎりのすべてを約束した。一二五七年、イングランドのヘンリー三世〔プランタジネット家ジョン王の息子〕の弟リチャード〔コーンウォール伯〕が、多額の賄賂をばらまいた選挙の末にローマ王〔ドイツ王〕に選出された。[*3] このフランス語を話すイギリス人の領主は、ライバルのアングロノルマン人の貴族たちの哀れな捕虜となって〔シモン・ド・モンフォールの乱〕、一二七二年に亡くなるまで、ドイツの領土を数回訪れただけでラインを越えることはなかった。この頃には、ドイツ王の称号は有名無実となって帝位は何十年も空位のままだった〔大空位時代〕。

ドイツ領域内では絶対的権力を誇っていた選帝侯たちは、自分たちが意のままに操れると考えた人物、つまり選帝侯になるほどの地位もない年老いたドイツ系の貴族を次のローマ王〔ドイツ王〕に選んだ。[*4] 一二七三年のことである。彼の名はハプスブルク伯ルドルフ、すでに五五歳だった。後に帝国の代名詞となり、一九一八年までのヨーロッパ史の大半をその子孫たちが決定することになるハプスブルク家にとって、ルドルフの登場は地味なものだった。

一二七八年、ルドルフは中世の典型的な騎馬戦の一つであるマルヒフェルトの戦いで、主なライバ

レグニツァの戦い〔ワールシュタットの戦い〕。左がモンゴル軍、右がポーランド・ドイツ騎士団軍（14 世紀頃の聖人伝より）

ルだったベーメン〔ボヘミア〕の王オタカル二世を退けて周囲を驚かせた。しかし、ルドルフは皇帝になることはなく選帝侯たちは息子の王位を拒否した。選帝侯たちはドイツ領域における権力者であり、実際に権力を行使する一人の王を選ぶつもりはなかった。この時点でハプスブルク家が歴史の舞台に登場したのだが、まだ機は熟していなかったのである。

　選帝侯たちは、中欧におけるこの権力の三角関係のシーソーゲームに勝利することを確信しており、帝国と教皇庁の結びつきを断ち切る用意さえできていた。一三三八年、彼らはドイツ国王に選出した者は誰であれ、教皇の許可があろうとなかろうと自動的に**皇帝に昇格する**と宣言した〔レンス判告〕。選帝侯たちは事実上、〔しばしば巨額で販売されていた〕自分たちの票が神の意志の直接行使手段だと宣言したのである。

　この票を買うために莫大な負債を抱えていたカール四世は、「ニュルンベルクの金印勅書」〔一三五六年〕でこの混乱の中に秩序を創り出そうとした。この勅書は、一八〇六年に神聖ローマ帝国が解体されるまで神聖ローマ帝国の体制を規定したことから、やがて単に金印勅書と呼ばれるようになった。表面的には、とりわけ皇帝の栄光を称えており、戴冠式では華麗な演出を行うこととした（例えば、ベーメン王は「一二マルクの重さの銀の杯またはゴブレットを手に持ち、馬に乗って戴冠式に臨む」など）。しかし、この小文はすべての法的権限を選帝侯に移譲することを意味した。*5

『金印勅書』（一三五六年）より

我々、あるいは我々の後継者であるローマ皇帝および国王たちによって……現在認められているもの、または将来認められる予定のものは、いかなるかたちであれ、教会および世俗的な選帝侯の自由、管轄権、権利、名誉、支配権を侵害してはならない。

王室と帝国の権力は事実上非常に小さくなったため、カール四世の無能な息子ヴァーツラフ一世（一三七八年～一四〇〇年）の統治下でドイツは再び混乱に陥り、貴族たちが内部で対立した。一四〇二年、ルプレヒト（一三五二～一四一〇年）は武力によってイタリアで皇帝位を得ようとした最後のドイツ王となった。彼はアルプス山脈を越える途中で資金を使い果たし、彼の傭兵軍は情けないことに解散してしまった。

一五世紀初頭のドイツでは、フランスやイギリスをモデルとした中央集権的な王国は実現不可能だと思われていた。将来は、いくつかの完全に独立した王国がまさに名目上の共同の王を持つだろうと考えられた。ところが、この権力関係は再び不安定になる。それは、またもエルベをめぐる終わりなき闘争によるものであった。

一五世紀——東の影

一五世紀初頭、ドイツ列強はエルベ川流域とバルト海沿岸を完全に支配しているように見えた。北部ではドイツ騎士団が無敵を誇っていた。有力な選帝侯であるベーメン王の本拠地プラハは、ケルンと同様にドイツの政治舞台の一部であった。しかし、ついにスラヴ人が反撃に出たのである。

密集した城壁都市内に住む傾向があったドイツ移住者〔入植者〕の間では**黒死病**[6]〔一三四八〜一三四九年〕の被害が大きく、これがスラヴ系の人々にチャンスをもたらしたと主張する者もいる。いずれにせよドイツ支配が突如として脅かされることとなった。

一四一〇年、新たに設立されたポーランド・リトアニア連合王国は、タンネンベルクにおいてドイツ騎士団を打ち破った。ポーランド人とリトアニア人と共に戦った戦士の中に、**ヤン・ジシュカ**〔隻眼のヤン〕がいた。アジャンクールの戦いでイングランド王ヘンリー五世を助けるために馳せ参じた後、ジシュカはドイツの支配に真の脅威をもたらした反乱の指導者となった。[7] 彼は改革者ヤン・フスの旗の下、ボヘミアのチェコ人〔スラヴ系〕による**フス派の蜂起**〔フス戦争〕に参戦した。

フスはローマのカトリック聖職者の特権を攻撃したため、プロテスタントによる宗教改革の先駆者とみなされている。しかし、これは**エルベ川**〔チェコ語ではラベ川〕沿いの支配権をめぐるスラヴ・ドイツ間の係争に関係するものだった。フスはプラハで何千人ものドイツ人教師や学者を非常に冷遇したため、彼らは一斉に去り、プラハ市の有名な大学は重要な地位を失っていた。フスが火刑に処せられた後、激怒した彼の信奉者たちはジシュカに率いられ、一四一九年に反乱を起こした。熟練した金属工だった彼らは、野砲を最も早く採用した者たちだった。馬も人も砲声をよく知らない時代に、彼らの移動式大砲は貴族の重騎兵を大混乱に陥れた。彼らは四回にわたって神聖ローマ帝国の討伐軍を破り、ザクセンとフランケンに繰り返し侵入し、さらにはバルト海沿岸に到達した。そこで〔伝説によると〕自分たちの飲料用の水瓶を海水で満たし、今やドイツ人ではなく自分たちがバルト海の所有者であることを示したという。

ただし最終的にはフス派は分裂して互いに争い始め、ドイツの人々は再興できた。戦争は一四三六年に終結し、穏健派フス派が彼ら独自の方法で礼拝することが認められた。しかし四人の世俗選帝侯のうち三者〔ベーメン国王、ブランデンブルク辺境伯、ザクセン＝ヴィッテンベルク公〕にとって、この新たなスラヴ人の反抗は彼らの中枢ともいえる領土存亡の脅威だった。今回ばかりは、皇帝の強化を恐れるよりも、安定を必要とした。そのため、一四三七年に皇帝ジギスムントが死去すると、そのハプスブルク家の嫡男アルベルト二世、そしてその甥であるフリードリヒ三世が継ぎ目なく即位した。これ以降、選挙で選ばれたドイツ国王と神聖ローマ帝国の皇帝は、実際にはハプスブルク家のものとなった。*8 スラヴ人の復活は権力を王室と皇帝の座に戻し、全ドイツに支配王朝の存在を当然視するような状況を生み出した。

コロンブスが航海に出かけたとき、西部ドイツと南部ドイツはフランスやイタリアと同様に紛れもなく西ヨーロッパの一部だった。

しかし、エルベ川とヴィスワ川〔現ポーランド〕との間では、ドイツとスラヴとの熾烈な争いは終わる様子がなかった。一五〇〇年のドイツの歴史を有する西部ドイツと、わずか数世紀前に、しかも不完全に征服されただけの東エルベとが、同じように成長する訳はなかった。それどころか、分裂は顕著になっていく。ドイツ領東エルベの植民地的で不安定な性質は、ある一つの貴族層の興隆に寄与した。その貴族層とは**ユンカー**である。

ユンカーたちと彼らの世界

ユンカーという名称は、もともと**若い領主**〔junger Herr〕を意味するにすぎなかった。なぜなら敵対的な東エルベへの征服行軍に命を賭す覚悟のあるドイツ貴族の若い子弟のことを指していたからだ。ユンカーは階級ではなく、むしろカーストと呼べる。つまり、エリート戦士である。中世の温暖期が終わり、小氷河期が訪れて再び辺境に戻る中で、敵地に囲まれた中で孤立する要塞で暮らす戦士たちだった。

エルベ以東の独特の慣習である**グーツヘルシャフト**〔農場領主制〕の下で、彼らは事実上その領地における独立した支配者だった。そして多くの場合、単に貧しいだけでなく、文化的・宗教的に異なった人々〔ポーランド人、バルト人、ロシア人〕を支配していた。東プロイセンではこの状態は二〇世紀に至るまで続いた。スラヴ人が完全に征服されることはなかったため、この植民地時代の非貴族ドイツ人は無条件でユンカー軍閥に防衛を依存し、発展していった。例えるならばアメリカ南部の貧しい白人のように、外国人下層階級に対する酷い軽蔑と、主人に対する忠実な隷属性を同時に身につけたのである。

一五世紀には他のどのドイツ系もそうだったが、**ユンカー**も自分たちを**ドイツ人**だとは認識していなかった。しかし、それが変わりつつあった。そしてこの変化の中で、東エルベという、あまりにも本質的に異なる種類の「ドイツ」にまったく独自のイデオロギーを見出すことになる。

宗教改革

一五一七年の諸聖人の日（一一月一日。万聖節とも）の前夜に、エルベ沿いの大学都市ヴィッテンベルクで、地元で有名な司祭が、（彼曰く）強力な神の啓示を受けたといって、ローマに対する九五ヶ条の挑戦状を城教会の扉に釘で打ちつけた。彼の名はマルティン・ルター。**九五ヶ条の論題**は**プロテスタント宗教改革**の発端とされている。この言葉が意味するように、最初は教会の特定の慣習に対する**抗議**（プロテスト）であり、単に教会の**改革**を目指したものだった。

ルターの思想は二つの原則に基づいている。第一は、**ソラ・スクリプトゥラ**（聖書のみ）である。聖書に基づかないあらゆるものを教会から一掃しようという原理主義的な要求だ。ただし、これは何も目新しいことではなかった。聖アウグスティヌスはこの原則の引用元となったし、しばしば彼自身も引用した。ルターの博士課程の指導教官は、たとえ歴史的で美しいものであっても、イスラーム教と同じく、あらゆる偶像崇拝や聖殿の根絶を説いていた。ルターの思想の第二の柱は、彼が用を足しているときに降りてきた啓示、つまり**ソラ・フィデ**〔信仰のみ〕である。これはまさにラディカルだった。彼は、司祭に懺悔して悔い改めたとしても、あるいは際限のない善行によってさえ、天国への切符を獲得することはできないと主張した。あらゆる世俗的なものを忘れ、**悪魔の娼婦である理性**を放棄し、真の信仰にひざまずく神秘的な瞬間、そのときにのみ我々は神から得難い贈り物としての救いを受け取ることができると考えた。

ルーカス・クラーナハ（父）「マルティン・ルター」1529 年

これらの原則はともに、七五四年に教皇庁とカール大帝の父〔小ピピン〕との間で結ばれた協定以来、西ヨーロッパを定義してきた教会と国家の権力の独特な均衡に挑戦するものだった。それが今では、ローマ・カトリックに忠実であり続けた地域と、さまざまな種類のプロテスタントを発展させた地域〔教皇の権威を否定するという点以外には共通点がほとんどないことが多かった〕に徐々に分裂させている。ただし、原因と結果を混同すべきではない。ルターの行為にこれほどの影響力を与えたのは神学ではなく政治だった。というのも一五一七年には、選帝侯、教皇庁、そしてドイツ王・皇帝の間の古くからの駆け引きが熱を帯びていたからである。

ハプスブルク家の皇帝マクシミリアン〔在位一四九三～一五一九年〕は、スペイン、オランダ、ルクセンブルク、フランス西部、イタリア南部だけでなく、「新世界」〔スペイン領の新大陸やフィリピンなど〕のほとんどを統治した。この頃には、アメリカ大陸のスペイン領など「新世界」の息を呑むような広大さと富が明らかになりつつあった。

マクシミリアンは、孫のカール〔一五〇〇～一五五八年〕にすべてを引き継がせることを決意していた。他のヨーロッパの支配者たちは、この誰の目にも明白な覇権計画を阻止しようと躍起になっていた。フランスのフランソワ一世とイギリスのヘンリー八世の両者は、ドイツ王位のライバル候補であると宣言した。選帝侯たちは、ハプスブルク家からの類を見ないほど莫大な袖の下と譲歩を得られるだろうと確信していた。

この熱狂的な打算的雰囲気の中で、ホーエンツォレルン家の新しいブランデンブルク公アルブレヒトは、マインツ大司教〔選帝侯〕の地位を買収するために、アウクスブルクに本拠を置く大銀行家のフッガー家から多額の借金をした。[*9] これにより、アルブレヒトは七人の選帝侯のうちの一人となり、今後間違いなくやってくるであろう巨額の賄賂合戦への参加を確実なものにした。偶然にも、この新しい枢機卿を承認するよう求められた教皇レオ一〇世も、ローマを美化するために、ラファエロ、レオナルド、そしてミケランジェロの雇用に莫大な費用を費やし、フッガー家の貸付金の限度額に達していた。教皇レオはさらに、新しいサン・ピエトロ大聖堂を建設しようと考えた。そこで一五一六年、教皇レオ、選帝侯アルブレヒト、フッガー家はある取引を行った。教皇レオはアルブレヒトの昇格を認め、彼らは分け前が五分五分の新しい金儲けの大計画に取り組むことになった。

有名な説教者ヨハン・テッツェル〔一四六五〜一五一九年〕は、アルブレヒトの土地を巡回するために雇われ、**サン＝ピエトロ大聖堂免罪符**と呼ばれる特別強力な罪を消す証明書を売り歩いた。これらにより、死んだ罪人が天国に入る前に煉獄の浄化の火の中で焼かれる必要がなくなるとされた。フッガー銀行の代理人はテッツェルに付いて回り、金づるを見張った。一五一七年、免罪符販売の一団は、アルブレヒトの領地であるハルバーシュタットやマクデブルクに鳴り物入りで賑やかに到着した。そのとき叫ばれた言葉は、「なぜ何もしないのか。走れ、魂の救済のために！」である。この地は、ルターが説教していたエルベ沿いの都市ヴィッテンベルクの近くだった。

新しい免罪符を買うためにブランデンブルクに群がるザクセンの人々を見てルターは唖然とした。ルターは聖職者であるのみならず、法学も修めていた。敬虔な神学的気遣いと彼のトレードマークである気取らぬ辛辣さを織り交ぜ、当然のことながらラテン語で、細心の注意を払いつつ攻撃の準備をした。**九五ヶ条の論題**のどれも、煉獄は発明であるとか、免罪符の販売は金儲けの欺瞞であるとか、教皇庁自体が腐敗しているなどとは明言していない。しかし、それらはすべて行間が読める者であれば、その意味するところはたやすく理解できた。

突如としてここに、最も学識のある神学者たちとラテン語で議論ができて、同時に一般庶民に向けて**下品な話題**や**バカ話**、そして**女性**や**ワイン**についても語ることができる伝道者であり言葉の匠が現れた。そしてルターの信奉者たちは活版印刷のビラという新メディアを用いて、彼の言葉を従来では考えられないスピードで広めた。

九五ヶ条の論題を貫く一本の糸があるとすれば、それは「お金」である。大半の主張は文字通り金銭について述べており、さらに多くの論題が直接的ではないにせよお金について語っている。つまり、豊かさ、財宝、収入、支払い、借金、刑罰などの語である。神学とは無関係だったからこそ、ルターの言葉は同時代人に刺さったのである。ルターは、彼個人と彼の著作を通じた思想の両方が便利な武器となった。それは、ドイツをめぐって真の統治者は誰か、つまり誰が税金を課すのかという、古くからの闘争の武器となったということである。

政治化する宗教改革

一五一九年六月、選帝侯らはカールが強大なフッガー銀行の支援を受けて差し出した巨額の賄賂攻勢に抗えないと判断し、彼をドイツ王〔カール五世〕に任命した。

選帝侯たちは事前に、王の庇護の下でドイツ人自身がドイツを動かし、外国軍は駐留させないことを保証する、いわゆる**選挙特権**〔Electoral Capitulation〕をカールに強制していた。しかし、カール五世は**太陽が沈むことのない広大な世界帝国**（このフレーズはカールの王国について用いられたもので、後の大英帝国のために作られたものではない）を統治していたため、状況は楽観できなかった。ここに初めて、まさに新たなカール大帝と呼ぶにふさわしい権力と富を持った王・皇帝が現れた。

一五一九年の時点で、カールが皇帝になったらドイツ諸侯との約束を守るかどうかなど誰が知りえただろう？

このような前代未聞の資金を持つ支配者に対して自らの地位を確保するために、ドイツの貴族は独自の新たな財源を見つけなければならなかった。彼らは自分たちが**国民・国家**〔ネイション、Nation〕の利益のために行動していると主張して、貴族以外のドイツ人の支持を得る必要があった。

これは一四五〇年頃にドイツで最初に記録され、マクシミリアンが自身の領土を**ドイツ・ネイションの神聖ローマ帝国**〔Heiliges Römisches Reich Teutscher Nation〕と呼んだ一五一二年に初めて正式に定着した先駆的なアイデアであった。

ルターはこの新しいアイデアを採用し、実行した一人であった。一五二〇年頃には、彼は画期的な聖書のドイツ語訳を開始していた。彼の韻とリズムは、意識的に一般の人々の会話調に寄せており、それゆえに不朽のものとなった。「**神のひき臼はゆっくりひく Gottes Mühlen mahlen langsam**〔ゴッテス　ミューレン　マーレン　ラングザーム〕」は声に出して読むとわかるが、すばらしい響きだ。ルターは意識的に神学論争から政治論争へと突き進んだ。つまり、その卓越した新しいドイツ語の筆致によって、歴史上の犠牲的な役割についての**国民的**〔ナショナル〕な物語を解き放ったのである。

『ドイツ国家／国民（Nation）のキリスト者貴族に与える書』（一五二〇年）より

その昔、皇帝フリードリヒ一世および二世、さらに多くのドイツ皇帝は教皇たちによって実に悲惨なほどにふみにじられ、抑圧されていた。だからこそ、同胞であるドイツ人よ、我々は自らを奮い立たせ、人よりも神を畏れるのだ。ローマ・カトリックの不道徳で悪魔のような政府によって悲惨に失われたすべての哀れな魂には責任がないのだ。

ベルナールト・ファン・オルレイ「カール五世」1515年

ルターとその支持者は再評価されつつあった**ゲルマーニア**に魅了された。そして自分たちをタキトゥスが描いた**ゲルマーニア**、つまり浪費し堕落したローマとは道徳的に対極にある者たちとして、そして純粋な自由と男性的な美徳を愛する者たちに見立てた。ルター自身、教育を受けた聖職者だったにもかかわらず、紀元九年にローマに大打撃を与えた異教の指導者〔アルミニウス。第一章を参照〕との血縁関係を喜んで主張した。ルターはいわゆるテーブルトークで以下のように語った。[*10]「年代記にはあるケルスキ族の王子、ヘルマンと呼ばれるハルツ出身の男がローマ人に壊滅的な打撃を与え、二万一〇〇〇人を殺したと記されている。さて今や、ハルツ出身のケルスキ族のルターがローマを圧倒しているのだ！」

ローマの足かせを緩め、富を国内に保持し、自領内で教会についての決定権を持ち、すべての教会の土地を没収することは、ドイツの諸侯にもイギリスのヘンリー八世にも極めて魅力的だった。

フリードリヒをはじめルターを支持したドイツの君主たちは、ルターの説によって、教会と土地を管理するうえで自分たちが有利な立場になることを理解していた。彼らは教皇と皇帝の権威を犠牲にすることで、自分たちの実力を増大させていった。こうしてルター主義〔福音主義〕が生まれたのである。

ジョン・ハースト『超約　ヨーロッパの歴史　増補版』（倉嶋雅人訳、東京書籍、一八一〜一八二頁）

だが、ここにはドイツの支配者たちにとっても深刻なリスクがあった。ルターの思想が彼らの臣民を過激化させ、地上の権威をすべて否定させてしまわないかというリスクである。

ルター自身がすぐさまこの問題に直面した。一五二二年、ルターは彼の支持者を自認していた人々によって率いられていたにもかかわらず、貧しい貴族たちの蜂起を支持することを拒否した。ルターは、すべての支配者は神の意志によってそこに存在するだろうと書かれている聖書の一節を見出したと主張した。今や人間は、神との直接のつながりを持ち信仰だけで救われたのだから、政治を地上の権威〔世俗権力〕に完全に任せることができ、さらに言えばそうしなければならないとする。ルターは一五二二年の『**現世における支配権について**』で以下のように述べている。真のキリスト者は「**心から喜んで剣の統治のもとに服し、税金を収め、権威を尊び、仕え、助け、寄与するなど、世俗の権威を推進するために、なしうるすべてのことを行うのである**[*11]」

三年後、実際に農民たちはルターの支援を期待して一斉に蜂起した。ルターが彼らを支持することはなく、その代わりに彼は法と秩序の力を、それがどのようなものであってもどれほど厳しくとも、引き続き支援することにした。『盗み、殺す農民暴徒に対して』〔一五二五年〕でルターは、反逆者たちが「不誠実にして、誓いを破る、嘘つきの、不従順な悪者や破廉恥漢であり」、異教徒の支配者であっても裁き罰する権限を持っていると書いた。「できる者は誰でも、彼ら〔農民〕を打ち殺し、絞め殺し、刺し殺さなければならない」、そして「狂犬」を撲殺しなければならない、と[*12]。

何千人もの農民たちが虐殺され、改革派の司祭たちは諸侯軍を励まし祝福した。こうして、宗教改革――教会の土地と金の獲得と同義――はドイツの権力者たちにとって安全なものとなったのである。

初期、思い切って行動したのはローマから最も遠いドイツ騎士団だった[*13]。騎士団〔修道会〕の総長、アルブレヒト・フォン・ブランデンブルク＝アンスバッハ〔一四九〇～一五六八年〕は、ルターと個人的に面会し、自分はもはや教皇と皇帝に従順な単なるカトリック修道会の長ではなく、プロイセンのプロテスタント公の権限により、ポーランド王のみに属すると宣言した。

この宣言が行われたのは一五二五年四月一〇日のことだった。この日は、西暦八〇〇年〔カール大帝の即位）から一八六六年（普墺戦争でのプロイセンの勝利）までのドイツ史の中で最も重要な日である。エルベ川をはるかに越え、ポーランドさえも越えて、ほんの一世紀前までは完全な異教徒が住んでいたこの奇妙な植民地に、カール大帝によるザクセン征服以降初めて、ローマの教会や皇帝への忠誠を拒否するドイツの支配領域が誕生したのである。

プロイセンと政治的な宗教改革は同じ瞬間に、西洋世界の強固な連続性に対する直接的な挑戦として誕生したのだ。

註

※——その地が田舎で過去に植民化された土地なら、恐怖や敵愾心《てきがいしん》は、高齢者が若者に語り継ぐことによって、たやすく何世紀も後に伝えられていく。一九八〇年代、私はアイルランド南端の地で、カトリック信者の小規模農家の人から以下のような苦情を聞いた。とあるプロテスタントの大邸宅が、本来はわが家族の土地に建っているのだ、と。この農家の人は実に苦々しい感じで私にそう告げた。まるで父世代に遭遇した強盗か詐欺の話のように語ったのである。この件の家は、一八世紀半ばに建てられたものだった。

1——チョーサー『完訳　カンタベリー物語』（桝井迪夫訳）を参照。

2——日本では「ハンザ同盟」と書かれているが、実際は「同盟」ではないことから、昨今は単に

「ハンザ」と呼ばれる。

3――ドイツ王〔ローマ王〕は選挙によって選ばれたが、その後に教皇によって任命されることで「皇帝」となる。よって、コーンウォール伯リチャードは「ドイツ王」にはなったが、神聖ローマ帝国の皇帝とはなっていない。

4――ルドルフもイタリア遠征をして戴冠していないので、「ドイツ王〔ローマ王〕」である。なお、ルドルフの時代にハプスブルク家はウィーンに拠点を移した。

5――金印勅書については、山本文彦『神聖ローマ帝国――「弱体なる大国」の実像』（中公新書、二〇二四年）に詳しい。

6――ドイツ語版は「一三四八～一三五一年」となっている。これは黒死病の時期を、どの地域に設定して考えるかによって変わるだろう。

7――当然フィクションを多分に含むが、大西巷一のマンガ『乙女戦争 ディーヴチー・ヴァールカ』（双葉社）では、ヤン・ジシュカが登場し、フス戦争が扱われている。

8――ただし、一七四二年から一七四五年には、ヴィッテルスバッハ家のカール七世が即位し、短期間だがヴィッテルスバッハ朝が成立している。

9――ブランデンブルクは、元々、選帝侯だったので、アルブレヒトがマインツ大司教〔選帝侯〕になることでホーエンツォレルン家が二つの選帝侯の座を占めたことになる。

10――マルチン・ルター『ルターのテーブルトーク』（藤代幸一訳、三交社、二〇〇四年）を参照。

11――徳善義和『マルチン・ルター 原典による信仰と思想』（リトン、二〇〇四年、一八七頁）を参照。

12――本引用部分は成瀬治の訳を参照し、ホーズの原書に少し変更を加えている。松田智雄責任編集『ルター』中央公論社、一九七九年、三〇二～三〇九頁も参照。

13――本書に忠実に訳せば「最初」となるが、アルブレヒトが領土内での宗教改革導入よりも前に段階的に変化していった地域もあることから「初期」とした。本件について、永本哲也氏（弘前大学）のご助言をいただいた。

第4章

ドイツは二つの道をたどる――一五二五年〜現在

手詰まり

公国になったばかりのプロイセンに倣って新たにプロテスタントになった諸侯と諸都市は、まもなく一五三一年にシュマルカルデン同盟を結んだ。この同盟はルター派の統治者だけが参加でき、独自の常備軍を有した。完全にドイツ的で、非ローマ的なドイツの構想が広まりつつあった。だがこの時点で、この同盟は地上最強の支配者に対峙していたのである。

カール五世〔スペイン国王カルロス一世〕は、一五四三年にはフランスとの闘争を決着させ、オスマン帝国のヨーロッパ進出を食い止めた。彼にとって妥協など眼中にない選択肢だった。カール五世は、紀元後一六年以降初めて一五四七年に、武装し練度の高い他国の歩兵隊〔畏怖されたスペインのテルシオ〕を率いて、ローマ帝国の信仰とその御旗の下に、断固として同地を征服する意志をもってドナウを渡りドイツ奥深くまで進軍した。そして、エルベ沿いのミュールベルクでの決戦で勝利した。再びローマの皇帝〔神聖ローマ帝国の皇帝〕がその川岸で勝利を収め、ゲルマーニアの支配者となったかのように見えた。

ドイツの諸侯は互いにいがみ合っていたとしても、自分たちの固有の特権を失うことは我慢ならなかった。彼らはプロテスタントとカトリックの垣根を越えて結束し、カール五世に絶対的な支配を許すのではなく、フランスに助けを求めると伝えた。最終的に、カールは**アウクスブルクの和議**〔アウクスブルク宗教平和令〕〔図24〕〔一五五五年〕に同意し、宗派は大小を問わずドイツの各支配者の選択次第だと宣言した。「**クイウス・レギオ、エイウス・レリギオ**〔領土が属する者〔領主〕に、宗教も属する〕」と。

中央の位置を失ったドイツ

修道士であり天文学者だったコペルニクス〔一四七三〜一五四三年〕は、プロイセン支配下のポーランド地域で生まれた。彼以後、地球はもはや宇宙の中心ではなくなった。そしてコロンブス以後、ヨーロッパはもはや世界の中心ではなくなったのである。未来は七つの大海の上にあった。

「ミュールベルクのカール五世」。この絵は、ミュールベルクでの戦いの後、カール五世がティツィアーノ・ヴェチニッリオに依頼したもの。実際には、カール五世は痛風に苦しんでおり、戦場まで輿で運んでもらわねばならなかった

ハプスブルク家とイギリスのエリザベス一世の間で激しさを増す世界初の大陸横断的な帝国とイデオロギーの闘争に比べれば、新しい海洋通商路を持っていないドイツは、突如として政治的な脇役となった。一方、ドイツではプロテスタントとカトリックの勢力が絶妙なバランスを保っていたため、

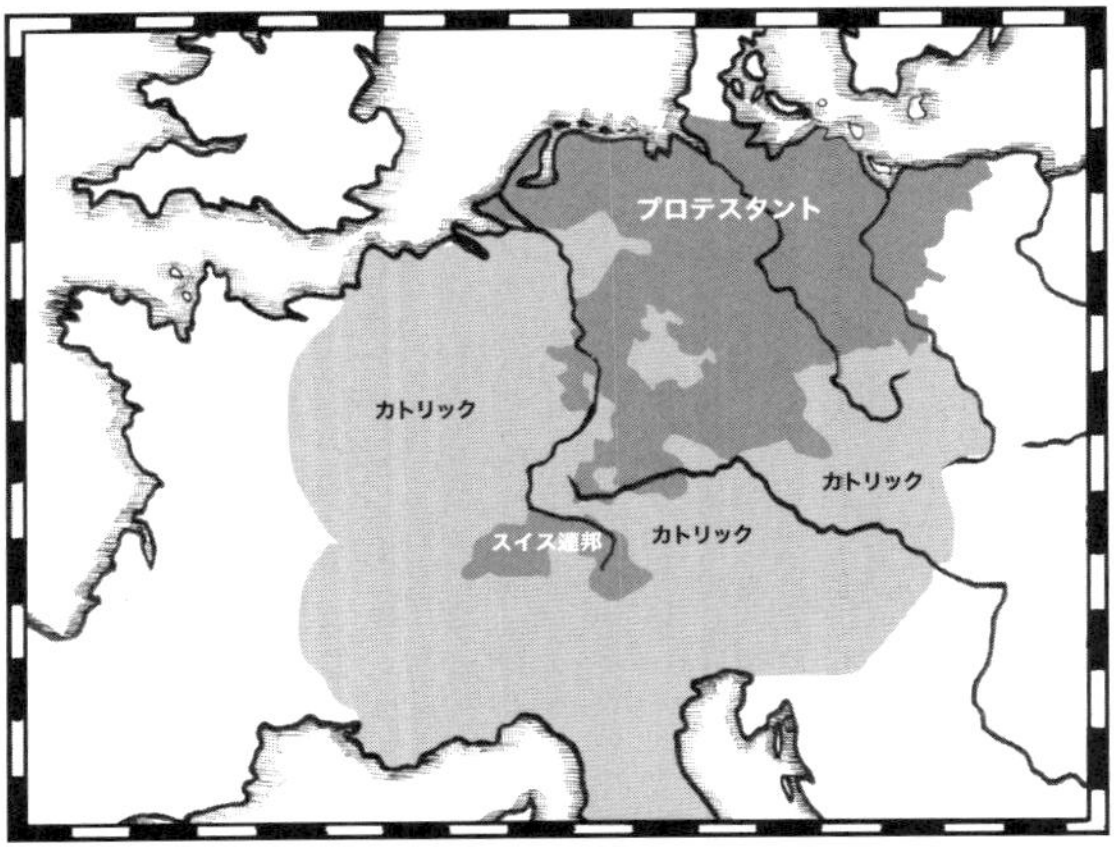

図 24　アウクスブルクの和議〔1555 年〕以降のドイツ

一五五五年から半世紀以上もの間、両勢力のどちらも平和を破ることはなかった。

一五八八年の無敵艦隊〔アルマダ〕の大敗の後、弱体化し世界の覇権争いから後退したのはハプスブルク家だった。ペルーとメキシコの富をすべて投入しても、スペイン王フェリペ二世は一五九六年に三度目の破産を宣告せざるをえなかった。カトリックとプロテスタント双方のドイツ人が、ハプスブルク支配からの解放の好機だと捉えたために緊張が高まっていた。

一六一八年、熱烈なカトリック教徒であったベーメン〔ボヘミア〕の新国王で、皇帝の継承権を持つフェルディナントが、ベーメンのプロテスタントとの取り決めを廃止しようとしたときに事態は大きく動いた。ヨーロッパ史に残る名場面として、フェルディナントの部下の高官が**プラハで窓から投げ落とされる事件**〔プラハ窓外放出事件〕が起き、**三十年戦争**〔一六一八～一六四八年〕が始まった。

プラハ窓外放出事件

この結果は、表層的には混沌としているように見えるが、その内奥には古い歴史が隠れている。

ローマに忠実だったドイツの地域は、七六八年時点〔カールがフランク王国の国王となった年〕ではすべてフランク王国の一部だった。確かに、その領域全体がカトリックにとどまったわけではない。しかし、南西に位置するカルヴァン派のヴュルテンベルクやプファルツ選帝侯領でさえも、（領主はプロテスタントだが）住民の大部分はカトリック信者のままだった。広い視野で見れば、これにはカール大帝も、それどころかマルクス・アウレリウスも驚かなかっただろう。北東に端を発する対ローマ反乱、つまりヨーロッパの断層線は変わらぬままだったということである。しかしもはやヨーロッパの位置について、そして同時にドイツの位置については、このような区切りでは語れなくなっていた。

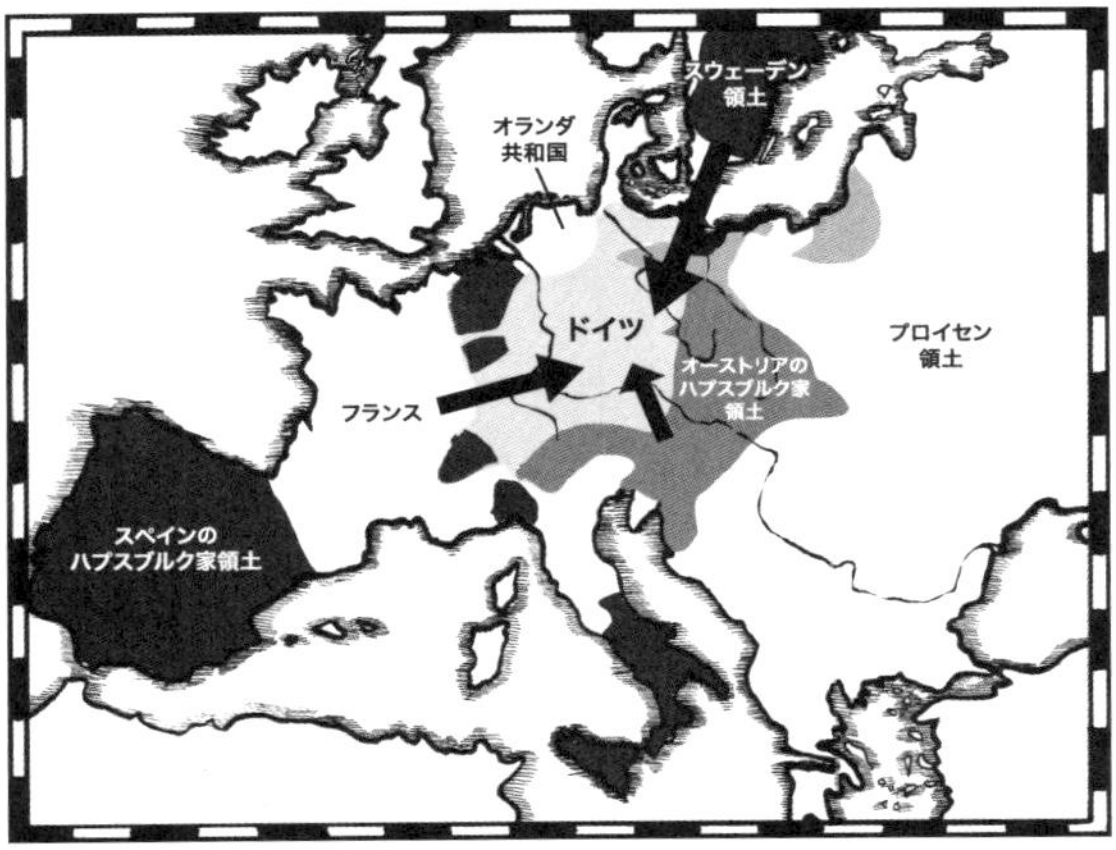

図 25 ヨーロッパの殺戮の地（1618 ～ 48 年）

世界の終焉

三十年戦争はもともと、ローマを中心とする勢力がドイツ全土の実権掌握をめぐる古くから続く争いの新ラウンドだった。この戦争は、少なくとも初期段階では、**カトリック対プロテスタント**という新たな構図の下で争われた。

一六三〇年までには、オランダ系〔ブラバント公国出身〕のティリー将軍とボヘミア系のヴァレンシュタイン将軍の二枚看板が率いる神聖ローマ帝国軍の勝利は目前に迫っているように見えた。しかし、プロテスタントのスウェーデンとカトリックのフランスは、帝国によるドイツの完全支配を恐れ始めた。パリのカトリック政権は、新教ルター派のスウェーデンに対し、カトリック・神聖ローマ帝国への介入を援助した。高度に訓練された歩兵の火力を用いた最初の将軍であるスウェーデンのグスタフ・アドルフは、一六三一年、ブライテ

ジャック・カロ「戦争の惨禍」〔1633 年〕

ンフェルトで完勝し、「バイエルン全土を焦土にするように」と軍に命令した。翌年のリュッツェンの戦いでアドルフが戦死すると、フランス軍は自ら参戦することとなる。

この戦争は今や、事実上、スペインのハプスブルク家とフランスのブルボン家の戦いとなった。この争いでは、ドイツの小諸邦は、もはや強大な中央集権国家にとっての単なる駒か戦争をする場と化した。食料を求める巨大な軍隊が蹂躙しその後には疫病と死体しか残さないだろうという恐怖から、住民全体が商取引そして農業さえも放棄する事態に至ったのである。

一六四八年の**ウェストファリア条約**におけるドイツの状況は、聖書の「アポカリプス〔世界の終焉〕」という言葉以外では説明しがたい〔図25と上〕。現在のシリアを見れば、ある程度の見当がつくかもしれない。少なくとも全人口の三分の一、地域によってはそれ以上が亡くなったとされている。一六三一年、エルベ沿いに位置し、オットー大帝の愛した都市マクデブルクには三万人以上の住民がいたが、一六四九年には四五〇人程度になり、残りはほとんど路上で虐殺された。今日でも、ドイツの子供たちが「てんとう虫よ、飛んで」を歌うと、英語の歌詞では「燃えている家」だが、ドイツ語版の歌詞では燃えているのは「ポンメルン〔現在の北東ドイツ〕全体 Pommerland ist abgebrannt」となる。

戦乱の後、どれだけの小国が誕生したのか正確なところは誰にもわからない。一説によると、その数は一八〇〇にも達したようだ。さらに五〇以上の自由都市があり、忘れてはならない六〇以上のキリスト教所領もあった。どんな地図を見てもこの複雑な状態を理解するのは困難である。

この絶望的に挫折したドイツ国家〔ドイツ・ネイション〕はどうなっていったのだろうか？　良くも悪くも、その答えは東方にあった。

東方への脱出

三十年戦争の後、ヨーロッパには新たな覇権国が誕生した。一六六〇年当時のヨーロッパ人口比率を現在に当てはめれば、フランスの人口は二億人をはるかに超える計算になる。この強大な国家、フランスのネイションは今や統一され、七二年間〔一六四三〜一七一五年〕という並外れた長期にわたって、太陽王ルイ一四世によって統治された。フランス近隣の小国家はすべて彼の強大な影に隠れ、西ドイツと南ドイツの無数の小さな領邦はまさにその近くに位置していたのである。

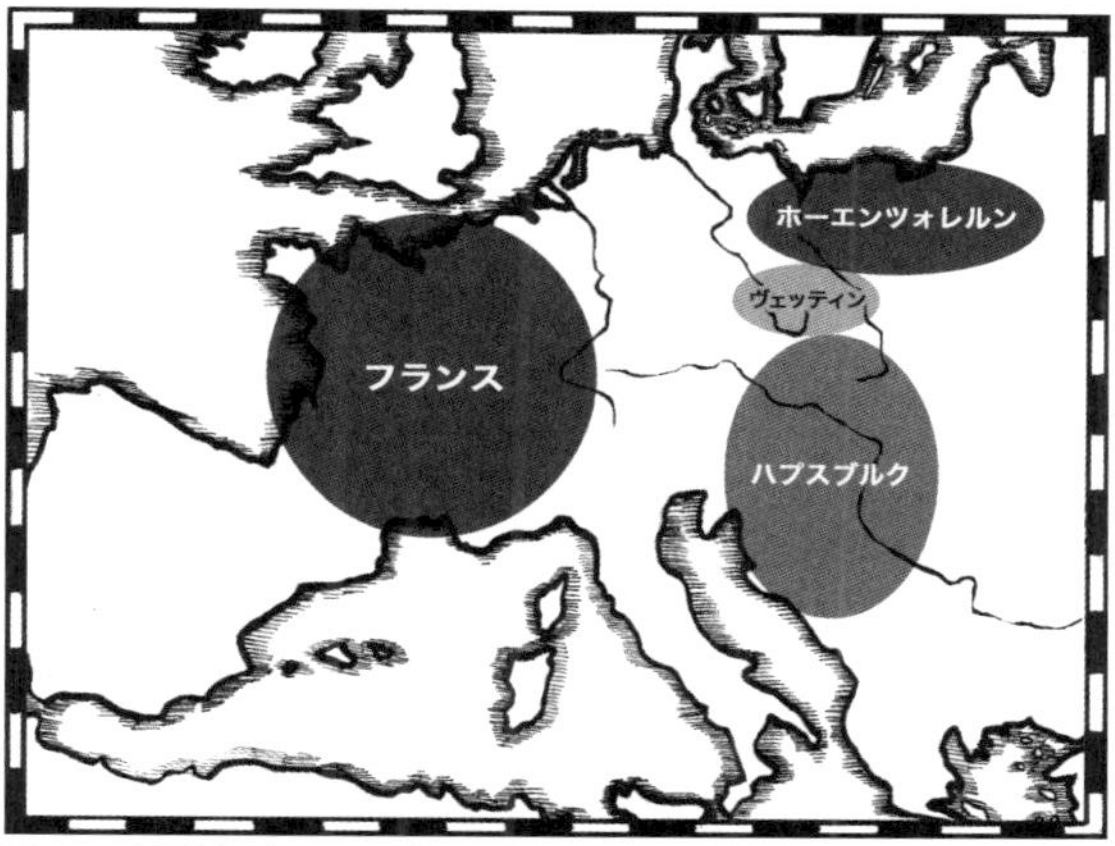

図26　幸運だったドイツ系の国家

　ドイツ系の三大王家は比較的幸運だった。つまり、ハプスブルク家のオーストリア分家、ザクセンのヴェッティン家、そして成り上がり者のホーエンツォレルン家である〔図26〕。ホーエンツォレルン家は一四一五年に至ってブランデンブルク侯となり、一六一八年以降は同時にプロイセン公ともなった。彼らにはいずれも、ライン流域までに至るフランスの巨大な領土と自国の中心領土との間に、物理的な距離と緩衝国があるというかけがえのない利点があった。地理的条件はまたしても運命を決定づけた。

　ブランデンブルク＝プロイセンを支配する新たなホーエンツォレルン家出身者がフリードリヒ・ヴィルヘルム〔一六二〇～一六八八年〕だった〔一六一八年にブランデンブルクとプロイセンは同君連合となっていた〕。彼は、名目上はまだ、ポーランド王家の一公爵にすぎなかった。ポーランド、スウェーデン、ロシアはいずれも、プロイセンを小国だとみなしていたが、ただしバルト海をめぐる戦争でひょっとしたら同盟国として役立つかもしれないと思う程度の存在と考えていた。フリードリヒ・ヴィルヘルムは、彼らを巧みに翻弄することで、一六五七年に完全な主権を持つ公国だと認めさせ、職業軍隊をひそかに編成することに成功した。一六七五年六月一八日、それまで無敵を誇っていたスウェーデンによる攻撃を受けたフリードリヒ・ヴィルヘルムは、ベルリン近郊のフェーアベリンの戦いで小規模ながらも華々しい勝利を収め、全ヨーロッパを驚かせた。プロイセン公としての彼は、大選帝侯として知られるようになった彼は、今や名実ともに権力者となった。プロイセン公としての彼は、神聖ローマ帝国外では独立した統治者（名目上はポーランドの属国）であり、他方で帝国内ではブランデンブルク辺境伯、とりわけ権威ある存在、つまり選帝侯であった。

同じ頃、オーストリアのハプスブルク家の名声は、軍事的な新たな高みに達していた。まず、一六八三年にウィーン城壁近くまで迫ったトルコ軍を追い出すための連合を結成し、一六九七年には将軍プリンツ・オイゲンがオスマン帝国軍をゼンタの戦いで粉砕し、現ハンガリーよりも広域なハンガリー王国全土を一挙に手中に収めた。

同時期のザクセン・ヴェッティン家でも、素手で蹄鉄を曲げることができ三〇〇人以上の子供をもうけたという逸話を持つアウグスト強王が東をにらんでいた。彼はカトリックに改宗し、ポーランドの貴族を買収し、そしてロシアのピョートル大帝の支持を得て一六九七年にポーランド王となった。

東側の神聖ローマ帝国の選帝侯たちが繁栄を謳歌した一方で、ばらばらだった西の選帝侯たちは団結しようとした。ヴィッテルスバッハ家の二つの分家はバイエルン公国とプファルツ選帝侯領を支配していた。彼らはトリーア、マインツ、ケルンの大司教の選帝侯たちと共にフランスと同盟を結んだ。これは、ドイツの平和と法を守るためだけでなく、キリスト教世界のため（pour la Chrétienté）でもあった。この新たなカトリック同盟は「第一次ライン同盟」として知られた。南ドイツと西ドイツは運命を共にするようになり、ハプスブルクの覇権を防ぐこととなった。ここに、東とのつながりから解き放たれたのである。

問題は、フランスがあまりにも強大であったために、同盟がすぐにフランス政治の道具にすぎなくなってしまったことである。このジレンマは、ローマ帝国やカール大帝の時代の問題を再び突きつけた〔そして一九四五年以降のアメリカ占領下における事態の前兆でもあった〕。この問題とは、以下のようなものである。つまり、ドイツは今まで一度でも本当に「西」の一部になれたことがあっただろうか、そしてまだドイツであり続けることができるだろうか。

しかし、ラインラントがフランスの影響を受けすぎていたと思えるならば、ザクセン、ブランデンブルク＝プロイセン、オーストリアは完全に東の一部だということにならないだろうか。この三国はエルベやドナウを越えて勢力基盤を有していた。これらは、どうしたらカール大帝の遺産の継承を主張できただろうか。だとしたら、本当のドイツはどこにあったのだろうか。

フランスの太陽がますます高く昇るにつれて、この問題はさらに切迫したものになっていった。

サン・スーシ宮〔無憂宮〕

日本語	フランス語	ドイツ語
キノコ（マッシュルーム）	champignon（シャンピニョン）	Champignon（シャンピニョン）
コスチューム	costume（コスチューム）	Kostüm（コステューム）
香水	parfum（パルファン）	Parfüm（パルフューム）
警察	police（ポリス）	Polizei（ポリツァイ）
トイレ	toilettes（トワレッテ）	Toilette（トアレッテ）
オムレツ	omelette（オムレット）	Omelett（オムレット）
ナプキン	serviette（セルヴィエット）	Serviette（ゼルヴィエッテ）

フランスの世紀

ヨーロッパの一八世紀はフランスのものだった。ドイツ全土にヴェルサイユ宮殿の奢侈《しゃし》な模造品が建ち並び、その金ぴかに輝く広間では、ドイツの支配者一族が彼らに媚びへつらう廷臣たちを侍らせてフランス語を話すようになった。一八世紀半ばには、このような流行の波が押し寄せ、ドイツ語は一〇六六年〔ノルマン・コンクェスト〕以降の英語のようになりつつあった。つまり、ゲルマン語にロマンス語の語彙が上乗せされるようになったのである。借用語の最たる例を挙げよう〔右の表〕。

今やプロイセン全体の王となったフリードリヒ大王〔一七一二〜一七八六年〕は、ドイツ語は半ば野蛮な言語であり、文学の天才であってもまともな仕事をすることはできないと記した。そこで彼は、フランス語をプロイセン芸術アカデミーの公用語とした。ベルリン郊外にある彼自身の新しい離宮にも、**サン・スーシ〔無憂宮〕**というフランス風の名前がつけられた。

郷土愛にあふれるドイツ人は、それに代わるものを性急に死に物狂いで求めた。新しい世代の作家たちはシェイクスピアを崇拝し、自然を愛し、フランス流の合理主義を軽蔑し、感情こそが真に何かを知る唯一の方法だと宣言した。「感覚は欺かない！」と書いたのは、なかでも最も著名なヨハン・ヴォルフガング・フォン・ゲーテ〔一七四九〜一八三二年〕である。

偉大過ぎる天才

ゲーテはドイツのシェイクスピアであり、ディケンズであり、キーツである。一七七三年、ゲーテが二四歳のときに発表した騒々しいシェイクスピア的な悲劇『ゲッツ・フォン・ベルリヒンゲン』は、フランスの舞台芸術の常識を吹き飛ばした。一年後、彼は若者のロマンチックな自殺を描いた全ヨーロッパ的なベストセラー小説『若きウェルテルの悩み』で、「啓蒙された」文学的センスを打ち砕いた。若きナポレオンの愛読書であり、メアリー・シェリーの小説『フランケンシュタイン』（一八一八年）では怪物がこの本を読んで人間性を学んだ。個人の感覚に対する「ロマンチック」な崇拝は、ゲーテの初期の抒情詩にも力を与えた。それは、自然と愛に対する汎神論的な憧れの美しさにおいて比類のないものである。つまり、彼の物語詩は、自意識過剰な詩人がまさに古風な民謡調で書き上げたような詩とは一線を画していた。その後、彼は多少の影響は受けたものの、一人で近代小説と教養小説（ビルドゥングスロマン）の両方を発明した。彼の代表作で戯曲の大作『ファウスト』は、若さと性愛そして権力と引き換えに悪魔に魂を売る老いた知識人の物語である。二〇世紀初頭、若きフランツ・カフカは、ゲーテの真の偉大さゆえにドイツの作家たちはそれ以降、先に進めていないと書いた。今日でも、教養あるドイツ人は会話の中にゲーテの名言・名句をふんだんに盛り込むのである。

ヨーゼフ・カール・シュティーラー「ヨハン・ヴォルフガング・フォン・ゲーテ」1828年

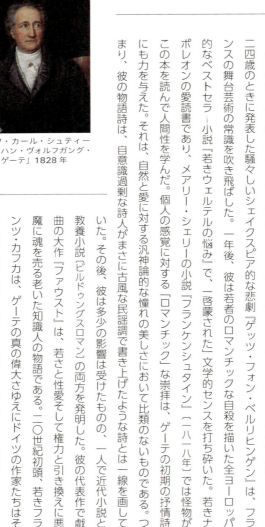

ドイツ人の文化は再び息を吹き返した。そして、この文化はルールを永遠のものにしようとした。「**普遍主義**」、つまり同じ文化的規範があらゆる場所ですべての人に適用されるという考え方は、フランス上位のヘゲモニーの隠れみのにすぎないと非難された。その代わりに、どの民族にも独自の文化的道筋があるとされた。ドイツのエリート層がフランス化してしまったので、真のドイツらしさ〔Deutschtum〕は、まだ手つかずの**フォルク**〔普通の人々、庶民〕と彼らの昔話にしか残っていない、という考えが一部で広まった。グリム兄弟は、土地と言語、神話と物語の深淵なる過去にこそ真正性があると考えた人々の代表的存在である。この考え方は今日でも広く受け入れられているが、フランス支配によって失われたドイツ文化の最後の方策が、この発想を生んだということを多くの人は忘れている。

真正なるドイツ・アイデンティティの必死の追求は、プロイセンがなぜ多くの愛国者の注目を集めるようになったのかを説明している。

フリードリヒ二世〔フリードリヒ大王〕

ユンカー国家

それは、誰も予期せぬ結果であった。一七五〇年、プロイセンは他と同様にフランス贔屓の宮廷となった。それに加えて、軍国主義的な「ならず者国家」という悪評もあった。

プロイセン国王フリードリヒ二世〔フリードリヒ大王〕は、恐ろしく残酷であった父から効率的な官僚機構と巨大な軍隊を受け継いだ。一時はフリードリヒの宮廷の寵児であったヴォルテールが、この軍について「他の国家は軍隊を持つが、プロイセンでは軍隊が国家を持つ」という有名な言葉を残したほど、不釣り合いに大規模な軍隊だった。フリードリヒのもう一つの遺産であり傷痕は、親友であり、おそらくは恋人だった男が首を切られるのを目の当たりにしたトラウマだった。この組み合わせにより、明らかにサイコパス的な傾向を持った男（彼の甥であり、後継者となるプロイセン国王フリードリヒ・ヴィルヘルム二世は、彼のことを神の怒りによって地獄から地上に吐き出された真の祖の災難と言ったという）が、ヨーロッパで最も有能な軍隊を指揮することになった。

プロイセンの軍事的強大さの根源は、フリードリヒの父と曾祖父がユンカーたちと結んだ合意にあった。彼らはその時点でほとんどの西ヨーロッパの貴族よりもはるかに貧しかった。というのも、彼らの称号はすべての子孫とその子孫の男系子孫に与えられたが、家領は土地が貧しく、たった一人の息子に相続された。法律によりユンカー家の不動産を貴族以外に売却することは禁止されていたが、これは同時に、改良・刷新のために抵当に入れられないことを意味した。結果、武器の扱い方に習熟し、半ば植民活動のために育てられた、数多くの誇り高き若者たちが育った。そして多くの場合、彼らはお金を持っていなかった。しかし、彼らは金銭では買えない貴重な称号フォン von を持っていた。フォンを有する者たちの間には貧富の差もまた大きかったが、彼らは、常にお互いを単一の特権階級として敬い続けた。そして、もはや貴族とみなされなくなった場合、彼らは文字通り死を選ぶほどだったのである。

これらの若者たちによって無類の士官団が形成された。国王を含むすべての人から特権階級として扱われるかぎり、彼らはプロイセン君主政のため、砲火の中を走り、自分の部下もその中に放り込むだろう。フリードリヒ大王はこの取り決めを守り続けた。国有地では農奴制を廃止したものの、ユンカーの領地では農奴制の継続を認めた。さらに彼の治世下では、相応の血統の貴族だけが軍の士官になることを個人的に保証した。フリードリヒのプロイセンを独特にしたのは君主とユンカーのこの取り決めであり、これがフリードリヒ大王とプロイセンを比類のない存在にしたのである。

一七四〇年、王位に就くやいなや、フリードリヒは並外れた軍隊を率いてオーストリアからシュレージエン地方を奪取した。ここに、ヨーロッパ東部における実質的二大強国、つまりオーストリアとプロイセンとの一二五年に及ぶドイツをめぐる戦いが開始された。この戦いは、一七四一年のモルヴィッツから一八六六年のケーニヒグレーツまで、ほぼ全面的にエルベ河畔またはその周辺地域で行われたのである。

プロセインのための殉教死。フリードリヒ大王がツォルンドルフにて若き寵愛者の死を悼んでいる（1758年）

プロイセンに対して、オーストリアは**七年戦争**（一七五六～一七六三年）で、フランス、ロシアと大連合を結成することに成功した。これによって、この戦争ではオーストリアの勝利という趨勢がほぼ確定したと見られた。この戦争が始まったとき、大半のドイツ人は、古代ギリシャ人がスパルタつまり残忍な兵士であふれた厳格な国を思い浮かべたのと同じように、プロイセンについて考えた。しかし、スパルタがテルモピュライでギリ

ポーランド分割の寓意画。ジャン＝ミシェル・モロー『王たちのケーキ』（1773年）の一部

シャの救世主となったのと同じように、一七五七年にプロイセンはロスバッハでドイツ系の小国家の側に立って強大なフランス軍を決定的に打ち負かしたことで、ドイツ内で絶大な名声と尊敬さえ得たのである。

文化的な危機の中で、ドイツの多くの人々はたとえ魅力的ではなかったとしても、実際にヨーロッパの覇権に対抗しうるドイツの有力国家の魅力に抗うことなどできなかった。フリードリヒ大王崇拝は、彼自身はそうなろうと努めなかったし、むしろフランス的なありとあらゆるものを好み続けたにもかかわらず、プロイセンという枠組みをはるかに超えて広がった。

プロイセン軍の無敵神話は七年戦争から始まった。後世のプロイセン・ドイツの歴史家や将軍たちは、プロイセンは兵士もユンカー将校も同様に独特の規律を持ち、純粋でひるむことのない意志の力を示した王のために死ぬことをいとわなかったので挑戦者を打ち負かしたと主張しようとした。しかし、フリードリヒはロシアやオーストリア、あるいはその連合軍に何度も敗北していたのである。クネルスドルフの戦い〔一七五九年〕で完全敗北した後、彼自身が戦場からベルリンに宛てて（もちろんフランス語で）完敗だと書き、こう続けた。「祖国の破滅の前に、私は死ぬだろう。永遠に、アデュー！」

プロイセンが生き残ったのは、フランスとのグローバル戦争に突入していたイギリスがベルリンに巨額の援助金を注ぎ込んだことと、ロシアの皇帝エリザヴェータ（フリードリヒを嫌悪していた）が亡くなり、ピョートル三世（フリードリヒを崇拝していた）が後を継いだためである。フリードリヒ自身はこれを**ブランデンブルクの奇跡**と称したが、後にプロイセン軍を称賛した人々は、この窮状打開がいかに奇跡的であったか、そしてそれが軍事的無敵とほとんど無関係であったということを都合よく忘れてしまった。

すかさずフリードリヒとその次代の王たちは、皮肉にも**ポーランド分割**〔第一次、一七七二〜一七九五年〕において、かつての敵であるロシアとオーストリアと協働できる基盤を見出すこととなる。次の世紀において、このポーランドの存在否認はプロイセンとロシアの両者を対立から遠ざけてくれる共同作業となった。

一八世紀も終わりに近づいたとき、西部ドイツは[*1]、ライン川の向こうには強大なフランスと、東部には二つの絶対主義的な大国オーストリアとプロイセンとに挟まれていた〔図27〕。オーストリアとプロイセンは両方ともドイツのあらゆる歴史的定義の外に位置しており、多数の非ドイツ系の民族を支配しており、そして今や、ロシアと長大な距離に及ぶ国境を接していた。

これらに対抗するためには、西部ドイツはまとまるしかなかった。そして、一部の人々はその取り

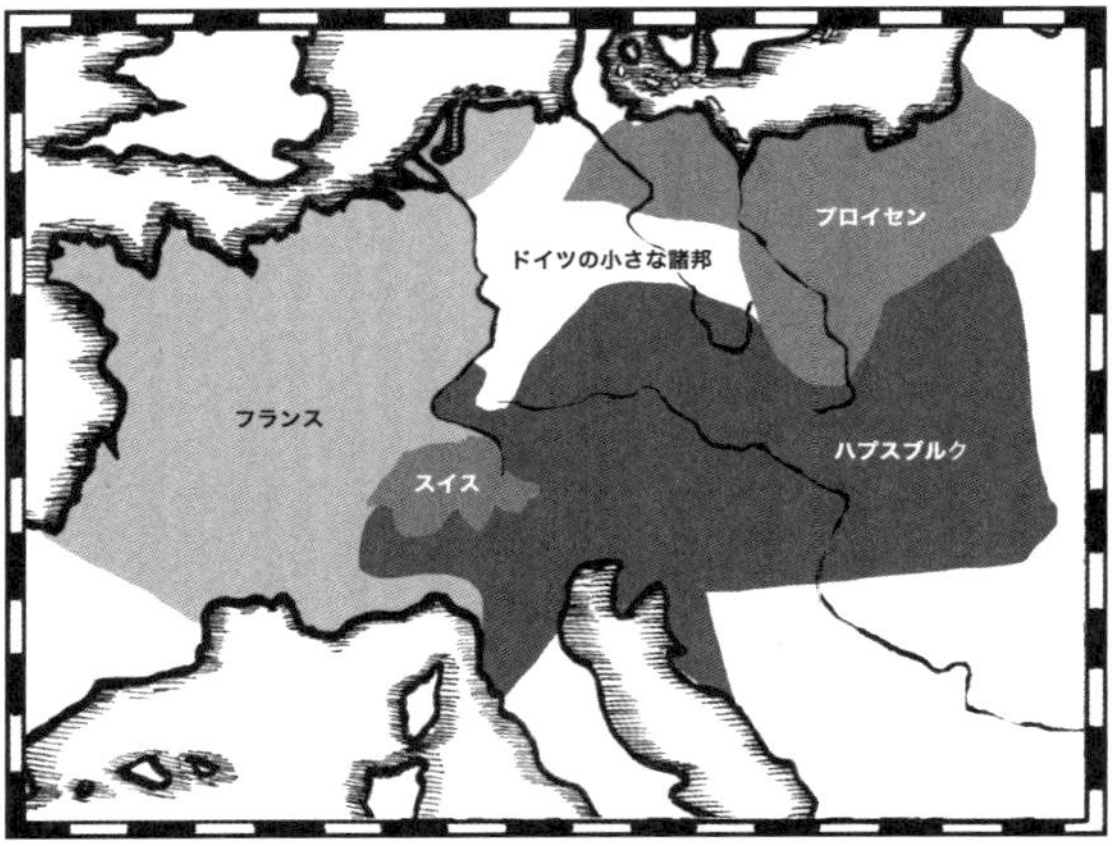

図 27　四方を囲まれた西ドイツ（1800 年頃）

組みに着手した。古代ローマ時代に建設された都市マインツの選帝侯であり、大司教であるカール・フォン・ダールベルク〔一七四四〜一八一七年〕はその中心人物であった。彼は、ドイツの小さな諸邦が団結し、プロイセンとオーストリア両国に代わる国を創設できるという、いわゆる**第三のドイツ**〔またはトリアス、つまりオーストリア、プロイセン、西部ドイツ系諸国との三元的支配〕の考えを支持した。

一時期、ダールベルクは確かに、ライン同盟〔一二四ページ参照〕を包含する西部ドイツ全体の大司教のトップに上り詰めたが、最終的にこの考えを無意味化してしまう状況が生まれたのである。つまり、カエサルが紀元前五八年にゲルマーニアを創り出したのと同じように、**第三のドイツ**は、多くの人が新しいカエサルとみなした人物、そう、ナポレオン・ボナパルトによって誕生したからだ。

フランス最後の躍進

一七八九年のフランス革命以降の諸戦争では、ヨーロッパ中の国々が王のいない共和政の新生フランスの破壊を画策したが失敗に終わった。

無敵と言われたユンカー軍がヴァルミーの戦い〔一七九二年〕で実は脆弱だと判明した後、プロイセンは、他国から抜け駆けして革命フランスと取引した最初のヨーロッパの君主国となった。**バーゼル条約**〔一七九五年〕では、プロイセンはライン川以西の所有を譲り、フランスをこの地の唯一の国としてひそかに承認した（プロイセンは一六一五年以来、クレーヴェに王家の小さな所領を有していた）。その代わりに、フランスはプロイセンにライン東岸での地位を約束したのである。

この一方的な条約締結は、オーストリア主導の神聖ローマ帝国との公然たる決別を意味した。プロイセンは、中立的立場を取る北ドイツで支配的地位を確立しようとしたのである。このため、一八〇四年、ラインラント地方のカトリック諸侯の代表者は、カール大帝に倣ってアーヘンを訪問した第一統領ボナパルトを歓迎し、「ボナパルトこそ、ライン川を渡って蛮族を駆逐した最初のカエサルである」と宣言した。これは、ラインラントのカトリック教徒がフランスを征服者としてではなく解放者として見ていることを示唆する。

やがてナポレオンは「**第三のドイツ**」を現実のものとした。革命の英雄であり、その後に皇帝となった彼は、一八〇五年にアウステルリッツでロシアとオーストリアを打破し、ヨーロッパで最大の権力

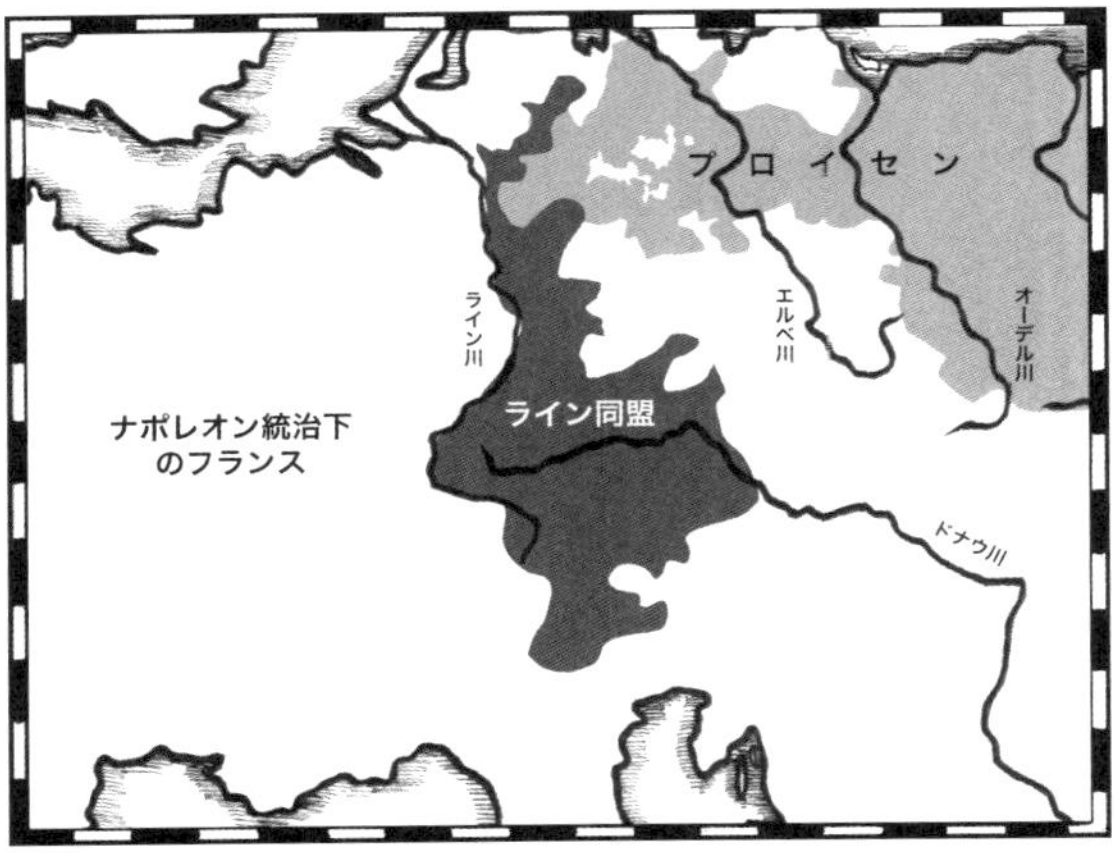

図28　プロイセンを阻むナポレオン。ライン同盟〔1806年〕

を握る人物となった。プロイセンはナポレオンがその領土内を進軍することを許可し、彼が神聖ローマ帝国の解体に動いた今、プロイセンは彼から北ドイツの正式な専制君主の地位を獲得することを望んだ。ナポレオンは確かにオーストリア皇帝フランツ二世に退位を強要し、神聖ローマ帝国に完全な終焉を突きつけた。しかしプロイセンの当ては外れ、ナポレオンは、バイエルン、ヴュルテンベルク、そしてザクセンは自由王国であり、プロイセンと同等だと宣告したのである。プロイセンにとっての状況はさらに悪化した。ナポレオンは**ライン同盟**を結成させたのである〔図28〕。

ナポレオンは古典や歴史書を幅広く読んでいた。英雄、そして英雄による支配のあり方というナポレオンの行動基盤にあった人物がいるとすれば、それはカール大帝である。彼は支配の絶頂期、中世のロタリンギア王国を中核とする彼の新しい大陸帝国をヨーロッパで実現しようとしていた。

アラン・フォレスト『ナポレオン』

ドイツでは多くの人々が、フランスの支配とそれに伴うナポレオンの改革、例えば古い貴族の特権の廃止やユダヤ人を含めた法の下の平等を歓迎した。ゲーテ自身も、それを歓迎した人物の一人であった。彼はおおっぴらに私の皇帝と呼んでいたナポレオンから個人的に贈られた**レジオン・ドヌール勲章**を誇らしげに身に着けていた。

だが、西部ドイツが統一されたことは、北方におけるプロイセンの覇権達成の挫折を意味した。ベルリンは戦争熱にとりつかれた。憤激したユンカー出身の士官たちは、フランス大使館の石段でサーベルを研いだ。プロイセン王フリードリヒ・ヴィルヘルム三世〔在位：一七九七〜一八四〇年〕はプロイセン軍の神話を信じた。これはロシアが支援してくれるだろうという神話と、一般的に考えられた季節が冬に近づけば年内のフランス攻勢はないだろうという神話である。一八〇六年九月二六日、フリードリヒ・ヴィルヘルム三世はナポレオンに対して最後通牒を突きつけた。その内容は、ライン同盟の解散とフランスのライン以西への撤退の要求である。

これは結果として、ドイツ諸地域がプロイセンから永久に守られるかに思えた。ナポレオンは、ロシア軍が準備を整える前、そして秋の雨が降り始める前に攻撃を開始した。一八〇六年一〇月一四日、プロイセン軍はナポレオン軍の八万の軍勢に対して一〇万人以上を戦場に投入したにもかかわらず、

ベルリンに入城するナポレオン

イエナとアウエルシュタットの二つの戦いで大敗北を喫した。

イエナの戦いの後、プロイセンのルイーゼ女王から子供たちへの伝言

運命は一日にして、偉大な先人たちが二世紀をかけて築き上げたものを破壊してしまいました。もはや、プロイセン国家もプロイセン軍も、国民の誇りさえもが失われてしまったのです。

ナポレオンに幾度となく敗れながらも、その都度、立ち直ったオーストリアとは異なり、プロイセンはあっさりと崩壊した。ヴォルテールの言うことは正しかったようだ。つまり、「軍隊がなければプロイセンは無に等しい」ということだ。ナポレオンは抵抗なしに馬に乗って悠々とベルリンに入城した。プロイセンは依然としてロシアからの援助を望んでいたものの、一八〇七年六月に

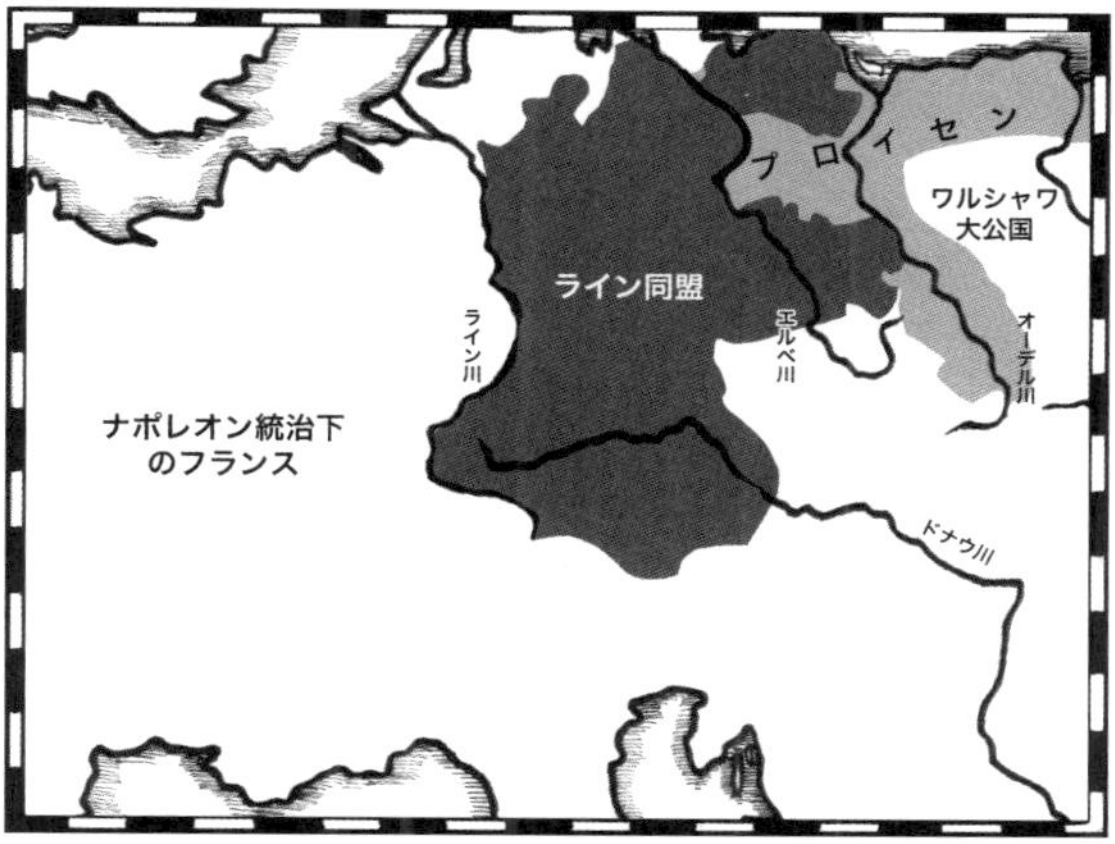

図 29　崖っぷちのプロイセン。1812 年、ライン同盟とワルシャワ大公国

ロシア皇帝軍も現カリーニングラード〔旧プロイセンのケーニヒスベルク〕近くのフリートラントで撃破されて決着はついた。ナポレオンと皇帝アレクサンドル一世は、過去に東プロイセンとリトアニアとの境界だったメーメル川の中流に浮かぶ特注の御座船で会談を行い、プロイセン王フリードリヒ・ヴィルヘルム三世は降りしきる雨の中、川辺で自らの運命を待った。

ナポレオンはプロイセン王権の全廃を検討した。しかし、彼はロシア皇帝との和平を切望しており、あまつさえロシア王家との結婚さえも望んでいたので、既成の王族をあからさまに蔑視はしなかった。ナポレオンは、ロシアに属する東エルベの地方長官だとしてもプロイセン存続について同意した。

一八〇七年の**ティルジット講和条約**で、プロイセンはエルベ以西のすべてを失った〔図29〕。プロイセンは一五二五年のスタートラインに戻った。つまり、アウグストゥス帝とカール大帝の両者が西ヨーロッパの自然境界と考えた向こう側の小勢力にすぎない存在となったのである。エルベの東側ですら、憎むべき隣国であり競争相手であるザクセンに領土割譲し縮小を受け入れざるをえなくなった。最も深刻だったのは、ポーランド領土の大部分の放棄を余儀なくされ、ワルシャワ大公国によってポーランドが独自の民族として再起するのを指をくわえて見ているしかなかったことである。

一八〇八年からは、ライン同盟はエルベを越えて広がり、アウグストゥスがかつてゲルマーニアと呼んだ地域全体を含んでいたため「ライン同盟」は誤称となった。

結局のところ、プロイセンを救い、ひいてはドイツ諸地域を破滅させる道筋〔ここでは後の二つの世界大戦などを指す〕をつけたのは、プロイセン自身の英雄的行為ではなく、オーストリアの致命的な見込み違いであった。

まもなく、ナポレオン体制が本質的に有する軍事的性格によって、ドイツ西部のフランス支配に対する熱情は冷めた。それは、際限のない税金と徴兵の要求やラインラントにとっては高利益を生むイギリスとの貿易禁止によって決定的となった。しかし、なおも分裂していて、このくびきから抜け出せるような状況ではなかった。プロイセンもまた従順にナポレオン側に留まった。一八〇九年のイギリスとオーストリアによる対フランス戦争の間も、プロイセンはナポレオンに忠実であり続けた。また、一八一二年、ロシア侵攻の橋頭堡としてプロイセンの領土を使用することを素直に許可したし、同年一〇月にはロシアと共に対フランス同盟を結ぶというオーストリアの提案をはねつけた。ナポレオン軍がモスクワから敗走して**大陸軍**〔グランド・アルメ〕が壊滅したとき、ロシア軍が東プロイセン国境に達したときでさえ、プロイセン国王はナポレオンに慎重な態度を見せて忠義を尽くし、プロイセンのルートヴィヒ・ヨルク・フォン・ヴァルテンブルク将軍を軍法会議にかけようとした。同将軍は、一八一二年一二月三〇日に自軍を中立的立場とすると独断で宣言していたのである。とどのつまりプロイセンは、ナポレオンの敗北が明白となりロシア軍が目前に迫るまで、ナポレオンにあからさまに反対しなかった。これは、英雄伝説などと言えるものではないだろう。

そして今度はハプスブルク家が大失態を犯した。それ以前の多くの皇帝と同様に、オーストリア皇帝のフランツ一世[*2]はドイツ系以外の国々しか目に入っていなかった。突然、彼と重臣メッテルニヒはフランスよりもロシアが脅威だと判断した。プロイセンのホーエンツォレルン家が屈従を選んだのに対して、ハプスブルク家はナポレオンと長く対峙してきた。しかし、同家は真の勝者がロシアだと読み、瓦解しつつあるボナパルト家への攻撃に参加することを躊躇した。これは世界史上で最悪の判断の一つだと言える。結果的にオーストリアは、一八一三年の**ライプツィヒ近郊の大会戦**〔諸国民戦争〕には参戦した。この戦いは、一九一六年のソンムの戦い初日のイギリス軍よりも多くの戦死者を出す激戦だった。しかし、ハプスブルク家はこの大きな愛国的な事件に乗り遅れてしまったのだ。これによりドイツはフランス支配から解放されたが、オーストリアがこの解放に寄与した部分は少なかった。

第三のドイツという構想は単なるフランス支配の手段となることで信用を失い、またオーストリアの大誤算により、プロイセンはあらゆる事実に反してドイツの指導者としての自然な地位を確立することができたのである。

イギリスのおかげで膨張するプロイセン

一八一四年のナポレオンの初めての敗北の後、イギリスとロシアは、一九四五年以後のアメリカとソ連よりも急速に対立していった。この最大の受益者がプロイセンだった。

一八一四年の**ウィーン会議**で、プロイセンはナポレオンに対して立ち向かったこと（それが、どんなに遅れたとしても）への報酬としてザクセン全土を要求した。ロシアは、プロイセンの後見人として彼らの主張を支持した。オーストリアは抗議し、イギリスもこれに続いた。ナポレオンの退位とエルバ島への流刑からわずか六か月後、イギリスは、ロシアとプロイセンに対抗するために、フランスそしてオーストリアとの同盟締結に着手した。必要とあらば戦争も辞さないという態度の表明である。ロシアが手を引いたため、プロイセンも従わざるをえなくなり、怒りに身を震わせながらも、イギリスからのお情けの報償、つまりザクセンの半分とラインラントの大部分を受け取った［図30］。

ロンドンには基本構想があった。それは、中規模のドイツ系国家にライン川沿いの地域を領有させ、将来的なフランスの拡大の野心に対する防波堤とするという計画である。しかし、バイエルン、オーストリア、そしてプロイセンもまた、このような役割を担いたくはなかった。なぜなら、それは自領を内部からの直接的な攻撃にさらすことを意味したからだ。特にプロイセンは、カトリック地域、つまりプロイセンとは相容れない社会的・法的な伝統を有する地域を併合するという考えを好まなかった。しかし当時の状況では、それが領土拡張の唯一の選択肢だったのでプロイセンはこれを受け入れ

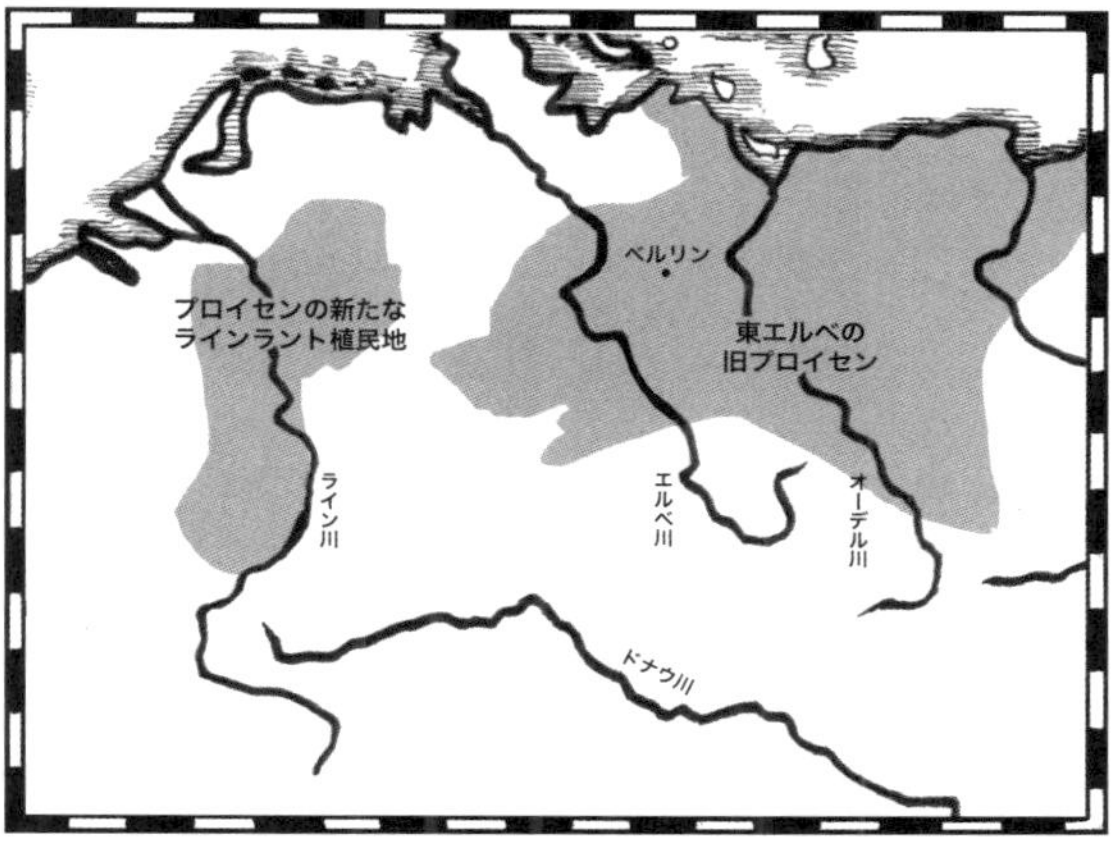

図 30　イギリスの大愚行。プロイセンのラインラント獲得（1814 年）

た。

ライン諸邦は蚊帳の外に置かれた。だが、プロイセンが当初「おこぼれ」だと思っていたものは、およそイギリスに次いで世界有数の先進的な経済・工業地域であった。

つづく一八一五年、プロイセンはさらなる幸運に恵まれた。ナポレオンが流刑地から帰還し、これに対してロシア、オーストリア、プロイセン、そしてイギリスは団結してナポレオンに対抗した。ナポレオンにとって唯一の成功のための方策は、このうちの一国か二国を素早く倒すことだった。ナポレオンは、北方でイギリス軍とプロイセン軍と矛《ほこ》を交えることを選んだ。ワーテルローにおいてナポレオンに止めを刺すという栄誉は、イギリスのウェリントン公とプロイセンのフォン・ブリュッヒャー将軍の手に渡った。後にイギリスとドイツの歴史家は、両将軍のどちらがワーテルローの勝利を決したのかについて激しく議論することになるが、当時は誰も気にしなかった。今やプロイセンは強大なイギリス人のお気に入りとなった。フォン・ブリュッヒャーがイギリスの共同戦勝者として讃えられるためにロンドンを訪れた際、その都市の豊かさを初めて目の当たりにして、「略奪しがいのある、なんとすばらしい都市でしょうか！」と叫んだとき、イギリス人は大喜びで笑った。

ワーテルロー後のドイツ、冬の時代

ワーテルローの後、ウィーン会議の戦勝国は皆、時計の針をフランス革命前に戻そうとしていた。これはフランスにとっては王政復古を意味していた。他方、ドイツでは神聖ローマ帝国が、ひっそりと一八〇六年に滅亡していた。この代わりに、オーストリアを盟主として簡素化され近代化された**ドイツ連邦**が設立された。

これは実際には「ドイツ」ではなかったし、対等な者たちの連合体という意味であれば連合と呼べるものでもなかった。三八の加盟国には、デンマークとオランダの国王が含まれていた（それぞれホルシュタインとルクセンブルクの公としての身分を有していた）。二大勢力であるプロイセンとオーストリアは、連邦外の広大な領土を統治していた［図31］。

その後五〇年間、ドイツ地域の政治はプロイセンとオーストリアとの間のライバル関係と小国家群によって決定づけられた。小国は、古くからの（いわゆる）**地方分権主義**を脱却し、機能的な連合を築くための十分な共通基盤を築けなかった。

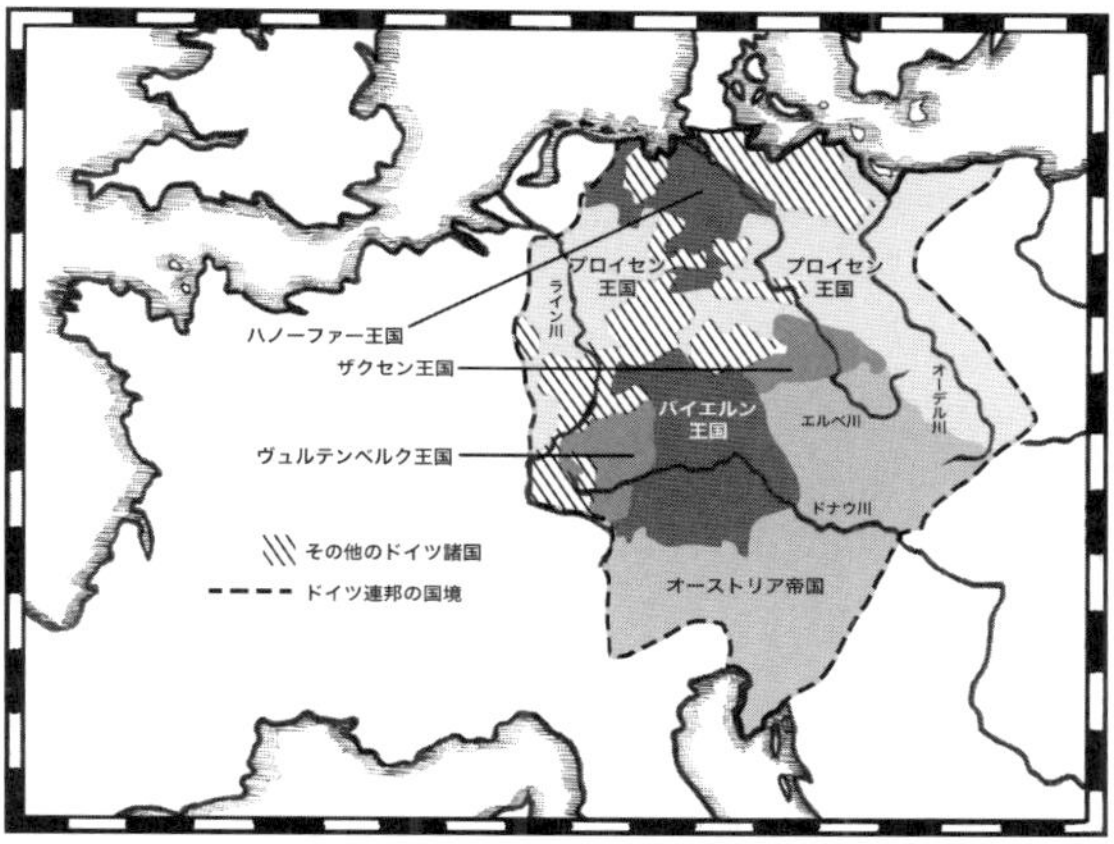

図31　ワーテルロー後のドイツ連邦〔1815年〕

オーストリアとプロイセンの君主を団結させ、そして同時にヨーロッパの他の君主たちをも団結させた唯一のものは、ドイツ・ナショナリズムへの憎悪だった。この時代、ナショナリズムは進歩的かつ政治的にリベラルなものとみなされていた。というのも、ナショナリズムは（民族的に定義された）民衆が、たまたま王位を受け継いだ者に支配されるのではなく、自分たちの手によって政治を主導することを求めるものであったためだ。当然のことながら、ヨーロッパ中の世襲君主はナショナリズムを嫌悪し恐れた。

当初、プロイセンとオーストリアの対立はこの共通利害によって覆い隠されていた。一八一五年九月二六日、ヨーロッパの専制政治を強化するという名目で強大な隣国ロシアと共に**神聖同盟**を創設した。その後、ドイツ連邦の小国を率いて**カールスバート決議**のもと、より厳しい方策に乗り出した。一八一九年に可決されたこの決議は、たとえスポーツ協会や大学講義であっても自由主義的・ナショナリズム的な心情を表明することが治安妨害

ヘーゲル：諸悪の根源？

かつ扇動的であり違法だと宣言するものだった。

凝り固まった社会的、政治的、官僚的な順応主義が今やドイツ全土に蔓延しており、これはハインリヒ・ハイネ〔一七九七〜一八五六年〕の著名な叙事詩『冬の物語――ドイツ』の中で最も印象的に描かれている。ドイツから逃亡した詩人がロマンチックな思いに満ちて帰国した。それは、今やラインラントを牛耳っているプロイセン軍の兵士たちと対峙するためであった。

相変わらずペダンチックな朴念仁だ、
一挙手一投足、
相変わらずの四角四面で
顔と来ちゃ高慢ちきのコチコチだ。

〔井汲越次訳〔一九三八年〕を現代語に改めた〕

『冬物語』に表現されたドイツには、社会的流動性は存在していなかった。政府や軍の高位の役職は貴族のみに与えられ、そしていかなる政治活動も禁止されていた。それでも輝かしいキャリアを築くことができる唯一の場所は、大学に進学し、言語、歴史、神学、音楽、科学など、明らかに政治的応用のきかない学問に専念することだった。中流階級の**内面性と教養**への熱狂が育っていった。ドイツの諸大学は、社会的な上昇手段としての独特な地位によって急速に世界的に優れた施設となった。現実の政治的議論が禁止される中、ドイツの大学の哲学者たちは、自由、義務、帰属といった抽象的な概念を解き明かす達人となった。これらの思想家の中で最も影響力があったのはゲオルク・ヴィルヘルム・フリードリヒ・ヘーゲル（一七七〇～一八三一年）であり、彼は今でも多くの学者の研究対象となっている。

ヘーゲル

ヘーゲルの思考は「無味乾燥なくだらない言葉」（ショーペンハウアー）によって覆い隠されてしまっているので、ヘーゲルの真意を理解することは、しばしばほとんど不可能である。しかし、その核心は彼の**弁証法的な**歴史理論にある。彼の主張によれば、観念とは常に公然もしくは秘密裏の対立に巻き込まれており、これらの対立は、ゆっくりとした進展によってではなく、誰も結末を予測できないような突然の大きな動乱によって変化を生み出す（例えば、フランス革命からナポレオンの台頭へと続く歴史の流れ）。この理論は実に画期的で耳目を惹いた。ただし彼は、それが不規則な経過をたどるものだとは考えていなかった。彼は最終的には**世界精神**（Weltgeist）が、常に物事を完璧な**理性国家**へと導くと考えていたのである。そのような国家はまだ存在していたな

ゲオルク・ヴィルヘルム・フリードリヒ・ヘーゲル

「降りそそぐドイツの貧困者、あるいはイギリス人にとっての悪天候」『ペニー・サティリスト』〔イギリスの風刺新聞〕1840年3月14日号より

かったが、彼はしばしばプロイセン――実際に、西ヨーロッパにおいて最も権威主義的で軍国主義的な国家――がそれに最も近いものだと示唆した。一九世紀のドイツ思想に多大な影響を及ぼしたヘーゲルの思想は、まさに計り知れないほどの害悪をもたらしたのである〔そして今日に至るまでも影響を与えている〕。

貧しく抑圧された状態のドイツにおいて、何か批判的なことを言ったり、書いたりしたいならば（行動は言うまでもなく）、そこには一つの選択肢しか残されていなかった。つまり、ドイツから出ていくということだ。いわば**世界の工場**とされたイギリスは、[*3] まさに無限の労働力を欲していた。入国審査

もなく滞在許可の制限もなく、ただ住民登録義務があるのみだった。結果、他の列強にはいかなる理由があろうとも労働力を引き渡さない政策が実施された。ロンドンは、庇護を求める者と経済移民とを問わず、ドイツ移民先の最重要地となった。

ロンドンからは、さらに自由な大地アメリカへと移住できた。そして、多くがそれを実行した。リベラルなドイツ人はロシアに守られた警察国家プロイセンやオーストリアを求めるという選択肢に疑念を抱いていた。彼らにとって、アングロアメリカで自由を選択することが現実味を帯びていたのである。

イギリスの生来の同盟者

ドイツ人の中には、イギリスへと移住するのではなく、国内で大英帝国と特別な関係を築こうとする者もいた。

一九世紀のアングロサクソンの自由主義（リベラリズム）

イギリスの威信と権力はかつてないほど高まった。政治的リベラル派はどの国でも、憲法による統治、慎重な政府体制、自由貿易、富裕化、ほぼ制限のない個人的自由という道は、単にイギリスおよびアメリカだけに当てはまるとされるものではなく、実際にはそれ自体が世界の自然なりゆきだと受け入れた。そして、あらゆる国がこのアングロサクソンの道をたどることになるだろう。その際にもしかしたら少しばかりの軍事的行為を要するかもしれないが、と。このイデオロギーを現在も主唱する者たちだ、湾岸戦争の立役者ディック・チェイニーのようなアメリカの新保守主義者〔ネオコンサヴァティスト〕たちである。

後進国ドイツ
+
自由主義化された、プロテスタントのプロイセン
=
イギリスに対する生粋のヨーロッパ同盟国

アルバート公のコーブルク計画

言語学という真新しい学問分野により、ヨーロッパには異なる言語グループが存在することが明らかになった。英語は明らかに**ゲルマン系**の語族に属していたため、ドイツ語と英語との間には時代を超えた密接な関係が存在すると主張された。一九世紀、そのおよそ七〇年代あたりまでは、イギリス人とドイツ人がお互いを**いとこ同士**として書くのが一般的であった。このため、一部のドイツ人は、アングロサクソンの「自由」は実は古代**ゲルマン的**な考えで、これはフランスとして形づくられた国〔過去にはそれはローマ帝国だった〕がドイツに押しつけようとしたような、よそからもたらされた考えではないと信じるようになった。

ヘーゲルは個人的に以下の可能性を考えていた。それは、**ゲルマン系の諸民族の北欧的な原則**に依って立てば、さまざまな海をまたにかけた植民地的な**ゲルマン・ライヒ**〔領国／帝国〕**Reich der Germanen**が、**世界の歴史**〔世界史〕に次の段階として実現するだろうという可能性である。この発想において、ヘーゲルはワーテルロー以後に、イギリスとプロテスタント・ドイツ諸国の同盟を想定していた。もちろん、この同盟を主導するのはプロイセンとされた。

これは単なる哲学者の夢想ではない。この時代に世界で最も政治的影響力のあるドイツ人の一人も、この夢にとりつかれていた。それは、アルバート・オブ・サクス＝コバーグ＝ゴータ（一八一九〜一八六一年）である。彼はイギリスのヴィクトリア女王（当然、彼女自身もドイツ血統保持者）の夫で、「プリンス・コンソート（王配殿下）」として、いわゆる**コーブルク計画**実現のためにたゆまぬ努力を続けた。アルバートとドイツ側顧問ら（特にベルギー国王レオポルド一世）は、プロイセンがまずイギリス憲法を範に沿って改革を行い、その後ドイツ全土を統一し、その過程で（ヴィクトリア女王の言葉を借りれば）イギリスにとって**最も有益な同盟国**となることを提案した。

一八四八／九年、挫折した革命

一八四八年、機は熟したかに見えた。いたるところで凶作となり、ヨーロッパ全土に革命の波が吹き荒れた。ドイツでは、デモ参加者が要求をまとめるために最初はライン沿いのマンハイム、そしてドイツ連邦[*4]（一八一五〜一八四八年）の各地に集結した。直接的なインスピレーションはフランス革命であったもののその内容は変化を希求するイギリス・アメリカのマニフェストに基づいていた（イギリスというよりも、むしろアメリカ的であった）。

ドイツ革命〔ドイツ系の人々の革命〕は次のことを要求するものである

一、自由選挙で選ばれた将校が率いる人民武装
二、出版の無条件の自由
三、イギリスモデルに基づいた陪審裁判制
四、ドイツ国民議会の即時召集
五、人権および市民権
六、統一的な憲法の制定

三月要求、一八四八年二月二七日

一八四八年三月一八日、軍とのベルリン市街戦で三〇〇人のデモ参加者が殺害された（今日、ブランデンブルク門前の**三月一八日広場**は、この出来事にちなんで名づけられている）。プロイセン王フリードリヒ・ヴィルヘルム四世〔在位：一八四〇〜一八六一年〕は死者数に精神がやられてしまい、倒れた革命家たちに頭《こうべ》を垂れ、彼らの黒・赤・金の旗を公に採用し、「今後、プロイセンはドイツへと昇華する」と約束した。*5

自由主義的ナショナリストの革命家が勝利したかに見えた。プロイセン自体は今、明らかに自由主義化された国王と選出された**ラント議会**〔国会 Landtag〕を採用した。一方、フランクフルトでは、より大きな**国民議会 Nationalversammlung** が開かれ、ドイツ統一のかたちについて議論するための会合が行われた。オーストリアを含む、オーストリア主導の**大ドイツ主義**とすべきか、それともオースト

リアを除いたプロイセン主導の**小ドイツ主義**とすべきかという議論である。

結果はそのどちらでもなかった。一八四九年四月三日、フランクフルト議会がプロイセン王フリードリヒ・ヴィルヘルム四世に全ドイツの王位を与えることを提案した際、状況は一変し、彼は軽蔑した態度でこれを突っぱねた。というのも、オーストリアとプロイセンにはロシアという奥の手があっ

ベルリン暴動（ベルリン三月革命）

フランクフルト国民議会

たのである。彼らは、自由主義思想に毒されていない忠実な農民からなるツァーリの強力な軍隊を呼び寄せることができることを知っていた。一八四八／九年の、西側志向の革命は粉砕され、ロシアの専制主義が無傷で堅調だったおかげでドイツの専制体制は完全な権力を回復した。

今や問題は、もちろんロシアの承認のもとに、プロイセンとオーストリアのどちらがドイツを統治するかであった。プロイセンは迅速に動き、北ドイツの他の大国であるザクセンとハノーファーを**エアフルト連合**に引きずり込もうとした。だが、オーストリアは戦う手筈を整えていた。双方とも動員をかけた。全権を有するロシア皇帝ニコライ一世は現状維持を支持した。プロイセンは**オルミュッツの屈辱**〔一八五〇年一一月二九日〕で撤退し、オーストリアが依然として主導権を持つ一八一五年のドイツ連邦の復活〔一八五〇〜一八六六年〕を受け入れなければならなかった。

歯止めのきかない西洋

一八五〇年、ドイツの情勢は一八一五年の状態に戻った。つまり、オーストリアとプロイセンはいがみ合い、ロシアの脅威が両国に迫っていた。ドイツの亡命者は、経済的あるいは政治的な理由からであれ、ロンドンへ逃げ続けた。ある政治亡命者の一人は、書籍の執筆のためにロンドンに移住した。それらの本は、（彼の言葉を借りれば）単に世界を理解するだけでなく、世界を変えるために書かれたのだった。

カール・マルクス

カール・マルクスは、才気に満ち、飲酒と決闘を繰り返し、恐れを知らない過激な記者および新聞発行人として名を馳せた。**共産党宣言**の中で、マルクスと彼の友人であるラインラント出身のフリードリヒ・エンゲルスは、ヘーゲルの闘争による進歩の教義を採用し、すべての歴史を動かした真の闘争とは、社会階級間のものだと宣言した。この**階級闘争**は、**プロレタリアート執権**[*6]によって、ヘーゲルの**理性的国家**のマルクス版が実現するまで続くものである。そうすれば、すべての争いは途絶え、万人に真の自由（アングロサクソンモデルのいわゆる自由とは反対のもの）がおとずれ、歴史は終わりを迎える。晩年のマルクスは、彼自身の語るところでは論争家ではなく科学者だと自認していた。マルクスは、ダーウィンを「歴史的な階級闘争の自然科学的な基盤」を提供したと絶賛し、ダーウィンを鑑とした。彼の大著『資本論』は、資本主義にとって暴力的な崩壊は科学的に不可避だと証明したと主張する。**必然性**、**歴史**、**真の自由**、**闘争**などについての、これらすべての長い語りに対するメシア的な視点が披見されている。そして、メシアの語りではよくあることだが、マルクスの思想は恐ろしい専制君主や殺人者を正当化するために広く使われてきた。マルクスは、直近の過去と

カール・マルクス

現在についてはしばしば驚くべき洞察力を持っていたが、未来についてはほぼ完全に間違っていた。マルクスを、そのような一級のジャーナリストだと考えた方が良いかもしれない。

しかしその後、ヨーロッパのパワーバランスに大きな変化が生じた。それはつまり自由主義が有利な方にである。一八五三年に**西方列強**という用語がドイツ語に加わった。フランスとイギリスは結束して**クリミア戦争**〔一八五三〜一八五六年〕におけるロシアの黒海進出に対抗した。彼らはこれを、自由主義VS絶対主義のイデオロギー闘争とみなした。ツァーリ軍は自国の領土で敗北し、ロシアの権力と威信は決定的な打撃を受けた。その直後、イギリスは**インド大反乱**〔シパーヒーの乱、一八五七年〕を鎮圧した。イギリスが世界的な勝利を収め、アメリカは南北戦争の苦境にまだ陥っていなかったため、一八五〇年代後半の未来は明らかにアングロサクソンの手中にあるかのようだった。

ドイツでは、一八五六年にヴィクトリアとアルバートの娘（もう一人のヴィクトリア）がプロイセン王位継承第二位のフリードリヒ〔フリードリヒ三世、後の第二代ドイツ皇帝〕と婚約したことで、イギリス贔屓は新たな高みに達した。比較的無名のユンカーの外交官でジャーナリスト（一八四八年に君主主義的な『十字新聞』の共同創刊者）だったオットー・フォン・ビスマルクは、うんざりした様子で友人にこう書いている。

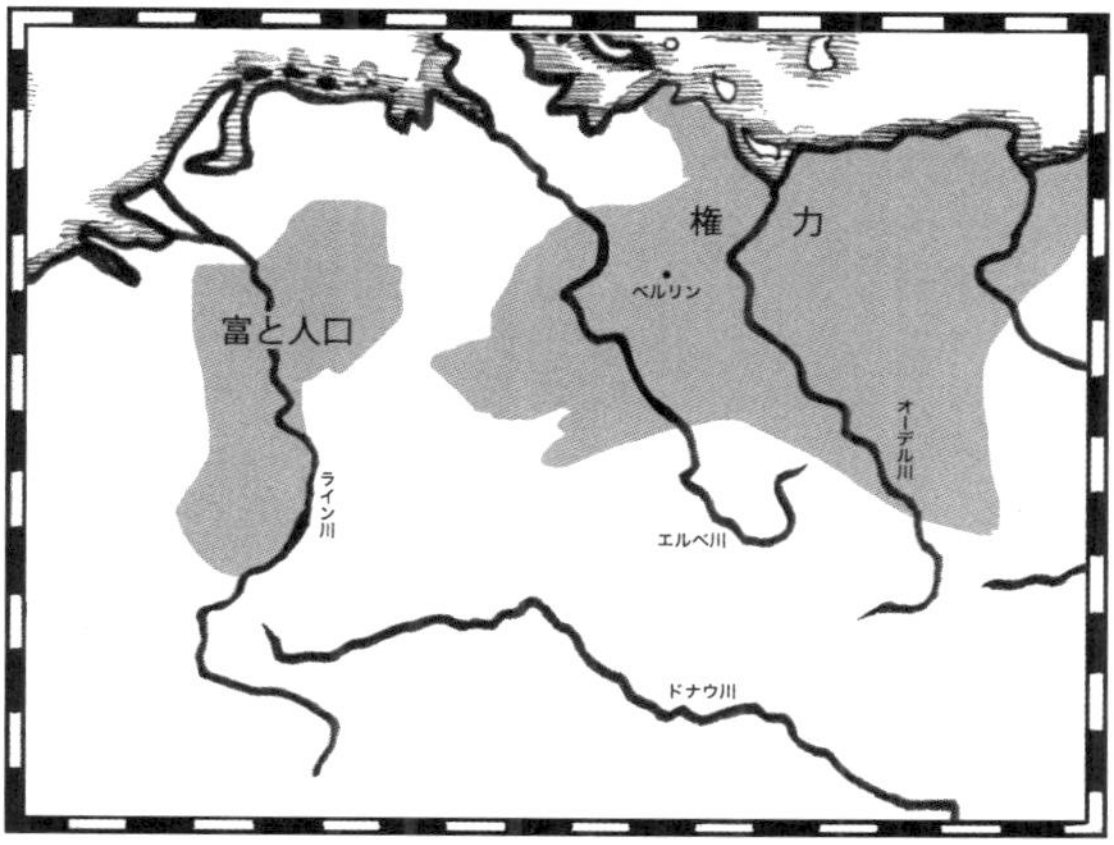

図32

ビスマルクはイギリス化を激しく非難する〔一八五六年〕

世間知らずのドイツ人が貴族やギニー金貨に対して抱いている愚かな憧れ、議会、新聞、スポーツ愛好家、地主、裁判官のイギリスかぶれ。今や、ベルリンっ子は皆、本物のイギリス人ジョッキーに話しかけられ、女王英語〔クィーン・イングリッシュ〕を片言で話す機会を与えられると、自分自身が高揚した気分になる。この国のファーストレディがイギリス人女性ともなれば、なおさらのことであろうか？

レオポルト・フォン・ゲルラッハへの手紙、一八五六年四月八日

ベルリンでイギリス好きだとしたら、これはプロイセン統治下〔一八一五年以降〕のラインラントではさらにその傾向が強かったに違いない。ケルンに本部を置く**ドイツ国民協会**〔Nationalverein〕は、かつてのプロイセンとロシアの枢軸とはまったく無関係な、海洋を巡る英米独による新たな世

界的な覇権に未来を見ていた。

ゲルマン人種〔Rasse〕は世界を支配する運命にある。他のどの種族よりもゲルマン人種は肉体的にも精神的にも恵まれており、地球の半分は事実上、ゲルマン人種の支配下にある。イギリス、アメリカ、ドイツ。これらは偉大なゲルマンの高木の三本の枝である。

国民協会の週刊紙、一八六五年九月七日

ラインラントは西方を見つめていた。ロシアの影響力が弱まり、五〇年の間、ロシアの属国にすぎなかったプロイセンはもはやそれほど難敵だとは思えなかった。東エルベの旧プロイセンとプロイセンの新植民地ラインラントとの間の緊張が今、一気に表面化した。

争いの中心は金銭だった。ラインラントがプロイセンの富のほとんどを築いていた一方で、税金がどこに使われるかはベルリンの王政府が決定した。しかし、経済好況によって西部ドイツの人口が大幅に増加し、プロイセン議会に占める国会議員の数もさらに増えた。そして、ベルリンの金庫の税収入源も、この西部からのものが増加した。権力闘争の中心は、プロイセン軍に渡る予算問題となった。

一八四九年に自由主義が打ち砕かれた後に、プロイセン議会に残されていたほぼ唯一の現実的な対抗手段は、依然として国家予算の承認・不承認をめぐる権限だった。今や、ラインラントの議員とベルリンの自由主義派の議員は、軍隊を国民軍として議会から将校を任命するのであれば、軍の大規模

「鉄血宰相」オットー・フォン・ビスマルク

な予算を承認すると主張した。これは国王とユンカー家が忌み嫌うものだった。

一八六二年まで、自由主義者の圧力がさらに大きくなったため、ヴィルヘルム一世は息子に譲位することを真剣に検討した。そうなれば、ヴィクトリア女王の最愛の娘婿で改革派として知られていたフリードリヒ（一四四ページ参照）がプロイセンの王位につくことになる。ヴィルヘルム一世の周囲にいた反動的な派閥は、これでは一巻の終わりだと考えた。そこで彼らは、西側の議員たちと渡り合える東エルベ出身の生粋のユンカーを任命するという最後の賽《さい》の一投を提案した。実はすでに、とある推薦候補者を心に決めていたのである。

鉄血宰相の登場

オットー・フォン・ビスマルク（一八一五～一八九八年）は、他のユンカーと同様に古き君主政のプロイセンを守ろうと心に決めていた。一方で、彼の成功はひとえに、この野心を冷血に、そして徹底して追求した結果である。しかし他方で、自由主義的ナショナリズムの波を押し戻すのは不可能であり、流れに任せることしかできないことを彼は知っていた。一八六二年六月、プロイセンの権力者となる前に、彼はロンドンで将来イギリス首相となるベンジャミン・ディズレーリに、自分がどのように取り組むつもりかをそっと漏らした。ディズレーリは、ビスマルクが（世の常だが）あまりにもあけすけに語ったことに驚き、そのすべてを日記に書きとめオーストリアに警告した。あの男に気をつけろ！奴は次のように本心を語っているぞ、と。

ビスマルクは率直に語る、一八六二年六月

私は間もなくプロイセン政府の舵取りを引き受けざるをえなくなります……。軍が敬意を抱かせるような状態に整えられ次第、私はオーストリアに対して宣戦布告してドイツ連邦を解散させ、中小国を征服し、プロイセンの指導の下でのドイツの国民統一を行うための最良の口実をつかむでしょう。

「プロイセンの指導の下」というのが肝心だった。ビスマルクはドイツに国民統合のようなものを与えようと計画したが、実際にはそれはプロイセンによる支配も同然だった。ビスマルクの大きな賭けは、今や多くのドイツ人たちが統一を切望しているので、巧妙に粉飾すれば、プロイセン王室による乗っ取りだという内実に気づかれないか、あるいは気にもとめられないだろうというものだった。

すぐさま、ビスマルクは、ドイツのナショナリストたちに西側諸国ではなくプロイセンこそが真の友人だということを説得する機会を得た。一八六三年後半、デンマークはシュレースヴィヒ＝ホルシュタイン公国を完全に編入しようとしているかに思われた。当地では、すでにデンマーク王が公として統治していたが、ほとんどの住民がドイツ語を話していた。ドイツ連邦はハノーファーとザクセンの軍隊を動員して侵攻を試みたが、ほとんど成果をあげなかった。その後に膠着状態となったが、イギリスは戦闘が再開されるなら、デンマークを支援することを声高に表明した。

愛国的な怒りがドイツを席巻した。ギリシャとイタリアのナショナリズムを擁護したイギリス人が、[*7]なぜ血縁的に近いドイツとの関係に対しても同じことをしないのか？　ビスマルクはイギリスの虚勢の皮をはぐと同時に、オーストリアをドイツとの共同行動に巻き込むチャンスだと考えた。それは争いの火種となるはずだった。ビスマルクは表向きドイツ連邦の名においてプロイセン軍を送ることを申し出た。オーストリアには、ドイツに追随するか、自身の指導権を放棄するか以外に選択肢がなかった。約束ではイギリス海軍が支援にやってくるはずだったが、それが姿を現す前にデンマークはすぐに敗北した。

ビスマルクは、この地球上で最も豊かな国が戦う準備ができていないという賭けに成功した。一八六四年以降、多くのドイツ人ナショナリストは、イギリスに対するかつての敬意を失い、彼らを銀行口座のことしか頭にない衰えゆ

1864年のイギリスの衰退。ドイツの風刺雑誌『クラデラダッチュ』より

く老ライオンにたとえた。

確かに、ビスマルクは彼の目的のために国粋主義的、自由主義的な情熱を巧みに利用したが、それを決して飼い慣らすことはできなかった。プロイセン軍への資金提供やその改革をめぐるベルリンの議会対立はさらに熱を帯びていた。一八六五年六月、ビスマルクは議会内で、細胞生物学の父である自由主義指導者の大物ルドルフ・フィルヒョー医師に猛烈に決闘を挑んだ。フィルヒョーは、剣でもピストルでも巨大で凶暴なユンカーに対して勝ち目がないことを知って、武器として二本の**焼きソーセージ** (Bratwurst) を選んだ。そのうちの一本には毒が仕込まれていたと伝えられている。決闘こそ行われなかったものの、このままではいけないと、ビスマルクもわかっていた。一八六二年に彼がディズレーリに対して大胆にも述べた計画を実行するときが来たのである。

ドイツを掌握するプロイセン

一八六六年六月九日、ビスマルクはホルシュタインへ軍隊を進軍させた。これは、オーストリアとのありえない同盟を決定的に終わらせるものだった。彼の計画はプロイセン軍の無敵神話を当てにしたものではなかった。そうではなくて、ビスマルクは外交的な力が申し分なく有利に傾いていることを前もって確信していた。六月一六日に戦闘が開始されたとき、ロシアとフランスは中立を保ったが、イタリアはイタリア北東部ヴェネトのオーストリア領を攻撃した。つまり、ハプスブルク家は二つの戦線での戦争に直面せねばならなかったということだ。

他のすべての王国（バイエルン、ハノーファー、ザクセン、ヴュルテンベルク）を含むドイツ諸邦のほとんどがオーストリアを支持した。だがプロイセンとは異なり、彼らは戦争を計画していなかったため、まったく準備ができていなかった。それでも彼らは戦った。六月二七日、ハノーファー軍はランゲンザルツァでプロイセン軍を破った。性急に戦いを挑んだ、数的にも劣るプロイセン軍は、通常であれば敗北していたに違いない。だが、結果のすべてはオーストリアにかかっていたのである。

致命的なことに、オーストリアのハプスブルク家はこれまでの多くの帝政ドイツのローマ擁護者と同様に、ドイツ国内での地位を何よりも優先することができなかった。彼らはイタリア人にヴェネツィアを与えて、プロイセンと全面的に対峙することもできたはずだ。そうせずに、オーストリアは軍隊を二つに分けて、二方面で作戦を展開した。一八六六年七月三日にケーニヒグレーツ（現在のチェコ共和国、プラハの東方にあるフラデツ・クラーロヴェー）のエルベ河畔で決戦が行われたとき、オーストリア軍の兵力は半分しかなく兵力は互角であった。

武装面ではプロイセンが有利だった。ラインラントが生み出した富のおかげで、プロイセン軍は後装式ライフルにアップグレードしたばかりだったのに対し、オーストリア軍はそれを検討してはいたものの、莫大な費用のために躊躇していた。他のヨーロッパ諸国と同様に、オーストリアは依然として前装式のみを使用していた。プロイセンの歩兵は、現代の軍隊と同様に、ひざをつき、あるいはうつ伏せの姿勢からでも繰り返し発砲することができた。半世紀前にワーテルローで軍隊が行っていたように、オーストリア軍は依然として、立ち上がって弾込用の棒（ラムロッド）で装填しなければならなかった。歩

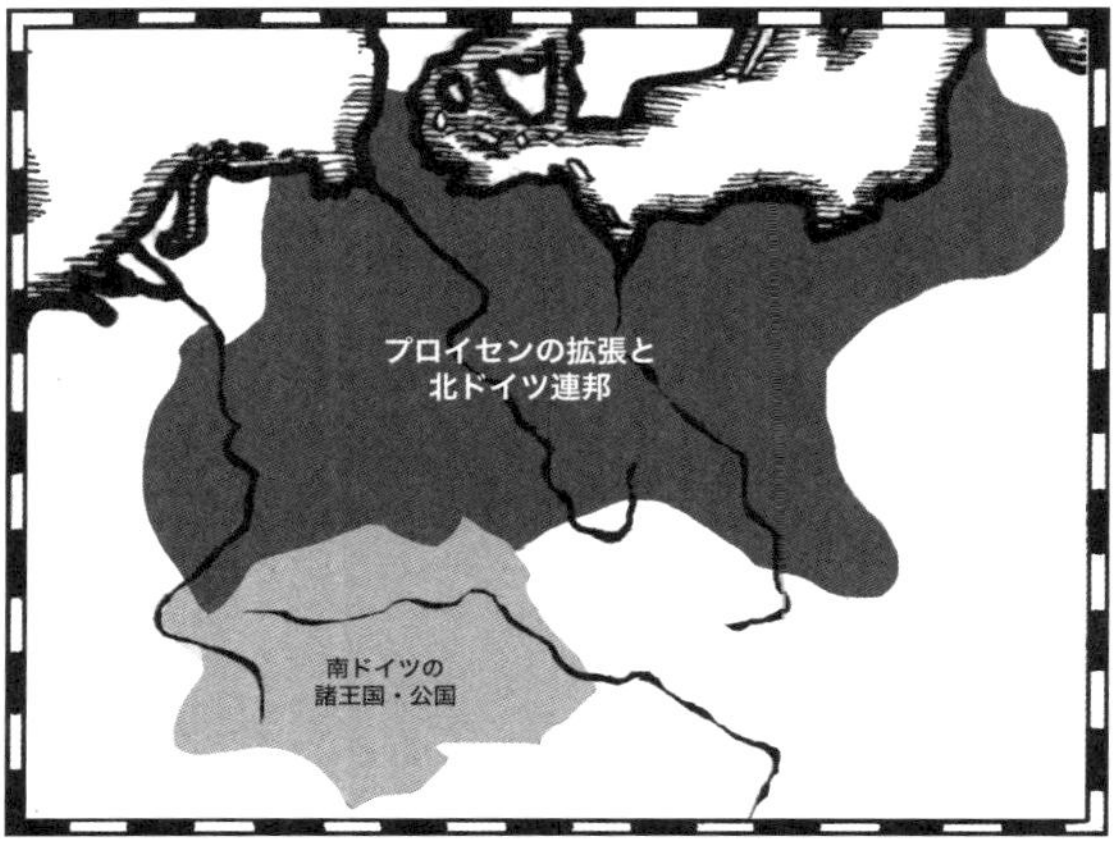

図33　北ドイツ連邦（1867年）

兵部隊が敵の四倍の兵を殺傷できる場合、数的に互角でもその戦いに勝つために軍事的天才などは必要ではない。オーストリア軍は掃射され総崩れとなった。

バイエルン軍に率いられた南部諸邦は、さらに三週間プロイセン軍と小規模な戦いを続けたが、オーストリアが敗退したため希望はなかった。シュレースヴィヒ＝ホルシュタイン公国、ヘッセン＝カッセル公国、フランクフルト公国、ナッサウ公国はプロイセンに併合された。最も激しく抵抗したハノーファー王国では、ヨーロッパ最古の王家であるヴェルフ家〔ヴェルフェン家〕が追放された。王国はプロイセン領へと格下げされ、その莫大な財産はまさしく強奪された。これは純然たる征服であった。

今やドイツ全土がプロイセンの言いなりとなった。プロイセン王はウィーン進軍を望み、軍隊もそれを全面的に支持した。だがビスマルクは、問題なくプロイセン化できる以上のドイツは望んでいなかったので中止を求めた。プロイセンが得た巨大な利益を消化する時期が来たのだ。

北ドイツ連邦〔Norddeutscher Bund〕は、プロイセンの覇権という「事実」を制度上覆い隠すために設立された。名目上は個人議員と自由選挙を備えた連邦国家だったものの、プロイセン国王が常にその首長となり、プロイセン首相が常に連邦首相となることになっていた。人口と領土の八〇％以上がプロイセンだった〔図33〕。

ザクセンは同盟参加を強いられたが、マイン川以南の諸国、バイエルン、ヴュルテンベルク、バーデン、ヘッセン＝ダルムシュタットは独立したままとなった。ビスマルクは直ちに、ベルリンで全ドイツ**関税議会**〔関税同盟の議会〕の選挙を実施した。彼は、大衆の民族主義感情が世に広まり、まだ独立を保っている統治者たちもプロイセンの下での連合を受け入れざるをえないだろうと予想した。だが、ビスマルクは失望した。つまり、南西部で大きな二つの王国、バイエルン王国とヴュルテンベルク王国の有権者は皆、反プロイセン派の候補者に投票した。彼らは、統一とプロイセン化との違いをはっきりとわかっていた。わずか二年前に、プロイセンと戦争で実際に矛を交えていたわけであり、これは驚くほどのことでもない。

賽はまだ投げられていなかった。一八六二年の壮大な計画〔すべての小国の征服〕を完遂するために、今度はフランスによるプロイセンへの攻撃をビスマルクは必要とした。これによって、彼は西部ドイツの征服者ではなく、西ドイツの防衛者のふりをすることができる。

ビスマルクの治世下の終盤、フランスはここ数年間に数々の災厄に見舞われていたので、老いて衰えていたナポレオン三世はこの挑戦を受けるしかなく、ここに彼の治世最悪の時期を迎えるのである。一八七〇年七月一三日、ビスマルクがユンカー的な野蛮さと近代的な知を混ぜあわせたことによって、まったく新しい猛獣、つまりマスメディアが主導する戦争が誕生した。ビスマルクじきじきに何の変哲もない外交文書である**エムス電報**を改竄《かいざん》し、あたかもプロイセン国王のヴィルヘルムがフランス大使を侮辱しているかのように見せかけた。その後、彼はフランス世論を最大限に攻撃するために、フランス革命記念日にこの記事を発行した。ナポレオン三世は衰えた人気を回復するチャンスだと考えた。将軍たちから軍隊の準備が整っていると断言され、彼は宣戦布告した。

ビスマルクの策略を何も知らなかった世界は完全に騙され、フランス軍側の理不尽な攻撃だと思い込んだ。カール・マルクスは戦闘開始から一週間後、これはフランスの**戦争計画**であり、ドイツ(プロイセンだけではない)が**ボナパルト主義の侵略に対する防衛戦争**を行っていると宣言した。ほとんどの人は、ドイツの地での長期戦と、プロイセンの徴兵軍に対してフランスの職業軍が勝利するだろうと予想していた。ロンドンで人々は**ラインの守り**を歌った。オーストリアはプロイセンがようやく打ち負かされるのだと思い、一八六六年の復讐心を燃やして両手をこすり合わせて喜んだ。

ビスマルクとヘルムート・フォン・モルトケ指揮下のプロイセン軍参謀本部が数年にわたり、まさにこの戦争を計画していたとは誰も知らなかった。ビスマルクは用意周到にロシアとの中立を確保したため、東方に軍隊を残す必要がなかった。モルトケは鉄道システムを利用し、誰もが考えていたよりも迅速に軍隊を前線に送り込んだ。そしてクルップ社の新式の後装式のライフル(一八一五年にイギリスからプロイセンに譲渡された工業地帯で鍛造されたのは運命の皮肉と言わざるをえない）により、プロイセンは軍事技術において飛躍的に変化した。無計画かつどの戦闘でも数的劣位で、壊滅的に不利な兵器数のフランス軍には、決して勝ち目はなかった。

同時代人にとって、この戦争の結果は驚愕をもって迎えられた。何世紀にもわたるフランス覇権の影が吹き飛ばされるにつれ、民族主義の熱波がドイツを襲った。パリそのものが包囲され、高揚感あるいは強い野心に包まれたプロイセン軍は、ビスマルクが最初は反対したものの、アルザス＝ロレーヌ（エルザス＝ロートリンゲン）を占領することが戦略的に不可欠だと主張した。この地の人々は数世代にわたってフランス支配下にあり、（その後二〇年間の投票習慣から判断すると）ほとんどがドイツ語の方言を話していても、大多数の人々はフランスに留まり続けることを望んでいたと言えるだろう。この併合は、未来の仏独関係にとって、決定的なわだかまりが生み出されたことを意味した。

南ドイツの諸王国は、派遣部隊がこの驚異的な勝利に加われたことで、自国の自治を守るという条項を付して北ドイツ連邦への加盟交渉を開始した。ビスマルクは南西の諸国に対し、今手を引くなどという選択は存在しないと明言した。一八七〇年一二月一〇日に突如として、北ドイツ連邦は帝国となり、プロイセン国王がその皇帝だと宣言した。

一八七一年一月一八日の朝、ヴェルサイユ宮殿の鏡の間に、ビスマルクとヴィルヘルム一世は、非常に不機嫌な様子で現れた。彼らは、ヴィルヘルムを**ドイツ人の皇帝**と呼ぶか**ドイツ国の皇帝**と呼ぶかについて、一晩中、テーブルを叩いて苛烈な議論を続けていたのだ。バーデン大公は「皇帝ヴィル

アントン・フォン・ヴェルナー「ヴィルヘルム一世の即位」1877年

ヘルム万歳」を叫ぶだけでこの問題を解決した。法的には、この日はベルリンの壁が崩壊した日のような決定的な意味はなかったが、歴史とは厳密に法的根拠を持たなくてもよいのだ。今や、第二帝政ドイツは既成事実となったのだ。

西暦一〇〇年以来、西ヨーロッパの構成部分であったドイツ南西部は、わずか三世紀半しか存在しなかったエルベの向こう側の勢力の手に完全に掌握されてしまった。ヨーロッパの重心は劇的に東に移動した。ディズレーリも、これが「前世紀のフランス革命よりも大きな政治的出来事だ」と即座に見抜いた。

新たなパラダイム

この新たなドイツ帝国は勝利の高揚した雰囲気の中で設立され、占領下のフランスから列車に積まれた賠償金の金塊によって経済はすぐに好況となった。ドイツ帝国は最初から明らかに奇妙な産物であった。

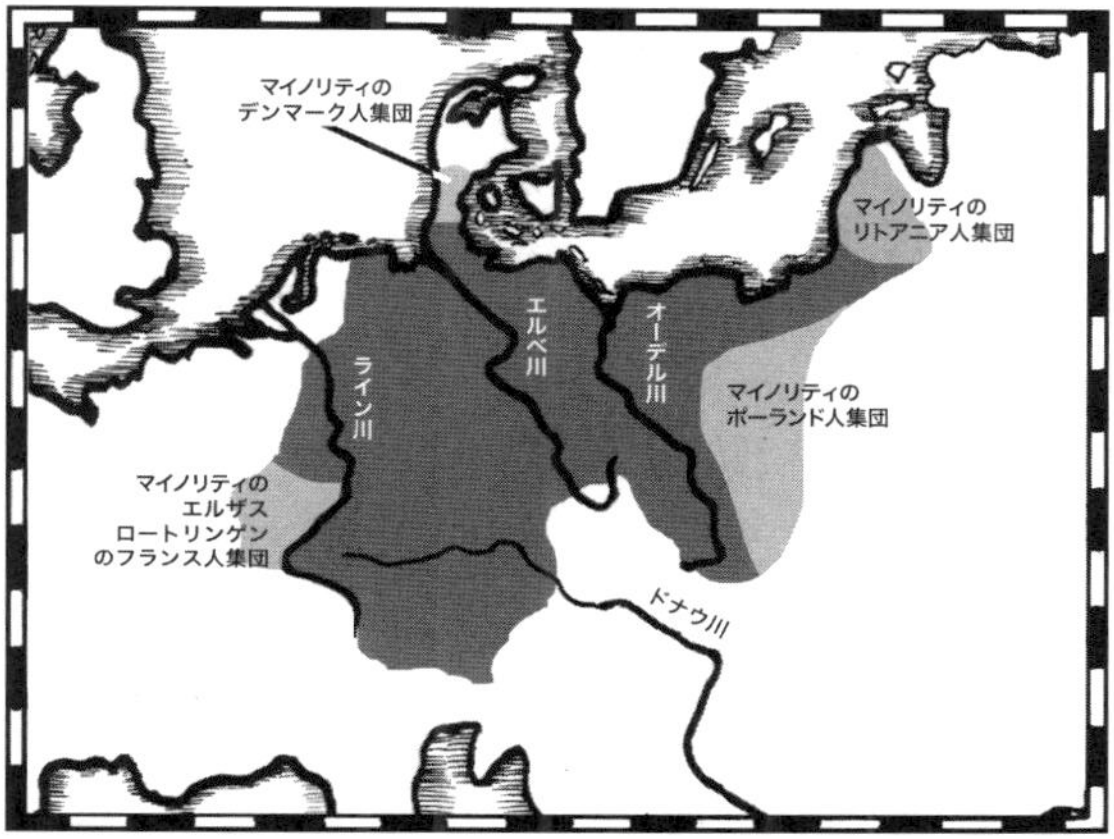

図34　ドイツ帝国（1871～1914年）とそのマイノリティ集団

この中に、オーストリア、ベーメン〔ボヘミア〕、メーレン〔モラヴィア〕に住む、一八七一年まで常に自分たちをドイツ人だと思っていた八〇〇万人以上の人々は含まれていなかった。その一方で、三〇〇万人のポーランド人や、最近征服されたシュレースヴィヒ＝ホルシュタインのデンマーク人、そしてエルザス＝ロートリンゲン〔アルザス＝ロレーヌ〕のフランス人のマイノリティが含まれており、その数は多かった。彼らはドイツ人になるつもりなどさらさらなかった〔図34〕。

たとえ空想上でさえ、このようなドイツのかたちは存在したことがなかった。長年にわたり、外国の観察者たちは常に、この国を**プロイセン・ドイツ**、あるいは単に**プロイセン**と呼んだ。

この帝国はビスマルク以外の者には統治できないように完璧に設計されていたかのように思える。ベルリンの**帝国議会**と同様に、諸邦にも独自の**邦議会**があった。しかしプロイセンは今やあまりにも巨大だったため、**プロイセン議会**（これもベルリンにある）が実際には帝国全体の三分の二の実務を執り行っていた。この国には世界的にも唯一かつ独特の三級選挙制度があり、国民の一票の重みは納税額によって決定された。東エルベの田舎の選挙区では、典型的に大きな土地がいくつかあり、中間層はほとんどおらず、従順な農民が多かったので、ユンカー地主は事実上、自分たちの**保守党**の国会議員を選んだ。

やがて、帝国議会の議員は男性普通選挙で選出されるようになった。しかし、国会議員は首相を排除することはできなかった。それができるのは皇帝だけであった。ビスマルクが皇帝ヴィルヘルムの信頼を得ているかぎり、国会議員ができることは彼の法案や予算を拒否し、新たな選挙を強要することだけだった。しかしそれを実現しようとすれば、ビスマルク自身が頻繁にほのめかしていたように、傷だらけの顔をしたユンカー戦士と彼らの野蛮な教練を受けた農民たちをけしかけると脅された。

討議が終わり投票が行われようとしているとき……ドアが開き、重騎兵の制服を着用し、大きな革長靴を履き、巨大な剣を床にたたきつけるビスマルク公が大股で入ってきた。議会は潰され、あたかもこれらの軍事政治家たちの背後には銃剣を突きつけ服従を強制する準備ができている戦列連隊がいるかのように振る舞っている。

ヘンリー・ヴィゼテリー『新帝国下のベルリン』ロンドン〔一八七八年〕

「真の」自由の源としての国家崇拝 ＋ 「闘争を通しての必然の進歩」イデオロギー ＋ 見せかけの議会における軍を後ろ盾にしたワンマン支配 ＝ 第二帝政ドイツ／あらゆる近代的な独裁

ビスマルクが民主的な体裁を保てたのは、帝国議会の中にビスマルクにだけ忠実な大政党が存在したためである。その政党は国民自由党 Nationalliberale Parteiであり、権力基盤はプロイセンとプロテスタントの小国であった。彼らが、一八七一年以降のドイツ政治史において重要な役割を果たすのである。

国民自由党は一八六六年の戦争後、前身の自由党から分離し、ヴィクトリア朝の自由主義思想に独自の解釈を加えた。もちろん彼らは進歩と自由を信じていたが、それはかなり新しい方法であった。彼らにとって、進歩とは、より乱雑で個人主義的な「自由」に到達することを意味しなかった。人類にとっての本当の自由とは（ヘーゲルが主張したように）新しいプロイセン＝ドイツ帝国のような、円滑に機能する国家に属することにある。もちろんまだ完璧ではないものの、戦争と経済における成功は、それが正しい路線にあるというダーウィン的な証明であった。したがって（国民自由党の論理では）ビスマルクは徹頭徹尾支持されるべきだとされるのである。

ビスマルクの新帝国と「闘争による進歩」というイデオロギーとの間の連携に、我々は、最初の、そして未成熟のかたちでの、あらゆる近代的な独裁の主柱を見出すことができるのである。

進歩の神の失敗

ビスマルクは即座に、社会的、政治的影響力の強いカトリック教会に対して宣戦布告をした。学校は教会の管理から外され、民事婚が許可され、司祭は政治的な妨害とされるような活動に従事することが禁じられた。これは、**文化闘争 Kulturkampf** として知られる。

他国の観察者らは困惑した。併合したばかりの南ドイツとプロイセンのマイノリティ集団であるポーランド人〔ともにカトリック〕に理由もなく戦いを仕掛けるのは、新たに創設された帝国を団結させるには奇妙な方法のように思えた。だが、ビスマルクはそもそも統一を望んでいなかった。彼が望んだのはプロイセン化であった。そしてビスマルクの最も重要な同盟者である国民自由党は進歩を望んでいた。カトリック教会と戦うことは、これらの政治的ポイントを結びつけるための、より確実な方法の一つだった。

しかしすぐに、この奇妙な新帝国プロジェクトは完全な混乱に陥った。この全能ブームは、強奪されたフランスの金をもとに築かれていたからである。それが枯渇するとすぐに続けざまに全能の崩壊が起こった。ベルリン証券取引所が一八七二年秋の最高値に戻るまでには四〇年かかった。この経験は、**創立者の熱狂時代 Gründerjahre** と**創立者の恐慌 Gründerkrach** というドイツ語で記憶されている。ここでの創立者は新しい帝国の創始者ではなく、怪しげな投機的な起業家を指している。経済が低迷する中、カトリック教徒と教会は**文化闘争**と戦わねばならなかった。国家的な抑圧は苛烈となり、プロ

ハプスブルク支配の800万のオーストリアのカトリック教徒が帝国に加わる
+
「文化闘争」の中で形成された現在の南/西ドイツのカトリック勢力
=
ドイツにおけるプロイセン覇権の終焉

イセン保守党さえも弾圧支持を拒んだ。結局、ビスマルクの政策は、カトリック教徒自身の政治手段をより強化させただけだった。カトリック政党である中央党は、二〇年以上にわたり帝国議会の最大政党となった。他方、ドイツの社会主義者たちはマルクス主義の旗印のもとに一八七五年に団結し、最終的な世界革命へと至らざるをえない進歩主義に対する代案を掲げて勝利を収め始めた。

ビスマルクは自らの支配を強化するために再び戦争をすることを考えた。一八七五年、ビスマルクは飼い慣らした報道機関を利用して、フランスへの新たな攻撃が間近に迫っていることをほのめかした。**目前の戦争の危機**（戦争切迫の危機）は、予測不能な事態を引き起こした。[*8] イギリスとロシアはフランスと同盟を結び、プロイセン＝ドイツに対抗する動きを見せた。ビスマルクは手を引かねばならなかった。その際に、彼は**イギリス人女性**（皇太子妃ヴィクトリア）が、母親ヴィクトリア女王に裏切られたと激しく主張した。新生プロイセン＝ドイツにとっては何もかも思い通りにはいかなかった。そして、その後、事態はさらに悪化したのである。

ビスマルク、ドイツの命運を断つ

一八七六年から、汎スラヴ・ナショナリズムの波が、いまだオスマン帝国の統治下にあった南東ヨーロッパを席巻した。ロシアは一八七七年にトルコ撃破に成功し、今やあらゆるスラヴ人の庇護者であるかのようにふるまった。これはオーストリア＝ハンガリーのハプスブルク帝国にとっては致命的であった。一八六六年にプロイセンに敗北した後、オーストリアは崩壊の危機に瀕していた。今や、ポーランド人、スロヴェニア人、セルビア人、クロアチア人、チェコ人がロシアの支援を受けて立ち上がれば、帝国は終焉を迎えるに違いなかった。支配者だが少数派のドイツ系の人々は確実に新ドイツ帝国との併合を望むだろうし、ドイツ全体が彼らと一緒になることを望むに違いなかった。

ビスマルクにとってこれは大災難だと言えるだろう。彼は、統一ドイツを望んでいたのではなく、プロイセン＝ドイツだけを望んでいたのだ。もしオーストリアの八〇〇万人のカトリック教徒を帝国で受け入れ、ウィーンのハプスブルクの王がベルリンへの対抗勢力としてミュンヒェンとシュトゥットガルトと連合したなら、プロイセンの敗北は決定的になっただろう。

プロイセンがドイツを支配し続けるためには、多民族国家であるオーストリア＝ハンガリー二重君主国を何としても存続させなければならなかった。一八七八年六月一七日にビスマルクがディズレーリに認めたように、彼は「手足をオーストリアに拘束されていた」のである。

そこでビスマルクは世界を驚かせる方針転換をした。**文化闘争**を中止し、自由主義者と決別し、自由貿易を放棄し、一八七九年一〇月には仇敵であるカトリックの牙城オーストリアと反ロシア防衛同盟を結んだのである。

一八七九年のこの**二国同盟**はドイツにとって悪手だった。外交的な雰囲気として、ロシアがドイツを攻撃するようなことは考えられなかったが、バルカン半島におけるロシアとオーストリア＝ハンガリー二重君主国間のいさかいは極めて緊迫した問題だった。もしハプスブルク家がロシアを煽って先制攻撃させれば、ドイツ諸邦連合が総力をあげて、ドナウの向こう側におけるハプスブルクの暴挙を支援してくれるかもしれない。ハプスブルクはこの後ろ盾を得たのである。

一八一五年と一八五〇年には、オーストリアは矛盾しているかに見える二つの目的を追求しようとした。一方で、広大だがドイツ語話者が一部しかいない領域国家〔ライヒ〕を維持しつつ、他方で全ドイツ政策の舵を取るという目的である。一八七九年、まさにそれが実現したのだ。一八六六年にプロイセンに痛い目に合わされたオーストリアにとって、これは驚くべき復活劇であったといえる。老練のオーストリア＝ハンガリー外相のアンドラーシ・ジュラは、ビスマルクの窮状をはっきりと見取っていた。帝政ドイツがフランスの攻撃を受けた場合にドイツ側に立つという、交換条件の約束を拒絶したのである。良識あるドイツの政治家なら、このような二国同盟の取引に同意などしないだろう。

ビスマルクは良識を失ってはいなかったが、真の**ドイツ人**ではなかった。そう、彼はプロイセン人だった。そして、ドイツにおけるプロイセン支配を守るために、彼は「バルカン半島をめぐる何らかのいまいましく愚かな出来事」（この言葉は彼自身による）によってドイツ中がロシアとの戦争に駆り立てられる可能性があることを承知の上で、オーストリアと軍事同盟を結んだのである。

古くから存在する西のドイツ諸王国・公国は、今やプロイセンによって、自分たちとは何の関係もないスラヴの人々とのバルカン紛争に引きずり込まれるという危機に直面していた。

ハインリヒ・フォン・トライチュケ

暗黒の中で

一八七九年のビスマルクの方針変更は、歴史家たちが**帝国の第二の建国**と呼ぶほど、思い切ったものだった。これによって、ドイツの特定のグループ、つまり**プロテスタント**のドイツ人を自認する者たちに待ったをかけた。彼らは主に北部と東部にいたが、統治者がルターを支援した土地や、後にプロイセンの行政拠点として発展した町など、他の場所にも地方の権力基盤を持っていた。カトリックに対する国家主導の**文化闘争**は彼らを勢いづかせたが、一八七九年に、ビスマルクがカトリックや保守派との取引をしていく中で、彼らはビスマルクに見限られた現実を直視せざるをえなかった。憤慨した進歩の信奉者たちは、プロテスタント的・ドイツ的であることを、外国人を排除した**ドイツ性** **Deutschtum** という新たな代替宗教とした。彼らにとって、反カトリック主義は習い性だったが、このドイツ性をめぐる運動の行き着く先は、反ユダヤ主義の新形態だった。

　この立場の代表的な人物が、プロイセン国家の公認歴史家で国民自由党のカリスマ的指導者のハインリヒ・フォン・トライチュケ〔一八三四～一八九六年〕であった。彼の名声は高く、あるアメリカ人が評したように、**彼のドラムのような金切り声**は帝国議会をしばしば魅了した。トライチュケの一八七九年の論文「我らの展望」は、一八八〇年に縮約された「我々のユダヤに対する一言」としてよく知られ、現代の政治的反ユダヤ主義の基礎となる文書である。これにより、ユダヤ憎悪は、単にユダヤ人を忌み嫌う以上のこととなった。つまり、それは他の形態の人種差別〔レイシズム〕とは一線を画す、全きイデオロギーとなったのである。

　トライチュケにとって、ユダヤは**我らの禍**《わざわい》〔不幸〕であった。トライチュケによれば、ユダヤはアンダーグラウンドで秘密の方法によって、彼が長年憎んできた**イギリス人**と結託しているとされた。イギリス人と同様に彼らも退廃的で卑怯で、英雄というよりもケチケチした小売店主の気質を有しており、〔これは真の進歩の精神とは正反対で！〕世界を牛耳ったとされた。厚顔無恥かつ無文化で、国際的、そして金融主導の近代〔マンチェスター主義〕こそが、イギリスとユダヤの基本構想だという。ドイツ人のような、より健全だが穏当な国民〔ネイション〕は彼らの言いなりだというのだ。トライチュケ以来のあらゆる反ユダヤ主義者はこの陰謀論を受け入れた。例えば、皇帝ヴィルヘルム二世は、現代の反ユダヤ主義者がニューヨークを**ジュー・ヨーク**（ユダヤのニューヨーク）と表現するのと同様に、**ユダヤ・イングランド**と語ったのである。

トライチュケは読者のために、さらにプロイセン風の注釈を加えた。彼は「ポーランドの無尽蔵の胎内〔無尽蔵の人口源〕から、毎年、野心的な若いユダヤの下着売りの行商人の群れが生まれ、その子や孫がドイツの新聞社や証券取引所を支配することになるだろう」と主張した。こうしてトライチュケは、ユダヤおよびアングロサクソンが主導する（かのように思われる）近代への恐れと、古来からプロイセンが持つ植民時代のポーランドへの恐怖とをうまく結びつけることに成功した。トライチュケは、ユダヤを国際主義者かつ金融強者のイギリス居住者として、そして同時に貧しく急速に人口増加するポーランド系移民として、一緒くたにして描いたのである。

急進的なプロテスタントにとって、ユダヤはプロイセンのドイツ性の中の異物として、以後カトリック教会との結びつきとして捉えられるようになった。「ユダヤなしに、ローマなしに、我々はゲルマーニアの大聖堂を建てるだろう」というスローガンが沸き起こった。

この新たなゲルマンの大聖堂には、かつてのユンカー貴族の居場所ももはや存在しなかった。熱狂的な若い図書館員オットー・ベッケル〔一八五九～一九二三年〕は、「ユダヤ、ユンカー、司祭は皆いっしょくた」というキャッチーなスローガンを掲げ、一八八七年の選挙でユンカーの保守政党から帝国議会の議席を奪取した。彼の仲間たちは「セミ・ゴータ」と呼ばれる悪名高いハンドブックを編纂[*9]、そこにはユダヤ血族とされるすべての貴族が列挙されていた。
この新たな反ユダヤ主義は社会的・政治的に急進的な運動であり、真のドイツ性が必要としているのは、家柄ではなく、人種による新たな階級制だと主張した。反ユダヤ人民党、ドイツ社会反ユダヤ党、全ドイツ連盟、ドイツ改革党といった政党の党首は、しばしば自ら偽の貴族称号を付した。一九〇八年には、偽貴族の一人であるランツ・〝フォン〟・リーベンフェルスの城にはすでに鉤十字（ハーケンクロイツ）の旗がなびいていた。また、（歴史家がしばしばそう呼ぶ）**ナショナル・プロテスタンティズム**は、純粋なゲルマン的異教に傾くこともあった。

ナショナル・プロテスタントの展望　一九〇二年

ゲルマン部族の信仰とは宗教改革のキリスト教である。プロテスタントのキリスト教は、力強さと忍耐に満ちたドイツの性質を抑圧してしまうのではなく、むしろそれを発展させる信仰である。プロテスタントは、ドイツの種族、ゲルマン民族の文化を築く基盤である。プロテスタントは、その政治力、道徳的美徳、勇敢で勝利を収めた科学の基盤である。

カール・ヴェルクスハーゲン『言葉と絵で見る一九世紀末のプロテスタント』ベルリン、一九〇二年

一八九三年、反ユダヤ主義を綱領の中心に記載した候補者（その半数は実際に投票用紙の候補者名で反ユダヤ主義者と自称した）が帝国議会で一六議席を獲得したが、そのすべてがプロテスタント地域のプロイセン、ザ

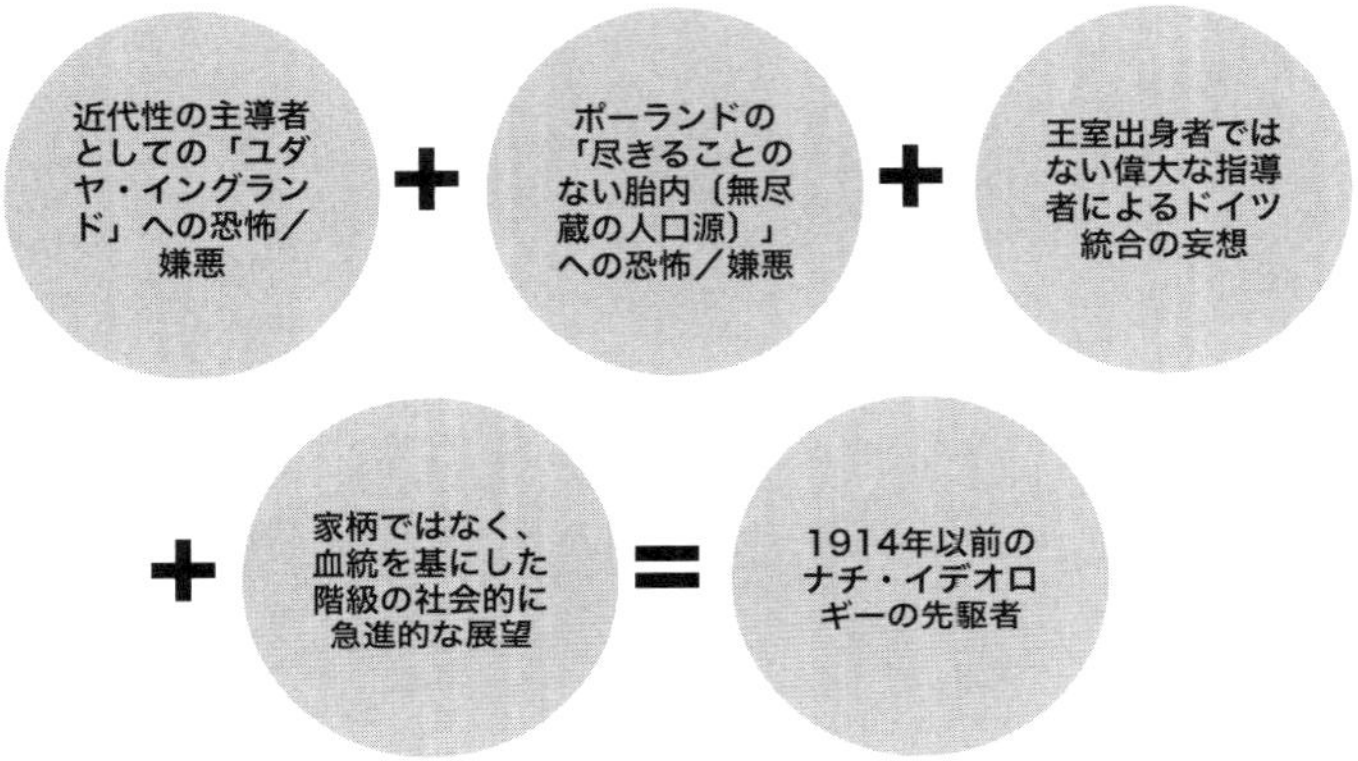
近代性の主導者としての「ユダヤ・イングランド」への恐怖／嫌悪
＋
ポーランドの「尽きることのない胎内〔無尽蔵の人口源〕」への恐怖／嫌悪
＋
王室出身者ではない偉大な指導者によるドイツ統合の妄想
＋
家柄ではなく、血統を基にした階級の社会的に急進的な展望
＝
1914年以前のナチ・イデオロギーの先駆者

クセン、ヘッセンだった。その後に起こったことは、喧《やかま》しく過激な少数派を有する諸邦にとっての教訓となる。

この一六議席そのものは、たいした意味をなさない。しかし、プロイセン・ユンカーの政治勢力であるドイツ保守党は、その権力基盤が少し侵害されたことでパニックに陥った。一八九二年、いわゆる**ティボリ綱領**[*10]は、「国民生活に対するしばしば目障りで腐食的なユダヤの影響」と闘うことを保守党の公式政策とした。反ユダヤ主義の表明が、今や政治的な最高レベルにおける公然とした議題となったのである。

ビスマルクによるイギリス嫌悪の解放

このように反ユダヤの動きが胎動していたとき、依然としてビスマルク自身は、イギリス系ユダヤのある人物がプロイセン国家をロシアとの戦争から救ってくれるかもしれないと期待していた。

つまり、ベンジャミン・ディズレーリによって、ビスマルクはイギリスが再び真の指導者を手に入れたと確信した。つまり、

無敵のプロイセン軍とドイツ/オーストリア＝ハンガリーの兵力との連合
+
無敵のイギリス海軍
=
バルカン半島、バルト海、黒海そしてインドを含む大陸全体におけるロシアの挫折

ロシアに対抗してくれる指導者である。ビスマルクの前には国際的な独英同盟という壮大なヴィジョンが浮かんでいた。そしてイギリスの保守主義者たちもまたこの構想を理解していた。

ウィーン、一〇月一八日

金曜日のマンチェスターにおけるソールズベリー卿〔後の首相、当時は外相〕の演説は、イングランド、オーストリア、そしてドイツの間の完全な同意を保証するものとして、当地で万雷の拍手をもって歓迎された。

『タイムズ』紙〔一八七九年一〇月一九日〕

この同盟案は地政学的論理から生まれた。つまり、ロシアは、インドのイギリスを脅かし、バルカン半島のオーストリアを脅かし、そしてバルト海でプロイセンを脅かすということだ。三国が力を合わせれば、地球上のあらゆる場でロシアに対抗することができるだろう。

しかし、一八八〇年四月の総選挙で、イギリス国民は、ヴィクトリア女王を含む皆に衝撃を与えた。ディズレーリが罷免され、その逆にビスマルクを嫌っていたリベラル派のウィリアム・グラッドストンが政権を獲ったのである。

奇妙なことに、1884 年の帝国議会選挙の直前、ビスマルクはプロイセン軍人としてではなく、太っちょのジョン・ブル〔イギリスの擬人化像〕の悪事を妨げに来た帝国の水兵として描かれている

ビスマルクの計画は瓦解した。イギリスの選挙結果が判明した当日、彼はこのダメージを軽微にする対策任務のための特使をサンクトペテルブルクに急行させた。ただちにビスマルクは、政策を転換してイギリスに敵対的な植民地主義政策を進めることにした。これにより、長きにわたり植民地を要求してきた国民自由党の少なくとも一部は、溜飲を下げることになっただろう。ビスマルクは、ヨーロッパ内部のチェス・ゲームを混乱させるかもしれない海外での混乱を懸念して、植民地獲得には常にノーを突きつけていたからだ。

だが今や、ビスマルクはイエスと言った。彼にとってイギリスとの諍いはカードの手の内となったのである。これによって選挙時には、新たに結束したリベラル野党や皇太子〔イギリス出身の母を持つ〕など、ドイツ国内でのイギリス支持者はやりづらくなるかもしれなかった。ビスマルクは自らこの戦術をロシア皇帝に説明したが、皇帝はこの政治的狡猾さに驚愕した。こうしてドイツ植民地獲得運動が生じ、ビスマルクは、イギリスが自国のものとみなしていたアフリカと南太平洋にドイツ最初の植民地を確保した。

ビスマルクの心変わりには、別の理由もあった。彼は、フランスとロシアがそれぞれアルザス＝ロレーヌとバルカン半島に対する復讐心を逸らし、イギリスに食い込むかたちの新たな地政学的推進勢力に加わるよう期待していたのである。

事実として、ビスマルクは一八八四年の帝国議会選挙で勝利を収めた。しかし、フランスとロシアとの接近を防ぐことはできなかった。例えば、一八八五年から一八八六年にかけフランスは、ドイツに対する**レヴァンシュ**〔復讐〕に再び燃え、ロシアの政策は再びバルカン半島に向かい、オーストリアを脅かしていた。加えて、ビスマルクの反英キャンペーンの代償がいかに高くつくかが明らかになってきた。一八八七年、英米はベネズエラに対する共同戦争を仕掛けようとした。そして、イギリス海軍とアメリカ海軍の大佐たちが集い、南太平洋におけるドイツの拡大に反対する共通大義を打ち立てた。これには、ロンドンやワシントンがストップをかけなかった。一八八九年のサモアでは、銃撃戦一歩手前の事態が生じた。二〇世紀前半の世界史にとって極めて重要となる米英の**特別な関係**は、ここに始まったのである。

ビスマルクの望んだ解決策、ドイツは、フランスとロシアとともにイギリスのライオン（グラッドストン）を苦しめる

バルカン半島における帝政ロシアの野心と、一八七〇年の復讐を望む共和政フランスの願望との間には、まったく自然なつながりは存在しなかった。しかし、ビスマルクが一八七九年の二国同盟〔ドイツ・オーストリア同盟〕でオーストリア＝ハンガリーと結びついたため、フランスとロシアには極めて明確な共通利害が生まれたのである。

一八八七年の元日までに、第一次世界大戦の火種となる布陣はすでに現れていた。モルトケの後継者でプロイセン軍司令官であるヴァルダーゼーは、フランスとの戦争は今や**不可避**で、**世界大戦**となる可能性があると日記に記した。彼は、対ロシア防衛戦争に取り組んだ。そしてこれは、仏露に対する二正面戦争となる可能性が極めて高かったのである。

このとき、ビスマルクはそれを避けようと必死に努めた。彼は、一八六四年（対デンマーク）、一八六六年（対オーストリア）、そして一八七一年（対フランス）のプロイセンの勝利は彼の外交政策の成果だと自認していた。プロイセンによるドイツ支配を危機にさらせないという理由から、ビスマルクには一八七九年のオーストリア同盟を破ることは許されなかった。よって、ロシアとの秘密条約である再保障条約〔一八八七年〕で同盟をうまく調整しようと試みた。この協定は、オーストリアがロシアを攻撃した際にはドイツが中立を保つことを約束したものだった。だが、ビスマルクの思惑は別のところにあった。この取り決めは、戦争になったなら一時の混乱を生み出し、フランスが敗北するときまでの（ビスマルクの息子である外務大臣が当時語ったように）「六～八週間、ロシアを我々の喉元から遠ざける」ための条約にほかならなかったのである。

しかし、プロイセン軍参謀本部は自らのプロパガンダを信じるようになっていた。彼らは、戦争はプロイセンの輝かしい軍事的天才と意志の力によって勝利したのだと考えるようになったのだ。プロイセンの若い外交官のほとんどがこの神話を信じ込み、ロシアとの最終対決に賛同した。

以下の一節は、無力な変人がまくし立てていたのではなく、戦争が間近に迫っていた頃、サンクトペテルブルクの大使館からベルリン外務省のいわゆる黒幕に宛てた手紙である。これは後の帝国首相ベルンハルト・フォン・ビューローが書いたものである。

プロイセンの指導者らは新たな東ヨーロッパを計画する、一八八七年一二月

私たちは、ロシア人が二五年間は立ち直れなくなるほどに、ロシアをうちのめさなければなりません。黒土地帯を荒廃させ、沿岸の町を砲撃し、産業と商業を可能なかぎり破壊することによって、今後何年にもわたってロシアの資源を止めなければなりません。最後に、我々は、世界におけるロシアの偉大な地位の基盤である黒海とバルト海という二つの海からかの国を追い返さなければならないのです。オネガ川からヴァルダイ丘陵を経てドニエプル川に至る線の西側にある領土を譲り渡した場合、ロシアは真に永久に弱体化すると私は思っております。そのような平和は、戦争が起こった場合にロシア国内が完全に崩壊しないかぎり、その程度を予測するのは困難ですが、私たちがヴォルガ河畔に立っていたとしたら実行可能なのです……。

そこで、私たちは戦時を利用して、ポーランドからポーランド人を「ひとまとめに」追い出す必要があります……（彼はさらに、ドイツがカトリックと正教会の住民のバランスをとりながら「分断して統治せよ」の原則を活用することで、ドイツの利益になるような新たな東方のポーランド／ウクライナ緩衝国家について述べている）。

ベルンハルト・フォン・ビューロー*11からフリードリヒ・フォン・ホルシュタイン*12へ

一八八七年、一二月一〇日

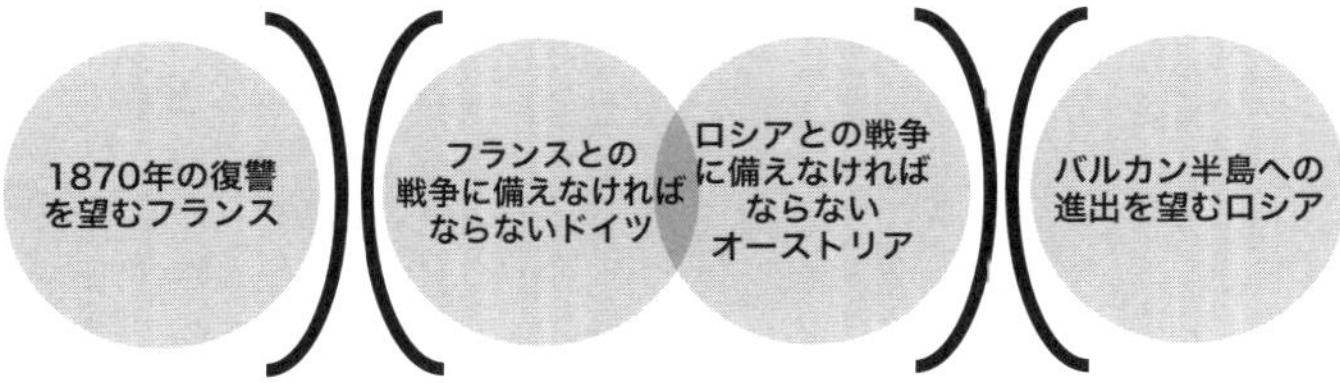
1870年の復讐を望むフランス
フランスとの戦争に備えなければならないドイツ
ロシアとの戦争に備えなければならないオーストリア
バルカン半島への進出を望むロシア

老齢のヴィルヘルム一世が、同じ王家の血を引く兄弟・君主であるツァーリ〔ロシア皇帝〕に向けて、涙ながらに訴えかけたことで、その時点でヨーロッパを大規模な戦争から守ってくれた。その彼も一八八八年上旬に亡くなり、続いて自由主義者の大きな希望であったフリードリヒ三世が後継者となったものの、彼はすでに不治の病に冒されていた〔九九日で死去〕。いわゆる**三皇帝の年**〔一八八八年〕、好戦的で軍事を愛する若い皇帝ヴィルヘルム二世が王位に就いたのである。

ビスマルクは、自分を解任できる唯一の人物である皇帝の信頼を守り続けるかぎり全能であった。しかし、彼は帝国議会内のあらゆる政党と権力争いをしており、どの政党にも忠誠を誓っていなかったため、皇帝の好意を失った場合、政党からの支援は期待できなかった。彼の切り札は常に辞任をちらつかせて皇帝を脅すことであった。一八九〇年、正真正銘の絶対君主として統治する決意を固めた激情家の若きヴィルヘルム二世は、ビスマルクのはったりを非難し、彼を解任した。今やドイツ全土には、プロイセン軍参謀本部の計画に異議を唱えるどころか質問することのできる文官は存在しなくなった。

ビスマルク後のドイツ——急成長と崩落

一八九八年、ビスマルクはこの世を去ったが、彼はドイツの産業ブームの手筈を整えていた。

一八八〇年以降、ビスマルクが採用した関税障壁は、自国産業が外国との競争から保護されることを意味した。そのため、例えば公的資金による大規模な鉄道投資（一九一三年まで、プロイセン国営鉄道は世界最大の単一雇用主となった）は、ドイツ企業だけに恩恵をもたらした。この国家政策と民間産業との緊密な関係は、ドイツ企業に大きな安心感を与え、（同時代の外国人観察者が指摘するところによれば）英米のビジネスモデルとはまったく異なる長期的な視野を築くのに寄与した。

海の向こうの貧困者問題

> 例えば、ライン川流域のある製鉄所では、利益がどうであれ、五%をこえる配当は支払わないことを規則としている。残りは積立金と、新たに改良されたプラントや機械の購入金に充てられるのだ。
>
> アーネスト・エドウィン・ウィリアムズ
> 『メイド・イン・ジャーマニー』（一八九六年）

再投資を魅力的なものにしたのは、高い教育は受けているがとても貧しい労働者たちであった。ドイツの識字率はイギリスやフランスをはるかに上回っており、労働者階級は低賃金とプロイセン的で軍隊的・家父長的な文化に慣れていた。ヴィルヘルム二世がクルップ工場で語った「男子たるもの一家の主たれ」という言葉は軍隊や国家にも当てはまるものだった。あるアメリカ人観察者の一九〇二年の報告は、今日の中国の成功を説明するものと非常によく似ている。

ドイツ人と入れ替わろうと思う文明世界の労働者などいないだろう。実際、彼らほど少ない給料のために長時間働き、より粗末で安価な食べ物を食べ、すし詰め状態の家に住む者はいない。そして彼らほど政府に多く時間やお金を捧げる者はいない。対して政府は、規則や規制を無制限に増やして労働者をがんじがらめにし、言論の自由を抑制する……。ある造船所の大工は、一一時間の労働が終わると一日約九〇セントを受け取る。アメリカでは、大工は八時間の労働で二ドル五〇セントから三ドルを受け取るのが通例である。

R・S・ベイカー『ドイツ事情通』（一九〇二年）

賃金と内需が低く国家統制が強く国家助成に依存し、さらに関税で保護された経済にとって、関税なしですべての輸出品を買ってくれるような、太く豊かな消費経済を有する存在が必要となる。一八九〇年代、この存在はイギリスだった。しかし、このような一方的な貿易関係は、現在のアメリカと中国の間と同様に摩擦を引き起こす。イギリス人にとって、**メイド・イン・ジャーマニー**という標示はすでに、経済的脅威に対する冷ややかな警告を含んでいた。そして、この大衆選挙の草創期において、国民感情が国家の相貌を決定しつつあった。

輸出主導の経済に頼る低賃金政策のもう一つの問題は、幸福達成という希望が見出せない労働者階級が過激化する可能性があることだ。事実、一八九〇年代、ドイツは社会主義の巨大な砦となった。社会民主党の**エアフルト綱領**〔一八九一年〕は、**必然性 naturnotwendig** としてのマルクス主義の闘争に向けて労働者を団結させることを目的としていた。社会民主党は選挙で大きな成功を収め始めた。世界中の革命家たちは、共産主義の黄金時代がまもなく始まる地としてドイツに注目した。

政府が自国の労働者階級を長らく満遍なく満足させたいのであれば、必需食糧品の安価を保つことである。好景気に沸く輸出主導型の工業国ドイツにとって、アメリカの平原やロシアの黒土地帯から安価な穀物を輸入することは当然の解決策であった。ドイツの産業家たちは至って冷静に、まさにそう望んでいた。しかし、彼らは安価な穀物を手に入れることはできなかった。というのも、この間に彼らがいくら豊かになったとはいえ、まだ物事を決定することはできなかったのだ。つまり、東エルベのプロイセン人ユンカーたちがプロイセン議会、上級行政機関、そして軍隊の統制を担っていたからである。

東エルベのユンカーは、なおもすべてを握っていた。

たとえ高官、あるいは皇帝でさえも、農村地域の特別な利権に不当に干渉しようとすれば、声高に、そして組織的に反対される危険があった……。三級選挙制度は東西の分断を際立たせ、政治的な進歩性、工業、経済、都市、そしてカトリックが多数の西側と、東エルベの「アジアの草原」との間の感情的な距離は広がったのである。

クリストファー・クラーク『プロイセン――興隆と没落』(鉄の王国)

ユンカーたちは、この政治的影響力を利用して自分たちの財産が損なわれることを危惧し、安価な食料品の輸入を断固として拒否した。次に、このことがもたらした帝政ドイツの核心にある致命的な二元性について述べておこう。

不可能な二重国家

一九世紀末には、イギリス文化とドイツ文化のどちらが二〇世紀の世界文化になるかはわからない状況だった。ドイツは最新技術で世界をリードし、イギリス海軍でさえもクルップ社が特許を取得した装甲板を身にまとっていた。ライン川からドニエプル川、バルト海から黒海まで、ドイツ語は商業、学問、科学の言語だった。しかし、ビスマルクの後継者たちはおろかにも、これらすべてを台無しにしてしまった。

一八九七年からのドイツ外交はあまりに不合理に思えるため、著名な歴史家たちは何年もかけて原史料を苦悩しつつ熟読したが、最後にはお手上げ状態となり、心理的な話へと逃避した。

ドイツ帝国の外交・安全保障政策はすでに、フランスとロシアに対する敵対感情から、多くの負担を抱えていた。しかし、ドイツ海軍の軍備計画は、それにもかかわらずイギリスという新たな仮想敵国を求め、創造した。計画的な外交政策という観点からすれば、これはあまりに不合理で、理解に苦しむものである。

トーマス・ニッパーダイ『ドイツ史』

一八七一年にドイツが**統一**されたというプロイセンが作った神話から解放されさえすれば、完全に理にかなった説明ができるだろう。というのも、事実として**統一**などなかったのだから。

実際、帝政ドイツの金融システムの流れは、自由主義的かつカトリックの南西ドイツから一八一五年以前（ウィーン体制以前）の旧プロイセンの東エルベのユンカー・エリートへと富を送金していく巨大な装置に例えることができる。ユンカーたちはドイツ西部の資金提供者たちを見下していた。西部の実業家たちが納めた税金と同地の工業労働者たちが買った割高なパンは、東エルベのユンカーの農業を潤し、ユンカー出身軍人の給与となっていたのである。

プロイセンの神話。一つの帝国〔ライヒ〕、一つの国民〔フォルク〕、一人の神

一八九八年以降、歴史的・社会構造的・経済的・宗教的に以前からまったく異なるこの二つのドイツは、別々の外交政策をとるよう

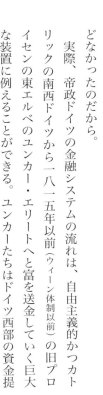

	ドイツ（全体）	東エルベ（の特質）
経済	多大な自信、経済的繁栄、輸出主導。第二次産業革命における先進技術の世界的リーダー：1913年、世界の電磁機器の50%がドイツ製（メイド・イン・ジャーマニー）。	脆弱。ユンカーたちは穀物輸入に対する保護を叫ぶ。 東部からの移住（オストフルフト）：西側でのより良い生活を求めたドイツ語話者の東からの移住
政策 （1890～1912年の全ドイツ帝国議会選挙で一貫したもの）	常に、カトリック政党である中央党が最大政党	常に、保守主義の政党が最大政党
最大の不安	アングロサクソン： 嫉妬深いイングランド人は、アメリカと、暗黙のうちに国際的な反ドイツ同盟を結成。 アングロサクソンの海軍力は、ドイツの艦隊、輸出品、植民地を一夜にして壊滅させる可能性。	スラヴ： ドイツ人が去ったことによる東エルベ農村地帯のポーランド化。国境を接するロシアは、人口と産業のますます強力な成長を遂げている。
軍事上の目標	イギリスが、ドイツを世界の共同統治者として認めることを余儀なくされるほどの（あるいはイギリスを打ち負かすほど）強力な艦隊の構築	ドイツの総力でもって、手遅れになる前にロシアを破る
支配階級	プロイセンのユンカーたちを助けてやることに疲弊した裕福な市民たち	国家、軍の有力ポストにしがみつく田舎のユンカーたち
未来の展望	帝国、産業、植民地、光り輝き、躁のような状態。ユンカーグループの代わりに、適切かつ近代的なやり方で事が運ばれれば、ドイツの世紀がやってくる！	不幸な宿命。 東プロイセンの著名なユンカーは、なぜ自分の邸宅に街路樹を植えなかったのかをこう説明する： 「なぜって？100年もすればここはすべてロシアになっているだろう」
宗教	カトリックとプロテスタントは幸いなことに共存しているが、異宗教間の婚姻はまだ稀である。	ドイツ人（減少中）の人口のほとんどがプロテスタント。マイノリティ集団のポーランド人（増加中）はみなカトリック。

	背後の支援者	防衛対象	統率者	管轄	対抗する対象
海軍	新興実業家	貿易と植民地	近代テクノクラート	帝国（ライヒ）	イギリス
陸軍	各地の軍徴兵者	国境	伝統的ユンカー	プロイセン	ロシア

になった。

舵取りを担っていたのがヴィルヘルム二世で、彼はイギリス人の母とドイツ人の父を持っており、この分裂を見事に体現していた。プロイセン国王として、彼は軍隊に傾慕し、スラヴ人を恐れていたため、世情を東ヨーロッパにおける**人種間の闘争Rassenkämpfe**という観点から判断する傾向が強まっていた。しかし、ドイツ人の皇帝としての彼は、自身の直接管理のもとに巨大な新艦隊の建造を推進した。これは、イギリスに対してのみ向けられていることは周知の事実であった。

一八九七年、ティルピッツ海軍元帥の広報担当者が皇帝個人の支援を受け、最新のメディア技術（世界最初期の映画のいくつか）を駆使してドイツ巡回を開始した際、何百万人ものドイツ人が強力な艦隊という計画に陶酔した。この理由は単純明快である。帝国海軍はプロイセン陸軍のまさに対極となると思えたからである。

このことは、なぜ帝国海軍が驚くほどの統合力を持ったのかを説明している。自由主義者、カトリック教徒、国民自由主義者、汎ゲルマン主義者、ひいては社会主義者までもが、艦隊建造計画を支持することで自らのドイツ愛国主義を証明しつつも、プロイセンのユンカーによる支配に反対票を投じることができたのだ。そうすることで、税金の用途の一部をプロイセン軍から引き離し、代わりに西部ドイツの製鉄所、研究所、造船所に再配分することができた。

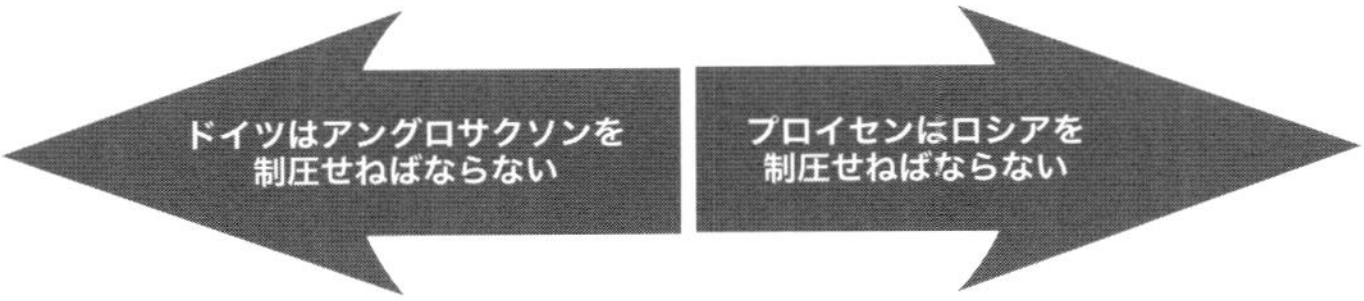
プロイセンはロシアを
制圧せねばならない
ドイツはアングロサクソンを
制圧せねばならない

こうして艦隊建造支持の動きは、つまり反ユンカーの立場を取る、左派・右派を問わない急進的で近代的な運動の媒体となったのである。

> 海の利益と農業の営為は再び互いに対立することになる。……工業家と大地主との対立はさらに先鋭化すると思われる。……最終的には、状況圧力によって産業界の万が勝利するだろう。
>
> アウグスト・フォン・ヘーリンゲン、一九〇〇年

これは農業ユンカーを歴史のゴミ箱に廃棄処分するマルクス主義教授の分析のように聞こえるかもしれないが、実は、フォン・ヘーリンゲン海軍中佐（後に海軍大将）、当時のドイツ帝国海軍の報道局長の言である。

一八九八年三月二六日、帝国議会で最初の**艦隊法**が可決された。その日、プロイセン・ドイツ帝国は、まったく異なる矛盾した二つの戦争を同時に準備することで、自らの没落の運命を決定づけた。海軍は（一九一一年のヘルマン・レンスの歌詞にあるように）「われらが対英出陣の日」に祝杯を挙げた。対して陸軍は、フランスに対する速やかな勝利とそれに続くロシアへの総攻撃だけを考えていた。一九〇四年四月、イギリスとフランスは、アフリカや東南アジアでの植民地紛争を収束するために**英仏協商**

を締結した。帝国の将軍たちは、このことについても話し合った。にもかかわらず、プロイセン参謀本部のシュリーフェン・プランでは、ロシアへの大攻勢の前段階としてフランスを迅速に征服するという驚くほど詳細な予定表が立てられ、一日たりとも変更されることはなかった。

確かに、クリミア戦争以来、冷戦状態にあったロシアとイギリスが真の軍事同盟を結ぶことはなおも不可能に思えた。もしドイツ外交が理性的であれば、まだどちらか一方と協力することもできただろう。しかし、プロイセン自体はロシアを狙い、その他のドイツはイギリスを敵としてみなした。この双頭の帝国を誰もコントロールできないまま、一九〇七年にイギリスとロシアとの本来はありえない同盟〔英露協商〕が実現してしまったのである。

結果として第一次世界大戦を引き起こした明らかな軍事的・外交的不合理は、ドイツの統一ではなく、プロイセンの下での非統一の結果であった。

1906年に建てられた全高33メートルのビスマルクの巨像（ハンブルク）

世界強国か没落か

ビスマルクが死んで一〇年後の一九〇八年以降、このプロイセン・ユンカー政権は、イギリス、フランス、ロシアという論理的に考えれば屈服させることなどできない連合に直面していただけでなく、事実上、国内においても包囲されていた。

ローザ・ルクセンブルク　ドイツ社会主義の指導者の一人であったローザ・ルクセンブルク〔写真は1910年頃〕。現代思想家たちへ告ぐ：急進派である彼女は、高貴な女性であれば当然、帽子につけているベールを、大胆にも、公共の場で上げたのだ

左派に関しては、社会民主主義者が選挙で勝利に次ぐ勝利で躍進し、レーニンを含め誰もがドイツがまもなく迎えるだろうと信じていた**社会主義の千年帝国**の到来を期待していた。

年老いた穏健派の自由主義者たちでさえ、ユンカーたちをもはや援助したくないと思っていた。ユンカーは軍服を着て闊歩し、真っ当な中産階級の人間に対しては長く見つめられたというだけで決闘を挑み、**あるいは決闘に値しない**〔決闘権を持たない〕人間であれば、ぶつかったというだけで斬りつけた。プロイセン軍の将校として同胞によってのみ裁かれていたため、彼らはいつも問題化されることはなかった。著名な自由主義者の一人であり、法律家、政治家であったフーゴ・プロイスは、「ユンカーに対する市民の闘い」を呼びかけ、ドイツを真に西洋化するには、「ユンカー問題の最終的な解決」が必要であると記した。

他方、右派においては、国民自由主義者——旧来のビスマルク支持者でプロテスタント中産階級——も反ユンカーであったが、その理由は異なっていた。彼らは、西洋モデルとは違う近代的かつ効率的な国家を望んでおり、それは民衆の望みを理解する非王族の指導者に率いられるとした。社会学の祖であり、彼らの指導者であったマックス・ヴェーバーはこれを、「人民投票による指導者民主主義」と

カイザー率いるプロイセンの封建的政府がエドワード７世のしなやかで文明的な近代性を拒絶していることを風刺している。『クラデラダッチュ』より

呼んだ。この流れの中で、しかめ面をした鉄血宰相の記念碑がドイツじゅうに建てられた。その中でも最大のビスマルク記念碑は、今でもハンブルクの漆黒の闇を見つめ直立し、まさに新しくも暗い時代の建造物にふさわしい。

一九〇八年、急進的な近代主義者で出版人だったマクシミリアン・ハルデンは、皇帝ヴィルヘルムを中心とするユンカー集団は同性愛者の集まりであり、そこでは四九歳の君主をひそかに「かわいい人」と呼んでいるというセンセーショナルな告発を行った。[*13] ハルデンの主張によれば、この男らしくないプロイセン貴族の徒党では、狡猾で近代的な政治家である英王エドワード七世〔ドイツでは「エドワード包囲王」と呼ばれる〕から、ドイツの国益を守れないだろうから、この告発はやむをえないものだったとした。

ヴィルヘルムによる個人主導の政権は揺らいでいた。右派では近代的なビスマルク派のナショナリストが有力となり、加えて公的には同性愛者に囲まれていると非難され、さらに赤色革命への脅威があったことで、この皇帝は、まるでそれに対抗するためにますますプロイセン的で軍国主義的になっていたのである。

すべてが四分五裂する限界点にあった。この時代のドイツ語文学は緊張とスリルに満ち、自由への奔放な憧れと迫り来る破局の予感とを胚胎している。

芸術という震度測定器、一九〇八～一九一四年

造形芸術の分野では、ドレスデンのディ・ブリュッケ〔橋〕とミュンヒェンのデァ・ブラウエ・ライター〔青騎士〕というグループが、ベルリンのプロイセンのアカデミックで退屈な体制寄りの芸術と闘う人々の居場所を提供した。また、幾人かはベルリンからも離脱していった（したがって、彼らは分離派と呼ばれた）。皇帝は彼ら分離派の作品を「道徳的に腐敗した芸術」と呼んだ。舞台作家たちは厳しい検閲の限界を超えようとした。グスタフ・マーラーやリヒャルト・シュトラウスのような作曲家は、それぞれ『復活』や『死と変容』のようなタイトルの、誇大妄想を帯びた長大さや音響の作品を書くことで、リヒャルト・ヴァーグナーの破滅に満ちたゲルマン・オペラの強大な影響力に打ち勝ち、克服しようと努めた。トーマス・マンやハインリヒ・マン、ロベルト・ムージル、フランツ・カフカ、ライナー・マリア・リルケ、シュテファン・ゲオルゲといったこの時代の偉大な作家たちは、ほとんど全員が、「すべての価値観の転換」と「超人〔Übermensch〕」の到来を予言したフリードリヒ・ニーチェの陶酔的な著作に触発されていた。トーマス・マンの『ベニスに死す』〔一九一二年〕の中で見られるように、彼らの著作のヒーローはしばしば「没落の熱狂」に心を奪われる。

プロイセンのユンカーたちもまた迫り来る破局を感じていた。自分たちの支配を再強化してくれるのは戦争だけだと考えた。プロイセン騎兵隊の将校フォン・ベルンハルディによる一九一二年のベス

トセラー『ドイツと次の戦争』内の章題「世界強国か没落か〔Weltmacht oder Untergang〕」が彼らユンカーの問題意識だった。一九一二年一二月八日の悪名高い**戦争会議**で、フォン・モルトケ将軍〔小モルトケ〕は、できるかぎり早期の開戦を懇願した。ただし彼は、まずはロシアに対するプロイセンの戦争がいかに魅力的かをドイツ国民に信じさせなければならないことを承知していた。

一九一二年一二月八日の戦争会議にて

フォン・モルトケ将軍「**私は、戦争は避けられないと考えている。それは早ければ早いほど良い。しかし、皇帝陛下のご発言にもあったように、報道機関は対ロシア戦争に対する民衆の支持を得るためにもっとうまくやるべきだ**」。陛下はこれを確認し、国務長官ティルピッツに報道機関を使ってこの目的のために努めるよう要請した。

ドイツ人を生来の好戦的民族だと考える人はみな、プロイセン＝ドイツが一九一四年の前段階で、大陸強国の中で唯一、戦争が起きれば国民が戦争を拒否するかもしれないと、エリートたちが真剣に恐れていた国であったことを思い起こすべきである。

モルトケが開戦は「早ければ早いほど良い」という持論を唱えた最後の記録は、一九一四年六月一日だった。そして六月二八日、サライェヴォからある知らせが届く。それは、ハプスブルク帝国の後継者候補であるフランツ・フェルディナント大公がセルビア民族主義者によって暗殺されたという報だった。一九一四年七月五日、皇帝ヴィルヘルム二世はオーストリア＝ハンガリー二重君主国の参謀本部に対し、一八七九年以来、彼らが待ち望んでいた白地小切手を手渡した。これは、オーストリア＝ハンガリーがスラヴ問題を解決するために選択したあらゆる措置に対し、プロイセンが全面的な軍事支援を行うことを意味していた。

　オーストリアの人々は、一九〇八年や一九一二年のようにロシアが引き下がると思っていた。しかし、そうはならなかった。その後の事態は続くべくして続いた。皇帝は土壇場で事態を止めようとしたが、モルトケはヒステリックにプロイセン参謀本部の神聖不可侵な軍の計画に手を加えれば命取りになると告げた。こうして、ビスマルクが（自らその手筈を整えて）予言した通り、東進するドイツ人とスラヴ人との間で「バルカン半島をめぐる何らかのいまいましく愚かな出来事」が起き、第一次世界大戦が勃発したのである。

ラント・オーバー・オストの地図と通貨の図像

諸国民の黄昏

　技術的見地からすれば、ドイツは戦争に勝利するはずだった。ドイツの産業は、特に最先端の分野において連合国に対して極めて優位に立っていた。一九一六年末にイギリスが戦車を使用するまで、毒ガス、火炎放射器、超重砲、長距離重爆撃機（ツェッペリン飛行船）、真に効果的な潜水艦、プロペラを通して発砲可能な航空機の機関銃など、皇帝軍は常に新しい戦争技術を最初に投入していた。連合国軍が技術的な追い上げを図る一方で、一九一四年から一五年にかけては、ひどい戦争指揮が連合国側に次々と血なまぐさい惨禍をもたらした。

一九一五年の秋には、事実としてプロイセン＝ドイツとオーストリア＝ハンガリーは勝利目前と見られていた。一九一五年一一月、フランツ・カフカは自ら進んでかなりの額のハプスブルク帝国の戦時公債を購入した。その一つの根拠は、広大なロシア地域の支配だったことは確かだ。それは、ロシアから、ドイツ軍東部最高司令部にその植民地域として割譲された地域**ラント・オーバー・オスト**（現ラトヴィア西部からリトアニア、ベラルーシ西部やポーランド東部あたり）である。同地は、独自の通貨と報道機関を有し、あらゆる文民統制の及ばぬ地だった。

プロイセンの東方政策の最終目標は、一八八七年一二月にビューローがホルシュタインに宛てた手紙（一七二ページ参照）以来、一二八年間変わっていなかった。つまり、かつてポーランド領であった領土（当時ロシア領）の一部をプロイセンに直接併合して国家を創設するという目標である。ロシアが統治している他の地域から新しいポーランドを創り、プロイセンのポーランド人全員をそこに追放すること。そうすることで、バルト海から黒海に至るまですべての地域が公然と、あるいは**事実上**のドイツの支配下に置かれることになる。より正確には、プロイセンの支配下に、である。とある首相の側近が書き残した日記には、第一次世界大戦期の帝国エリートたちが依然として自分たちをドイツ人ではなくプロイセン人だと考えていたことが示されている。

（我々は、こう考えるべきである）ドイツ帝国は、プロイセンが過半数を所有する株式会社であると。帝国に新たな株主が加わるたびに、帝国が拠って立つプロイセンの覇権の基盤としての多数性が揺らぐ。したがって、帝国でのプロイセンの地位と同じように、ドイツ帝国を中心にしてプロイセンが過半数の株式を保有する国家連合を構築する。それによって、プロイセンはこの国家連合体における、実質的な主導権を有するようになる。

クルト・リーツラー 一九一五年四月一八日

1916年8月以降のドイツの真の支配者たちのヒンデンブルク(左)とルーデンドルフ(右)

一九一六年末、ロシアはオーストリア＝ハンガリーに対する最後の大攻勢で疲弊し、撤退を望んでいた。かつては見くびられていたイギリス軍は、ソンムの大決戦でドイツ軍に大打撃を与えたばかりで今や最大の敵となっていた。そのため、ロシアとの早期講和の申し出は予想外の好機であった。テオバルト・フォン・ベートマン・ホルヴェーク首相と皇帝は、冷静に対処し、その機会を捉えようとした。一つだけ、ロシアが絶対に我慢ならないものがあった。それはドイツに依存したポーランド属領化計画、つまりオーバー・オスト計画だった。

　この頃、ドイツの真の支配者はパウル・フォン・ヒンデンブルク陸軍元帥とエーリヒ・ルーデンドルフ将軍であり、彼らは一九一四年にロシアの東プロイセン侵攻を粉砕して以来、国民的英雄となっていた。一九一六年末にはまだ中立国だったアメリカの著名なジャーナリスト、ヘンリー・ルイス・メンケンは、軍と民との象徴的な関係性を目撃している。「ヒンデンブルクは依然として国民的英雄であり、**理想像**、いや、ほぼ国家の救世主だ。……ヴィルヘルムの肖像画一枚に対し、彼のものは一〇枚売られている。……ルーデンドルフの肖像画は必ず将校たちの食堂に飾られている。彼はすべての若い士官にとって神のような存在だ」。この男性は二人とも、プロイセンで最もポーランド的な地域の一つであるポズナン〔ドイツ語名はポーゼン〕の出身である。この二人にとって、ポーランド問題を解決することこそが、この戦争のすべてだった。彼らはただただ計画を遂行し、ロシアとの関係を断ち切り、一九一六年一一月五日、事実上のドイツ支配の下で**ポーランド摂政王国**として知られる傀儡《かいらい》国家を設立した。ロシアは憤慨し、「信じられないことに、ドイツがポーランドの独立を宣言した事実」を引き合いに出して、一九一六年一二月一四日に公式発表で戦争継続を宣言した。ドイツの最高司令部は、長い間議論されてきたプロイセンの東ヨーロッパの新秩序構想を放棄しなかったため、あるいは遅らせることさえ拒否したため、勝利のための真のチャンスは消え去った。

　この後の一年以内、まったく同様のことが起こった。ドイツ側のお粗末な意思決定によって西側に新たな強敵を生み出したのである。ドイツ海軍の**潜水艦**〔Uボート〕が大西洋上のアメリカ商船を続けざ

東部におけるドイツの領土拡張

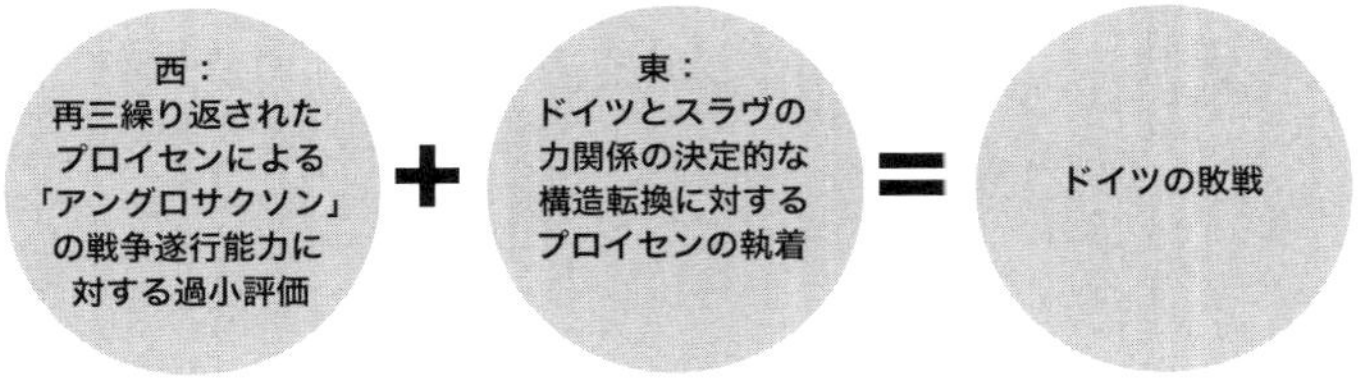
西：
再三繰り返された
プロイセンによる
「アングロサクソン」
の戦争遂行能力に
対する過小評価
＋
東：
ドイツとスラヴの
力関係の決定的な
構造転換に対する
プロイセンの執着
＝
ドイツの敗戦

まに狙ったことが、合衆国の世論を憤慨させた。そして、プロイセン外務大臣アルトゥール・ツィンマーマンの無能ぶりも後を引いた。彼はメキシコに反米同盟という無謀に近い申し出を持ちかけた。イギリスの諜報機関はそれを傍受し、嬉々としてワシントンに知らせた。アメリカは、多くの国民や政治家が避けたがっていた戦争に引きずり込まれた。

他方、東側ではドイツは調子よく見えた。ルーデンドルフはロシアに革命状態に突入することを期待して、レーニンが**封印列車**でドイツを通過し、ロシアに入るのを意図的に許可した。そして、それはうまくいった。一九一七年一〇月、レーニンの率いる**ボリシェヴィキ**が権力を掌握し、このロシアの新指導者はその支配力を強化するために和平を求めた。西方では新たな強大な敵が、東方には崩壊しつつある敵という状況が生まれた。賢明なドイツの指導者であれば、ロシアとすぐに妥当な取引を行い、五〇以上の軍団を西部戦線のため使えるようにしただろう。

しかし、ルーデンドルフにとってはロシアを打ち負かすだけでは十分ではなかった。一九一八年二月一三日、彼は、ボリシェヴィキの新体制を粉砕し、ロマノフ王朝をプロイセンの単なる配下として復活させるという、めまいがするほど壮大な新計画を発表した。すでにアメリカ軍の大部隊が西部戦線に到着しつつあったにもかかわらず、エルベ川の向こうで、太古のドイツ・スラヴ紛争における最終的な勝利という千年来の幻想を追い求め、五〇を超える部隊が再び東へ向けて突撃させられることとなった。
地図上では、それは巨大な勝利のように見え、ドイツ国民にはそのように喧伝《けんでん》された。しかし、それは何の意味も持たなかった。一九一八年八月八日、イギリス軍がフランスでドイツ軍の戦線を決定的に破ったとき、一〇〇万人の兵士はまだ東部という、広大だが無意味な征服地域に駐留していた。

アミアンの戦いについてのヒンデンブルク談　一九一八年八月八日

強力なイギリス軍の戦車攻撃は即座に成功を収めた……。以前よりもさらに速い戦車は、師団本部の参謀たちを驚かせ、戦線と連絡をとる電話線を寸断した……。前線では荒唐無稽な噂が広まり始めた。大量のイギリス騎兵隊がすでにドイツ歩兵の最前線のはるか後方にいるという。なかには、気力を失ったものもいた……。私は、八月八日の敗北の政治的な影響を確信していた。

以上のことが、戦争を敗北へと導いたプロイセン的な思考そのものだった。つまり、アングロサクソン的で民主的な戦争遂行能力を過小評価し、北東ヨーロッパの改造にとりつかれたのである。この思考こそが、ドイツに、西部戦線での敗北を決定づけた。

反乱した水兵たちが社会主義的な共和国を呼びかけた。1918年11月3日、キール

プロイセン＝ドイツの終焉

ヒンデンブルクが懸念していた政治的影響は実に深刻なものだった。イギリスの封鎖は、不作と作物収穫の人手不足とあいまって多くのドイツ人を餓死寸前にまで追い込んだ。

ベルリン教職員組合の学校管理委員会部門が発行した『飢餓』と題する報告書には、「道徳的感覚などたいていは、動物的な生存競争によって失われていた。肉体的苦痛、飢えと渇き、肉体的疲労と無気力が、ほとんどすべての感情を支配し、しばしば欲望と行動に影響を与えた」と書かれている。食料がますます不足するにつれて、ドイツの民間人は自らの食料を得るために、原始的な本能のままに行動するようになり、多くの場合、この困窮が彼らの生活全体を支配した。同報告書によれば、何百万人もの人々が、自分や家族が生き延びるために必要なものを手に入れようとするあまり、道徳や文化的規範、法律がしばしば露骨に無視されたという。そのため、法律を遵守するはずの市民が、自分たちを養うための果てしない探求のために、窃盗、詐欺、他の市民への暴行といった違法行為に手を染めることもしばしばであった。

デイヴィッド・A・ジャニッキ「第一次世界大戦中のイギリスの封鎖——窮乏という武器」

人々を支えた唯一のものが最終的な勝利への希望だった。一九一八年八月、ほとんどのドイツ国民はまだ純粋に自分たちが勝つと思っていた。一九一八年九月になっても、帝国政府は保証付きをうたった高金利の戦時国債を盲信的な国民に売ることで、歳出のほとんどを調達することができた。ドイツ国民は東エルベのユンカーを嫌っていたかもしれないが、厳しい検閲によって許可された情報しか知らなかったため、自国の軍は戦闘において無敵だと信じていた。[※1]

ドイツ軍の士気とルーデンドルフの神経の両方が限界を迎えたという事実が露呈したとき、雷鳴のような衝撃が走った。一九一八年九月二九日、突然、ルーデンドルフは皇帝に対し、「軍事的破局はもはや待ったなしの状況である」ため、新政府を樹立する必要があると告げた。

一九一八年一〇月三日、ヒンデンブルクは、茫然自失となった帝国議会の議員たちに対してこの承認を告げた。このとき、過去二年間ドイツを牛耳ってきた将軍たちは、意図的に、そしてタイミングよく民間人に政権を委ねた。これをルーデンドルフは「スープをお玉ですくう（つまり後始末をする）」タイミングだと評した。

プロイセン軍の不敗神話が消え去ったとき、暴力的な反乱や抵抗に国内が震撼した。最も有名なのは、一一月三日から四日にかけての、キールの水兵たちが、イギリス海軍との自殺的な最後の戦闘に向けた出港を拒否した事件である。

一一月一〇日、ヴィルヘルム二世はオランダに逃亡した。その前日、彼の最後の宰相を務めたマクシミリアン・フォン・バーデン公子は、適切な法的手続きなしに、戦争支持を表明していた多数派社会民主党党首のフリードリヒ・エーベルトに権限を委譲した。その日のうちに、国会議事堂のバルコニーから共和国の宣言がなされた。この数時間後には、同様の宣言がベルリン宮殿前の広場ルストガルテンでトラックの荷台から行われた。つまり、ロシア革命に感化された社会民主党左派、いわゆる**スパルタクス団**の指導者カール・リープクネヒトが対抗して**自由社会主義のドイツ共和国**を宣言したのである。

混乱の中で、ただ一つ確かなことがあった。一八七一年に創建されたプロイセンの帝国は、五〇年も経たないうちに、その歴史に幕を下ろしたのだ。

失敗する運命にある共和国

新首相エーベルトは、フーゴ・プロイスにドイツが国会に提出する新憲法を考案するよう命じた。プロイスは、すでに二〇年前に**ユンカー問題の最終的な解決**を求めていた人物である（一八四ページ参照）。彼の草案は国民議会にかけられることとなっていた。プロイスは意識的に西洋の憲法の伝統に目を向けた。アメリカのモデルに基づき、議会つまり帝国議会と大統領は相互に調整し、男女別の選挙で国全体から直接選出されることになっていた。プロイスはまた、彼の新しいドイツ内でプロイセンを解体することを画策した。一九一九年一月、憲法案に同意するための国民議会が選出された。ベルリンが市街戦で疲弊していた中、代わりに約二八〇キロ南にあるゲーテの都市ヴァイマルの国立劇場に議会が召集された。これが、この共和国の名の由来となった。

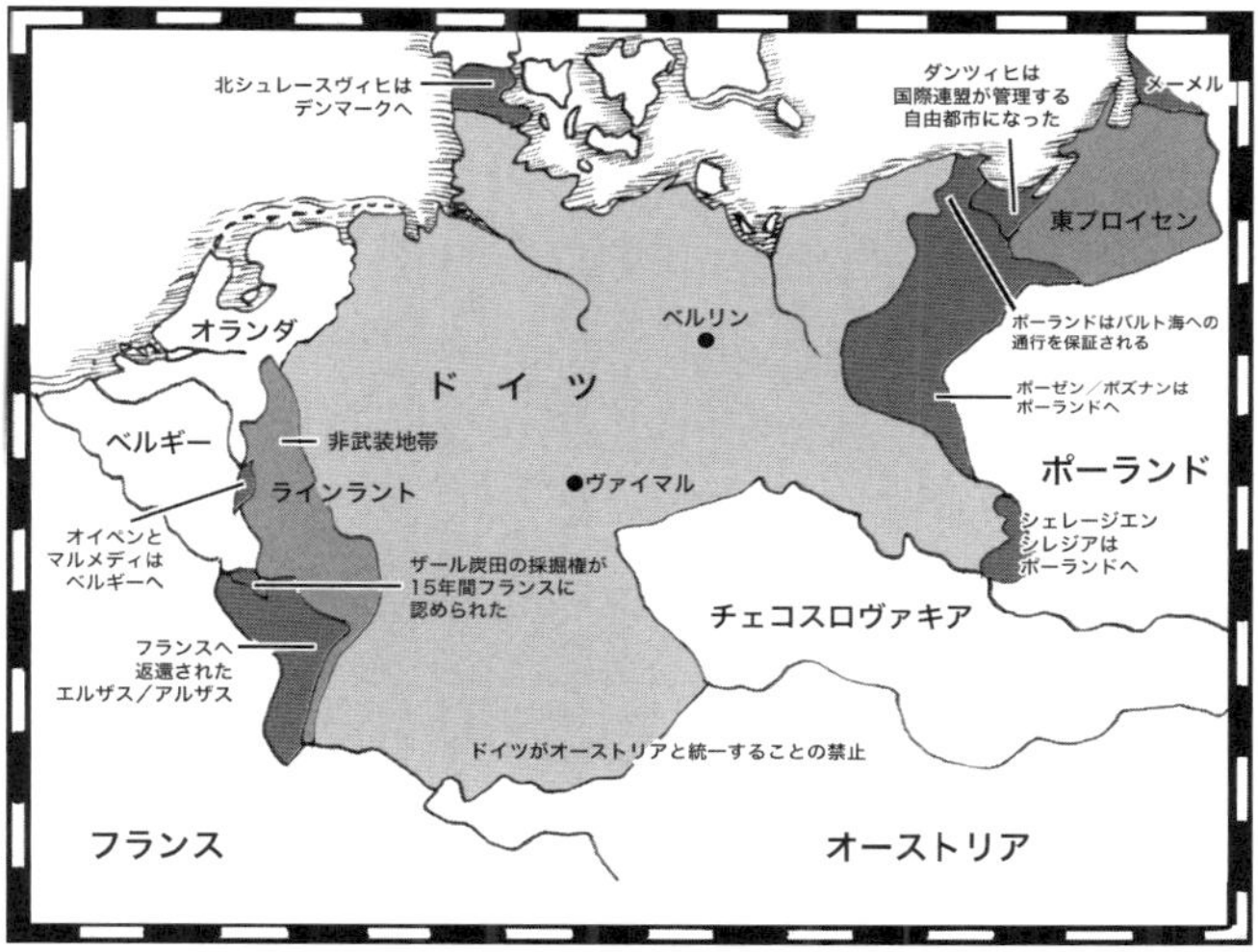

図35　1919年のヴェルサイユ条約以後のドイツ

プロイスは、敗戦国ドイツに講和が一方的に押しつけられる前に憲法草案の合意を得ようと必死に働いた。新たな体制が連合国によって強要されたかのような印象が生まれたなら、新たな体制は失敗するだろうと認識していたからである。迅速さが必要であったために、彼はプロイセン分割計画を停止させた。しかし、彼の努力もむなしく、審議が終わる前の一九一九年六月二八日、ドイツに**ヴェルサイユ条約**の調印が強制された。

ヴェルサイユ条約

この膨大で複雑な条約の要旨をまとめるならば、以下のことがドイツが受け入れるべき点である。

一、開戦責任を受け入れる。
二、連合国に巨額の賠償金を支払う。
三、ヨーロッパ以外のすべての植民地を放

棄する。

四、数々の領土をヨーロッパの隣国であるいくつかの国に引き渡す。

五、その軍隊の規模は、二度と他国にとっての脅威になりえない規模に制限される。

一九一九年八月一五日、エーベルトがプロイスの新憲法にようやく署名したとき、君主政支持者や軍国主義者たちにとって、以下のことを主張するのはいともたやすいことだった（そして彼らは実際にそうした）。民主政のヴァイマル共和国はこの条約の一面にすぎないという点。そして、西側列強が銃を突きつけてドイツに押しつけたものだという点である。プロイスがユダヤ人であったということから、プロイスと彼の仕事はさらに標的になりやすくなった。

プロイスは、（一八四八年のリベラル派と同じく）ドイツ内部でプロイセンを「西」化することを決意していた。しかし西部ドイツ人の中には、プロイセンは無益なものだと考えて完全な決別を望む者もいた。カトリック中央党のケルン市長コンラート・アデナウアーは、プロイセンによる占領終結を公然と要求した。

プロイセンはドイツを支配し、西部ドイツの人々に殿様顔をしてきたが、西のドイツ人全体の考えは基本的に協商国（連合国）の人々に共鳴している。もしプロイセンが分割され、ドイツの西部地域が連合国家、つまり**西ドイツ共和国**となれば、それによってドイツ支配が東の精神、つまり軍国主義に毒されたプロイセンによって支配されることは不可能になるだろう。

コンラート・アデナウアー、一九一九年二月一日

一九二三年一〇月、アデナウアーは西ドイツ人の共和国（彼はそう呼称した）に対して、フランスの支援を求めて高官レベルでのロビー活動を行った。一八〇四年に**野蛮人を追い出すためにライン川を渡るよう**ナポレオンを誘った大司教たちと同じように、アデナウアーは、西部ドイツがプロイセンよりもフランスとの共通点のほうが多いということを、決して疑わなかった。

追い詰められたプロイセン

プロイセンはすでに過去とは違った存在となっていた。今や、プロイセンは惨憺たる状況だった。ベルギーほどの広さの土地を蔑視していたポーランド人によって奪われた。さらに心理的な支えさえも失ったのである。

この国境地帯は、一五二五年以来、変わらぬ原理原則に基づいて治められてきた。プロイセンの支配者は絶対的であり、疑うことなくユンカーはその副官であり、自分たちの領地にいては事実上の主だった。そして領主は、まわりを囲むカトリックのポーランド人に対する領民の聖俗の守護者である教会の長でもあった。それらは今や過去のものとなったのである。今、誰が彼らを保護し導くというのだろうか？　それは、プロイセンの大部分をポーランドに譲渡した南西ドイツのカトリック教徒の

ドイツ国家人民党（DNVP）の党大会（1924年12月）

ドイツ国家人民党のポスター（1920年）

支援者で、同時に神を信じない社会主義者の指導者であるエーベルト大統領〔第一次世界大戦後ドイツの初代大統領〕だろうか？

ユンカーの終焉がやってきたかのようだった。プロイセン王国は何世代にもわたって国家と軍隊のすべての最高ポストを彼らに保証してきた。それが消滅したのだ。プロイセン議会を支配することを可能にしてきた三級選挙制度も廃止された。今では、彼らの票は彼らの領地の農民票ほどもなく、彼らの肩書きはもはや公的には無意味で、そして彼らのポストは消え失せた。ユンカーの中には、戦前はうるさいゴミだと軽蔑していた反ユダヤ主義の扇動者たちと協働しようとした人たちもいた。他方では、ただただ戦争を戦い続けたのである。

東エルベでは、戦争はまだ終わっていなかった。この地の時計は別の時間を刻んでいた。戦闘はヴェルサイユ条約の調印交渉中も調印された後も続いた。フライコーア〔義勇軍〕がポーゼン〔ポズナン〕およびシュレージエン〔シ

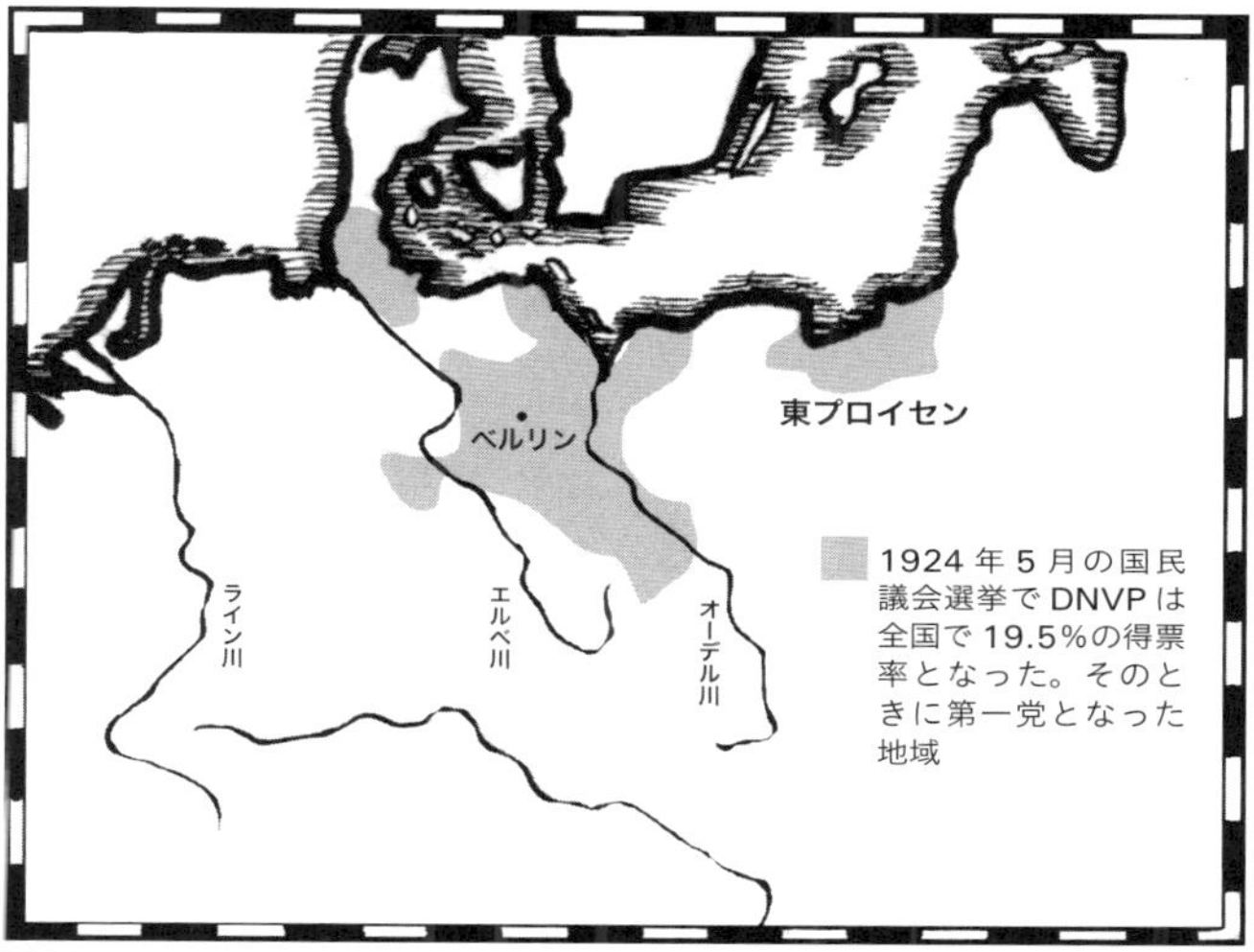

図 36

レジア」をめぐってポーランドと戦い続けた。さらに彼らはバルト地域の一部を征服しようとした。一九一九年五月に、彼らの指導者の一人ハンス・フォン・マントイフェル＝スツェーゲがリガ攻撃中に倒れたとき、彼の葬儀は意図的にドイツ騎士団を思い起こさせるものだった。そして、新しく結成された**ドイツ国家人民党**（DNVP）のプロパガンダもそれを踏襲していた。

DNVPは、かつてユンカーが率いた保守党や軍の資金提供を受けた**祖国党**の元党員、汎ドイツ主義者、そして反ユダヤ主義者などを包含する政治団体として一九一九年に設立された。ユダヤ人の入党は禁じられていた。この党員は君主主義者で、東エルベに出自を有し、その大半がプロテスタントだった。

同党が敵とみなした政治家は、ユダヤ人そして（または）カトリックの利害代弁者で裏切り者だとして、公の場で弾劾された。その中の二人、マティアス・エンツェンスベルガー[14]とヴァルター・ラーテナウ[15]は暗殺された。一九二四年までに、DNVPは国民議会で二番目に大きな政党になった。しかし、全投票のほぼ五分の一を獲得できたにすぎず、その大半は圧倒的に東エルベのプロイセンからのものだった［図36］。

一八七一年に生み出されたドイツ国家像が存続するかぎり、東エルベの単一文化的な特異性がドイツ全体に影響を与え続けた。第二次世界大戦後、西部ドイツの分割に失敗したアデナウアーが、エルベ川を東に通過するたびに、「またアジアに来たか」と言いながら列車のコンパートメントのカーテンを閉めたと言われているのも不思議ではない[16]。

プロイセンとロシア、秘密の兄弟関係

ヴェルサイユ条約により、ドイツ陸軍は平時一〇万人に規模を制限されたが、その軍人任用は依然として（そしてこれが決定的なことなのだが）同じ組織が行っていた。

ハンス・フォン・ゼークト将軍[17]に指揮は任された。この生粋のユンカー（父親は、旧ドイツ領ポーゼン地域で司令官の任に就いていた）は、残された一〇〇〇人弱の将校ポストの適任者を確保するよう努めた。関係者なら周知のことだが、例えば、当たり障りのない現代的な響きを持つ**第九歩兵連隊**は、自らをエリート部隊だったプロイセン近衛隊の後継者であるとみなしていた。

ヴェルサイユ条約の意図せざる結果として、一九一九年以降のドイツ軍、つまりドイツ国防軍は、

一九一四年以前よりもさらにプロイセン・ユンカー的な軍となった。この国軍〔ライヒスヴェーア〕には、旧軍名を保持したままで高位勲章をつけた青年将校が数多く所属することとなった。しかし、彼らは軍隊が著しく大きくならないかぎりは昇進も見込めない状況だった。そして、自分たちの愛するプロイセンが共和国化され、そしてかつての臣下ポーランドに領土が割譲されるのを目の当たりにせねばならなかったのである。第一次世界大戦の硝煙弾雨はほとんど止んでいたが、彼らのリーダーであるゼークトはこの状況がすべて正される日まで、日々、任務に専心した。

ゼークトは、かつてのプロイセン・ロシアの枢軸を復活させることに活路を見出していた。君主主義者のユンカー将校が、ロシアのボリシェヴィキとさまざまな点で合意できる見込みは非常に薄いように思えるだろう。しかし内実は、彼らは表面上のイデオロギー的差異の奥底に、深い精神的親近性を共有していた。つまり、その共通性とは、民主政の西側諸国とそれが生み出す退廃性への嫌悪である。他にも彼らは、むき出しの暴力への傾倒、軍事化された国家権力に対するカルト的な崇拝、そして何よりも重要なことに新生ポーランドに対する嫌悪感を共有していた。

一九二〇年四月には、レーニンが派遣したベルリン駐在外交官の一人は、ポーランドに対する共同戦争のために**ドイツ軍と赤軍との協働**可能性を示唆していた。ゼークトは感激した。ロシアは君主政であろうとソヴィエト共和政であろうと依然としてロシアであり、ロシアとプロイセンは一七七二年〔第一次ポーランド分割〕以降そうであったように、反ポーランド同盟によって互いの違いを埋められる。そのように考えていた。

西に対抗する同盟：1931 年、独ソ共同演習中の初期ドイツ製戦車（モスクワの東 300 キロにあるカザン〔ヴォルガ川に面した都市〕のカーマ秘密訓練場にて）。多くのドイツ軍将校は、赤軍の規律と士気、そして新ソヴィエト国家における赤軍の中心的地位に感銘を受けた。1920 年代半ば以降、ドイツ軍の指導者たちは、軍と民間の融合、ひいては全体主義的な軍事国家を志向する軍国主義的な新しい社会観念を発展させ、広めていった（エーベルハルト・コルプ）

ポーランドの存在は耐え難いものであり、ドイツの生存条件とは相容れない。ポーランドは消滅しなければならない。内部の脆弱性によって、そして我々の助けを借りたロシアによって消滅することになるだろう。ロシアにとって、ポーランドは我々よりもさらに我慢ならないもので、ロシアは決してポーランドを容認することはできない……。この目的達成は、ドイツの政策の最重要方針の一つでなければならない。ドイツにはこれの達成が可能であるものの、それはロシアを通じてか、あるいはロシアの援助があった場合に限られる。

ハンス・フォン・ゼークト『回想録』一九二二年

レーニン自身も、第一次世界大戦後に急進化したユンカーが新種の輩であることに気づいて

「鉄兜には鉤十字、腕章は黒・白・赤、エアハルト旅団の名は祖国に鳴り響く、エアハルト旅団は対峙するあらゆる敵を粉砕する、悲しいかな、悲しいかな、労働者のくずよ」。この歌は後にエアハルトの多くの隊員と同様にナチスに引き継がれた。彼らは単に「エアハルト旅団」という言葉を「ヒトラー突撃隊」に変えただけだった

いた。彼はこれらのユンカーを**反動的革命家の奇妙な様態**と呼び、喜んで彼らと取引した。一九二二年のラパッロでは、ヴァイマル共和国ドイツとソヴィエト・ロシアが賠償に関して公的に合意した。しかし、当時は世界には知られていなかったが、ドイツ国軍と赤軍は、ある取り決めも同時に交わしていた。それは、ゼークトの軍隊に対して、西側の目を逃れるほど遠隔地のロシア奥地にあるさまざまな軍事演習場の使用許可の取り決めである。これらの秘密施設では、両軍は最新兵器、特にヴェルサイユ条約によってドイツに禁止されていた戦車を用いた演習を実施できた。

極右と同じく、極左も西を向こうとしている共和国にモスクワと結託して敵対した。飢餓と失業が猛威を振るい、いたるところに復員兵士がおり、ドイツの共産主義者は一九一九年一月の**スパルタクス団蜂起**や**レーニンのクーデター**成功を模倣しようとした。

新政府にはまだ信頼できる独自の軍隊がなかったので、プロイセン将校に率いられた義勇軍（フライコーア）に頼らざるをえなかった。彼らは赤色の暴徒たちを鎮圧したが、その後の一九二〇年三月のいわゆるカップ一揆で政権を掌握しようとした（最近の研究によると、やや記録的には怪しい。元官僚からジャーナリストに転向したヴォルフガング・カップは、実際には元将軍ルーデンドルフの操り人形にすぎなかったという）。その一揆に参加していた団体の一つがエアハルト旅団であり、すでにシュタールヘルム（鉄兜）にハーケンクロイツ（鉤

十字」をつけていたのである。

カップ一揆は当局者の命令拒否とゼネラルストライキ（全国ストライキ）によって失敗した。しかし、この非武装で民主的なデモは、共産主義者によって今度はルール地方の工業中心地での左派の武装蜂起に変えられた。政府は義勇軍をさらに投入することで鎮圧した。

いわゆる**ヴァイマル連合**（基本的には社会民主党とカトリック中央党を意味する）の穏健派は、このようにして最初から極左と極右の勢力との狭間に不可避に置かれたのである。そして極左と極右は、新たな民主政を物理的な暴力で打倒することを望んでいた。

この共和国は、信頼が置けて、全体を代表するような穏健な市民（ビュルガー）のグループを切実に必要としていた。不幸なことに、まさにそのグループは新たな悪夢に見舞われていくのである。

貨幣の死

一九二一年から一九二三年にかけて、異例の規模でのハイパーインフレが発生し、何百万もの人々の貯蓄が消え去った。主たる原因は、帝政ドイツが戦争資金として使った公債だった。つまるところ、政府は非現実的な金利で国民から借金をしていたのだ。計画では征服地の人々からの略奪で返済することとしていたが、今となっては返済はもはや不可能となっていた。

そのため、新生ヴァイマル共和国はその誕生時に、二〇一三年のギリシャの負債（GDPの約一七五％）にほぼ相当する国家債務を背負っていた。だが二一世紀とは異なり、このときは共和国を救ってくれる者はいなかった。連合国は新しいドイツを望んではいたが、過去に引き起こした戦争の代償を支払う立場にあるとも主張した。相続した巨額の負債のほかに、共和国は戦勝国への巨額の賠償金を抱え、それを信頼性の高い通貨〔ハード・カレンシー〕で決済しなければならなかった。

ドイツは政治的にあまりに脆弱だったので大規模な増税は選択肢にならず、国民的愛国心に訴えかけることもできなかった。そこで政府は、自国民への借金返済と外貨の買い占めを目的として通貨であるライヒスマルクの紙幣〔パピーアマルク〕を無分別に印刷し始めた。彼らが印刷すればするほど、ライヒスマルクの購買力は低下し、より多くのお金を印刷しなければならず、マルクはさらに下落した……。

100兆マルク札

壊滅的なインフレがまずは外国為替市場を襲い、その後にドイツの街路にまで広がった。一九一四年、一ドルは四・二ライヒスマルクだったが、一九二一年一月の時点ですでに一九一・八〇ライヒスマルクになっていた。一九二三年一月、フランスが石炭での賠償金支払いを要求し、ドイツの生命線といえる工業地帯であるルール地方を占領したことは、通貨を危機に陥れる決定打となった。ベルリン政府はストライキが愛国的行為だと宣言し、ストライキ参加者への賃金支払いを約束して消極的な抵抗を激励した。これは、工業生産（したがって税金の徴収）が麻痺するのと同時に、さらに多くの紙幣の印刷を意味していた。一九二三年一一月に、一ドルは名目上、四兆二〇〇〇億ライヒスマルクに達した。

一九二四年に、土地を担保とした新通貨レンテンマルクによって状況は安定した。だがその時点までに、懸命に貯蓄し、政府を信頼していた何百万人もの中流層のドイツ人は、自分たちの人生の財産（表向きは絶対確実だと思われていた戦時国債を含む）が完全に消え去るのを目にしていた。これは市民社会の中枢に大打撃を与えた。ただし、農家、地主、または実業家にとって、その財産の基本的な価値は結局は影響を受けなかった。貯蓄のない日雇い労働者も大きくは変わらなかった。しかし、物的資産を持たないものの常に貯蓄に励み、国家を信じ、かつては裕福だった膨大な数のドイツ人、つまり公務員、医者、教師、会社員、商店主、大学教員などであったなら、新しい共和国から見捨てられたと感じることになっただろう。

時を同じくして、ミュンヒェンでは元伍長のアドルフ・ヒトラーが、左派に入った復員兵を反革命（右翼活動）に引きずり込むために軍からの仕事を当初は請け負っていたが、新たな体制に裏切られたと思っている人々の気持ちを代弁するという、特別な才能を自分が持っていることに気がついたのである。

革命政府の兵士によるパトロール（ミュンヒェン、1919年）

ナチスの興隆

南ドイツの都市ミュンヒェンはナチスとは切っても切れない関係にあるが、ヒトラー政権獲得直前の自由選挙〔一九三二年一一月〕では、ヒトラーの得票率は二五％にも満たなかった。だが第一次世界大戦後の一時、一連の特殊な状況が重なったことで、このバイエルン州都は極右主義者の巣窟となったのである。

一九一八年から一九一九年にかけての五か月間、ソヴィエト式の共和国〔レーテ共和国〕はミュンヒェンの中流階級の住民を恐怖に陥れた。当初は穏当だったが、共産主義の**労兵評議会**〔労兵レーテ〕によって過激化した。レーテ共和国はレーニンに直接支援を求め、右翼義勇軍の激しい攻撃への恐れから、スパイ容疑者を裁判なしで処刑していった。この暴力に満ちたバイエルンの都市において、以前からのプロイセンへの憎悪が、今や**赤いベルリン**〔ベルリンの共和国政府〕と呼ばれる左翼の首都に対する嫌悪へと変わった。一九二〇年から一九二四年までのミュンヒェン当局は、なかには完全独立を望む者もいたが、いずれにせよ、あらゆる場面で赤いベルリンを挫折させる決意を固めていた。たとえそれが、ミュンヒェンに逃げてきた政治殺人犯を匿うことを意味するとしても、である。

このような雰囲気の中で、ヒトラーは政治の舞台に登場した。揺籃期《ようらんき》のナチ党（国民社会主義ドイツ労働者党）は、一九二〇年頃にミュンヒェンに居場所を見つけ、同地に雨後の竹の子のごとく生まれた数十の極右グループの一つにすぎなかった。その政策、言語、党旗さえも、一九一四年以前の汎ドイツおよびナショナル・プロテスタントの焼き直しにすぎなかった。ヒトラーが瞬く間に事実上の指導者となったとき、市街戦のスタイルとレーニンに触発された新左翼の近代的政治手法を意図的にコピーしたことが、ナチ党を際立たせた。

ヒトラーとレーニン――暗いモダニズム

フォン・ゼークト率いるプロイセン・ユンカー軍団が敗戦によって急進化し、赤軍と多くの共通点を持ちえたのと同じく、ヒトラーの考えは伝統的なヨーロッパ保守主義よりもレーニンの思想により近かった。レーニンもヒトラーも、（本書ですでに見てきたようなヘーゲル、マルクス、ダーウィンといった）著名な一九世紀リベラル・イデオロギーの曲解版に魅了された。つまり闘争を経て完全な調和をもたらすという進歩の思想にとりつかれたのである。これは保守思想とは根本的に相反する考え方である。レーニン主義でも国民社会主義でも、一九一四年以前にあったこのイデオロギーのＤＮＡは、第一次世界大戦における機械化された殺戮によって変形され、強固になった。ヒトラーとレーニンは、第一次世界大戦

の将軍が個々人の運命を気にしなかったのと同じくらい、個に対して無関心だった。彼らは、**労働者**であれ**人種的ドイツ人**であれ、大衆という観点からのみ進歩を定義し、その進歩の障壁となりうる者は誰であっても、（文字通り）死刑に処することを嬉々として宣言した。二人が**フォーディズム**に魅了されたのは偶然ではない。これは機械化された近代への崇拝、つまり生産ラインによる新時代のハイテク教祖で、その発明者ヘンリー・フォード※2への崇拝だった。

だが同時に、ヒトラーは、自分が真に望むのは古き良き時代の再現だけだと人々を説得することに成功した。おそらく、ナチズムの中心にある虚飾を最もよく理解したいのであれば、建築を見ればよい。右上の写真は、一九二五年に建てられた有名な**バウハウスの校舎**である。これは近代への賛歌であり、急進的で左傾化した建築家によって建てられた。この無個性で工業的、つまり工場に似た建築を通じて人間の暮らしは向上すると主張した。

左上の写真は、その一〇年後のナチスの**ドイツ航空省の建築**である。バウハウスと同じ工業的な線と鉄とコンクリートといった近代的な素材

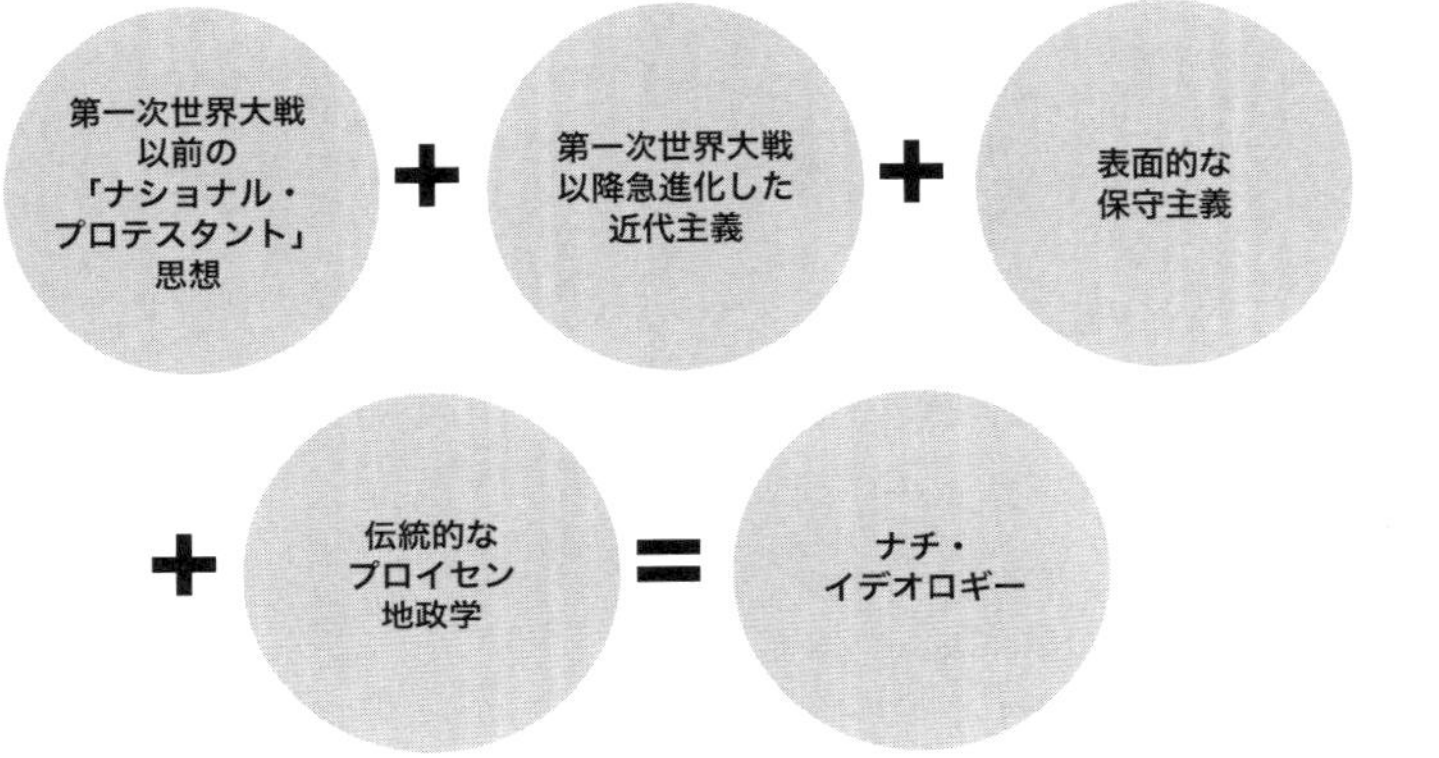

が用いられてはいるが、擬古典主義的な要素を醸し出す自然石で覆われている。

ヒトラーは、自分の過激なモダニズムを表面的な保守主義で覆い隠すことで、あらゆる人々にとって万有の存在でありえた。彼はドイツの過去の栄光を再生させたいだけだと主張したが、部下たちは共産主義者のように行動し、自分たちの行動を**運動**と称し、**反動主義者**に憤激して毒づき、走行中のトラックからビラをまき、そして路上で喧嘩を売った。

国民社会主義者たち〔ナチス〕は、エルンスト・レーム大尉の目に留まることとなった。顔に戦争傷のある陸軍将校レーム大尉はバイエルン軍の秘密武器庫の使用権を管理していたため、ミュンヒェンでは**機関銃王**の通り名を持っていた。彼はこの新しい小さな党〔ナチ党の前身ドイツ労働者党〕をとても気に入り、すぐさま入党し、その民兵組織の一翼である**突撃隊**〔SA〕の指導者となった。

レームは、プロイセンの旧エリート層との仲介者として特に重要な役割を果たし、このこともナチスの成功にとって不可欠

ランツベルク刑務所に収監されたヒトラー（左）

な要素だった。一九二三年から一九二四年にかけて、ヒトラーは、一九一七年から一九一八年にかけて、実質的にドイツのボスだったルーデンドルフ将軍に次ぐ右翼の第二の立場にあった。ルーデンドルフと親しかったことで、ヒトラーはかけがえのない尊敬と裕福なパトロンを得ることができた。ルーデンドルフへの接近は、彼自身の考え方を変え、それが後の運命を左右した。東方植民化によって獲得される**生存圏**〔生空間、レーベンスラウム〕というプロイセン主義の原初ともいえる計画が、このときにヒトラーのイデオロギーの中心の一つとなった。ただし、一九二〇年に発表された最初のナチ党綱領では、単に新しい入植地の要求という記述しかなかった。

　一九二三年一一月九日、ヒトラーとルーデンドルフはミュンヒェンで、クーデター未遂事件いわゆる**ビアホール一揆**〔ヒトラー蜂起〕を起こし、ベルリンにまで進軍しようとした。これはヒトラーのキャリアがここで終わりを迎えかねない大失敗となった。しかし、ベルリン憎しで右派国家主義者のバイエルンの判事は、武力による大反逆罪にふさわしい刑罰を与える代わりに、彼に五年間のみの**要塞禁錮 Festungshaft** を言い渡した。これは通常、法には抵触したが軍規には反していない将校に与えられる罰だった。この種の非・

有罪判決は、かつての伍長ヒトラーにとっては栄誉であり、まったくもって罰などではなかった。そして、一九二四年にはヒトラーは釈放されたのである。

それでも、その当時はこれが彼のキャリアの終焉かのように思われた。通貨改革によってハイパーインフレは克服されていた。二一世紀初頭のＥＵ救済措置を想起させるような**ドーズ・プラン**はアメリカからドイツに融資を提供したため、人々は新興の共和国に可能性を見出し始めていた。**ドイツ国家人民党**（ＤＮＶＰ）でさえもさしあたり連立政権に参加した。ヴァイマル期のベルリンはヨーロッパの知的・芸術的な原動力となった。この躍動する都市は、全世界から文化創造的な人々を引きつけたのである。

ヴァイマル文化——黄金の二〇年代

一八一九年以来初めて、ドイツはプロイセン絶対主義から解放された。ドイツはついに「西」の国となり、誰も強制的に徴兵されず、女性も選挙権を持ち、同性愛者の夜の生活は公然として繁栄のときを迎えた。そして、ユダヤの人々もついに大学や政界で高位ポストに就くことができるようになった。アメリカ文化は喜んで受け入れられ、ドイツはその文化を加工・変容させた。ベルトルト・ブレヒトとクルト・ヴァイルの『三文オペラ』と『マハゴニー市の興亡』は、ジャズ音楽と大衆的表現、そして新しい演劇形式を生み出した。造形芸術はポスターや街角の風景から着想を得ていた。アルフレート・デーブリーンの『ベルリン・アレクサンダー広場』（一九二九年）のような小説は、大都市の生活を賛美し、その高揚したリズムを再現し模倣しようとした。とりわけドイツ映画は、ハリウッドでさえ行ったことのないような、薄気味悪く、エロティックで、想像性豊かな領域に足を踏み入れた。西側諸国の軍事的・政治的勝利によってプロイセンから解放されたドイツは、ようやく再び時代の中心にあった。

現代ヨーロッパ政治の観点から回顧的に、あるいは冷静に見返せば、このような盛り上がりはベルリンの大都市エリート層に限られており、それ以外の人たちはむしろ反感を抱いていたに違いないと考えがちである。しかし、歴史はそうではないと語っている。

一九二八年の共和国議会では、新共和国との結びつきが最も強い中道左派の**社会民主党**（SPD）が一九一九年の共和国成立以降で最高の結果を収めて最大政党となった。アメリカ化とリベラルな考え方に対して田舎者が怒鳴り声をあげ冷笑的に抗議する政党であるナチ党は、二・八%というわずかな得票率しか得られなかった。

上から、
『メトロポリス』（1922年）ポスター、『吸血鬼ノスフェラトゥ』（1927年）、『嘆きの天使』（1930年）の場面

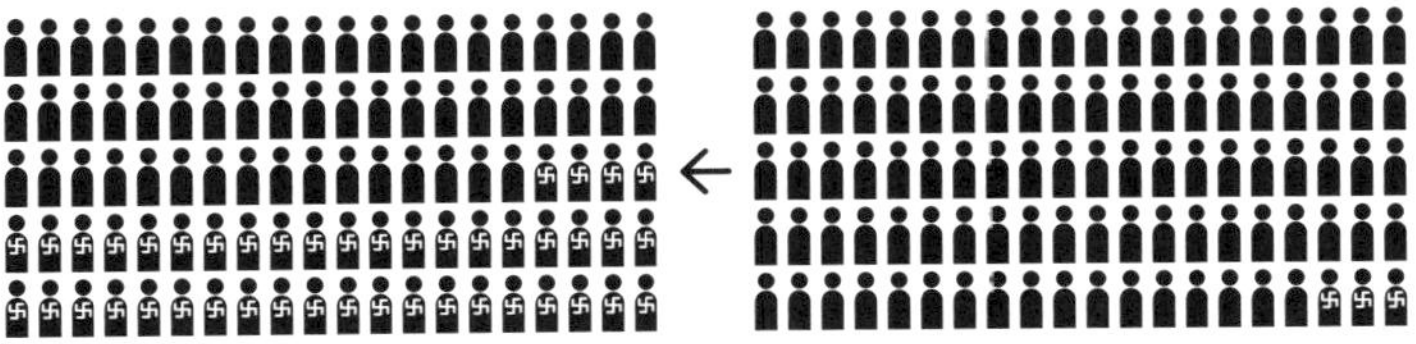

1933年　1928年

しかし、たった二年後、ナチ党は単一政党として最大議席を得て、一九三三年には政権を獲得した。問題はどうしてそのような大変化が起きたかである。

ナチ党の大躍進

周知のように、一九二九年の株価大暴落はアメリカ経済を停止させ、その結果、アメリカの対独クレジットの生命線を凍結した。一九三一年九月、失業者は一六〇〇万人に急増し、その後、一九三三年一月には六〇〇〇万人に達した。経済システムはもはやメルトダウン寸前だった。しかしながら、ヒトラーがこの状況から恩恵を受けることができたのは、すでにその時点で彼が国内で独自かつ魅力的なイメージを獲得していたからにほかならない。

彼を巨大にしたのは、**ドイツ国家人民党**〔DNVP〕だった。この政党は、誇り高き旧家や裕福な者から献金を募ることはできたが、あまりにプロイセン的、つまりプロテスタント的であったため、ドイツの他地域の右翼の有権者たちに対してもアピールできなかった。メディアの大御所であり、クルップ社の元取締役であったアルフレート・フーゲンベルクがこの党の新党首になった。彼は、実際のところナチ党はより少数かつ、より粗暴な、DNVPの一派で、草の根活動家を中心とした政党にすぎないと判断した。彼らは確かに悪党どもである。

1933年3月5日の国民議会選挙の投票用紙

しかし「我々の側〔味方〕」の悪党どもだった。この声高で現代的にふるまっているが、本質的には保守的な褐色シャツの男たちがドイツ全土で票集めをしようとし、そこに彼らがDNVPの社会的地位の高いシルクハットをかぶった人物、つまり東エルベ生まれの支配者たちを手助けしてくれるとしたら……。このような幻想は、二月初旬まで存在した。例えば、前首相フランツ・フォン・パーペンが、一九三三年一月四日に「我々はヒトラーを雇ったのだ」というよく知られた言葉で、同僚たちを説得した。

一九二九年には結ばれていたDNVPとナチスとの同盟関係は、ヒトラーにとって大きな贈り物であった。なぜなら、フーゲンベルクは、膨大な数の報道機関とほとんどすべての映画で上映されるニュース映画を支配していたからである。ヒトラーは、マスメディア時代におけるシンプルなイメージの力を理解していた。そして、どのニュース映画でも彼はその役割に徹した。シルクハットをかぶっているか、あるいはドイツ帝国軍の制服に身を包んだ老政治家たちはメディアに疎く、雑談めいて話をしたり手を振ったりしていた。これに対して、ヒトラーは大仰な身振りで、目に炎を灯した「新しい人間」としてカメラの前に立った。一九二九年にウォール・ストリートが崩壊したときには、ヒトラーはすでに国民的なメディア有名人となっていたが、重要なのは彼がユンカーやヴァイマル体制とは無縁の人物だったことである。

大暴落が起きた際、少なからぬドイツ人たちはカリスマ的な人物を待望していた。それは、あらゆる映画に映し出され、熱狂的で忠実な信奉者に支持されながらも、同時にどのような政府の業務とも関わっておらず、わかりやすい約束をしてくれる人物である。この切望は個人に対するものであり、ヒトラーの政党ではなかった。ナチ党は、一九二八年以来、議会選挙の投票用紙に、政党名だけではなく彼らの指導者の名前を冠したヒトラー運動 Hitlerbewegung という名称も有効とした唯一の政党となった。

だが、どの層のドイツ人たちがヒトラーと彼の運動に惹かれたのだろうか？　この答えは、すでに何度も言及してきたように、なおも国家を二分化している宗教と地理的な境界線にはっきりと見出すことができるのである。

ヒトラーに投票したのは誰か？

想像してほしい。あなたに、無作為に選ばれた一枚の写真が提示されたとする。この写真は、一九二八年のもので、とあるドイツ人有権者を無作為に撮影したものである。多額の報奨金がかけられているとして、あなたの任務は、この人物が一九三三年までにナチスに転向するかどうかを予想することだ。

この人物がナチ党に入らないと予想すれば、五〇％よりも高い率で正解することになる。なぜなら、一九三三年のナチ党の得票数は四三・九％だったからである。ただしあなたは、勝率を高めるために「イエス／ノー」の質問を一つだけすることができる。

それでは、あなたはどんな質問をするだろうか？　有権者の年齢、階級、性別、学歴、職業などを絞り込んでみようとするだろうか？

ここで、ドイツで最も著名な近代選挙の政治史学者にご登場願おう。彼によれば、無数の表と統計を分析した結果、ただ一つの質問だけが実際に役に立つという結論となる。その答えは、あまりにも簡潔で、彼自身も驚いたという。

たった一つの問う価値のある質問　（ユルゲン・W・ファルター）

ヴァイマル期ドイツにおけるナチ党の得票率の説明変数は、地方のプロテスタント比率であることは明らかである。……ヒトラーの牙城は明らかにルター派の田舎にあった。しかし、相対的に最も大きく影響を与えた要因は、ほとんど常に各地のカトリック有権者の比率で決定される選挙区の信徒構成である。……宗派的影響は、それ自体が驚くほど強固で、比較的不変だということは明確で、ドイツ全土の都市や地域社会における選挙結果に関して、階級の諸指標よりも著しく大きな影響を持っていたようだ。

ユルゲン・W・ファルター『一九三二／三三年の諸選挙と全体主義政党の躍進』

ドイツ最大のニュース雑誌はこれを、以下のように要約している。

一九三二年七月の時点でナチ党に投票した者のうち、カトリック教徒が大多数を占める地域の出身者はわずか一七％であった。

『シュピーゲル』二〇〇八年一月二九日

まさに問うべきポイントは、これだ。つまり、一九二八年のドイツ有権者から無作為に選ばれた人物が、数年以内にヒトラーに投票するかどうかを予想しようと試みるならば、彼らが金持ちか貧乏人か、都市在住か地方在住か、教養が有るか無いか、男性か女性かなどという質問は、どれも目的の回答を得るには不十分だということになる。投げかけるべきただ一つの問いは、その人物がカトリックかプロテスタントかという点である。

だからこそ、一八七一年の「ドイツ統一」というプロイセン神話に迫ってみる必要がある。なぜなら、ドイツでは今日に至るまで、カトリックとプロテスタントとが均等に分布していた（あるいは分布している）わけではないからだ。ドイツにおいて、所属する宗派は単なる個人的な志向もしくは神学的な信念の問題ではないのだ。その人が、歴史的に見た場合、ドイツ内部のどの地からやってきたのかの証である。したがって、ナチスの成功（しかし同時に失敗も）を突き止めるために、ただ一つ有効な手段は地図の分析なのである。

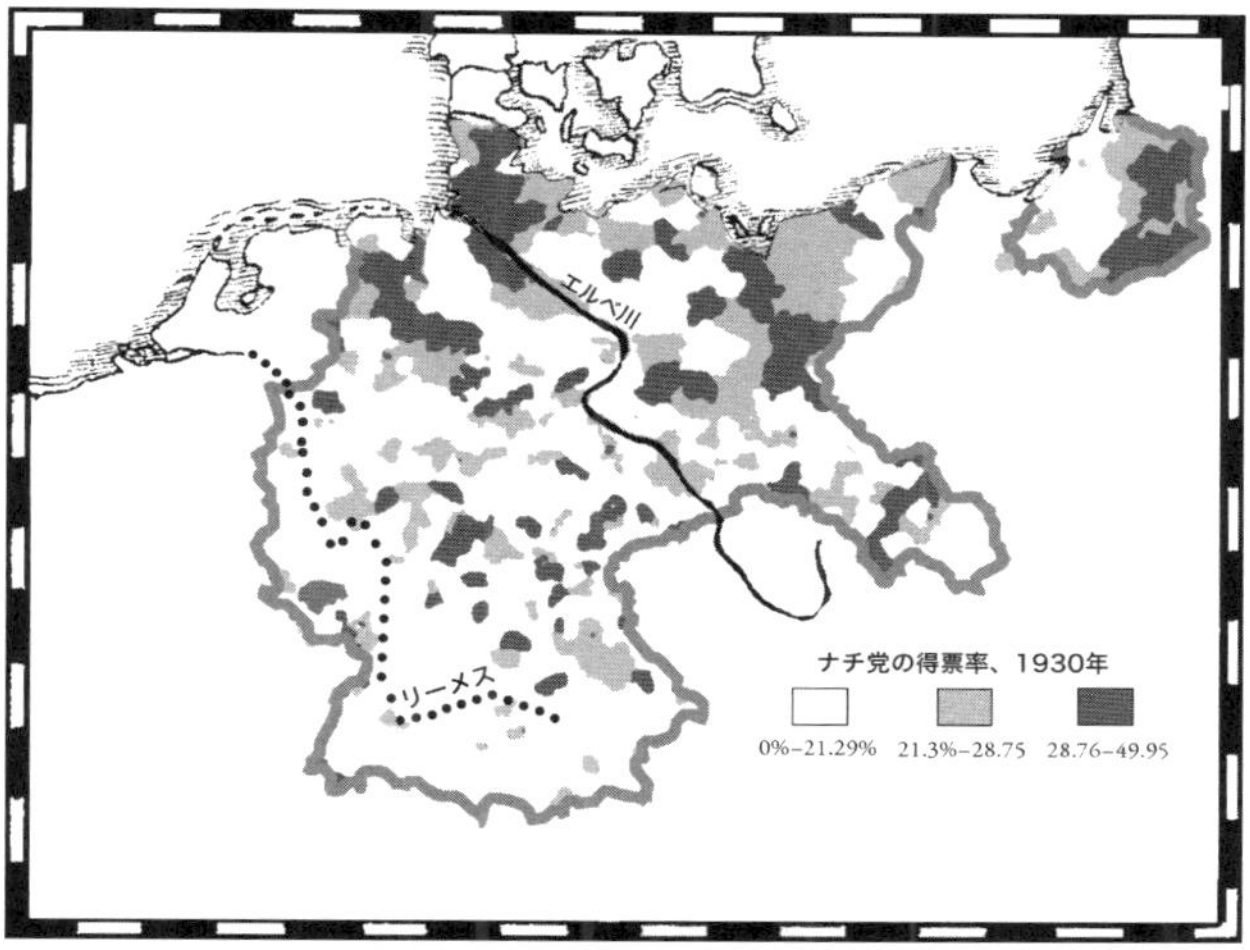

図37　ジュン・オローリン『ヴァイマル共和国の選挙地図』より

ここで、一九三〇年のナチ党の得票率を見てみよう。二・八％だった同党は、突如として全国で一八・三％まで急上昇してドイツの第二党となり、センセーションを巻き起こした。しかしながら、この急成長は正確には**どこ**で起こったのだろうか？〔図37〕

地図の上に、ローマの**リーメス**〔境界〕の線と、エルベ川の線を置く。西暦一〇〇年時点での旧ローマ帝国領域において、ナチ党が支持率二〇％を達成した場所はほとんど存在せず、その地域全体を考えれば平均で一五％にすら満たない。ゆえに、バイエルンがナチスの本拠地だとする考えは思い込みにすぎないことがわかる。これを、西暦九四〇年時点のオットー大帝の帝国境界〔つまりエルベ川〕まで広げると、社会地理学者たちが**中部ドイツ**（Mitteldeutschland）と呼ぶ地域が含まれる。その中には、ナチスが本格的に地盤を固めた場所も

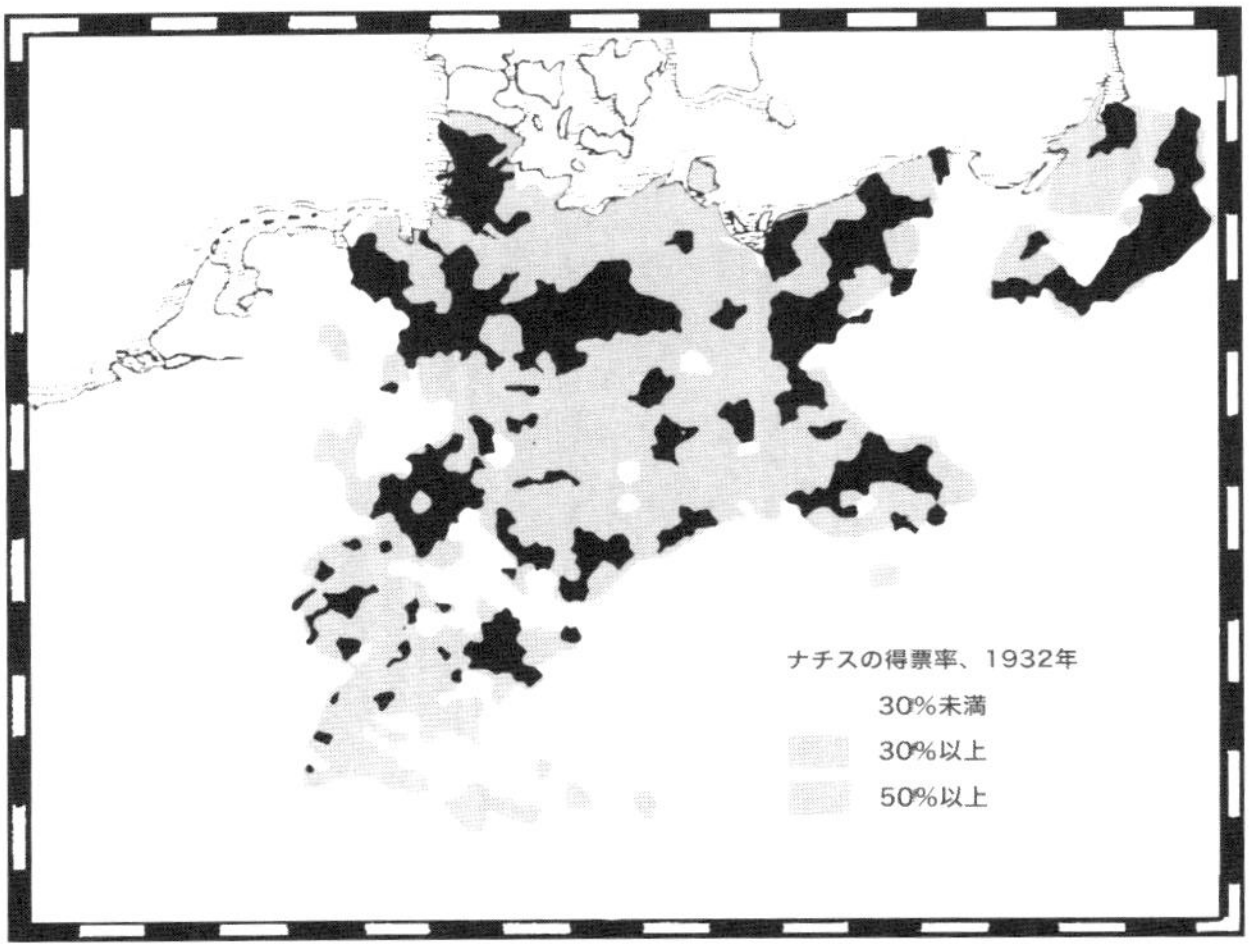

図 38　ドイツ連邦政治教育センターによる 2012 年 5 月 24 日の報告「1928 年から 1933 年にかけて、NSDAP〔ナチ党〕は地方のプロテスタント地域で顕著に勢力を伸ばした」より

いくつか見つかるが、ほんのわずかな票しか得られなかった地域も多い。そして、東エルベには、一九三〇年にすでにナチ党への投票率が三〇%を超えている、地盤がしっかりした選挙区があった。全国レベルでのナチ党の大躍進は、圧倒的に東エルベの投票者たちによるものであった。

　これは、二年後の一九三二年七月、ナチ党が完全な自由選挙で最大得票数を記録し、たやすく国会における最大の単独政党（ただし、全体の過半数ではない）になった際も同様であった。

　一九三二年七月、東エルベのほぼ全域で、四〇%以上がヒトラーに投票し、その多くの地域が五〇%以上の得票率となった［図38］。カトリック住民の地図との比較は、その対比の鮮明さにおいて目を見張るものがある［図39］。ほぼ正確に反転した像になっているのだ。

　そして一九三三年、最後にして未来の破局を決

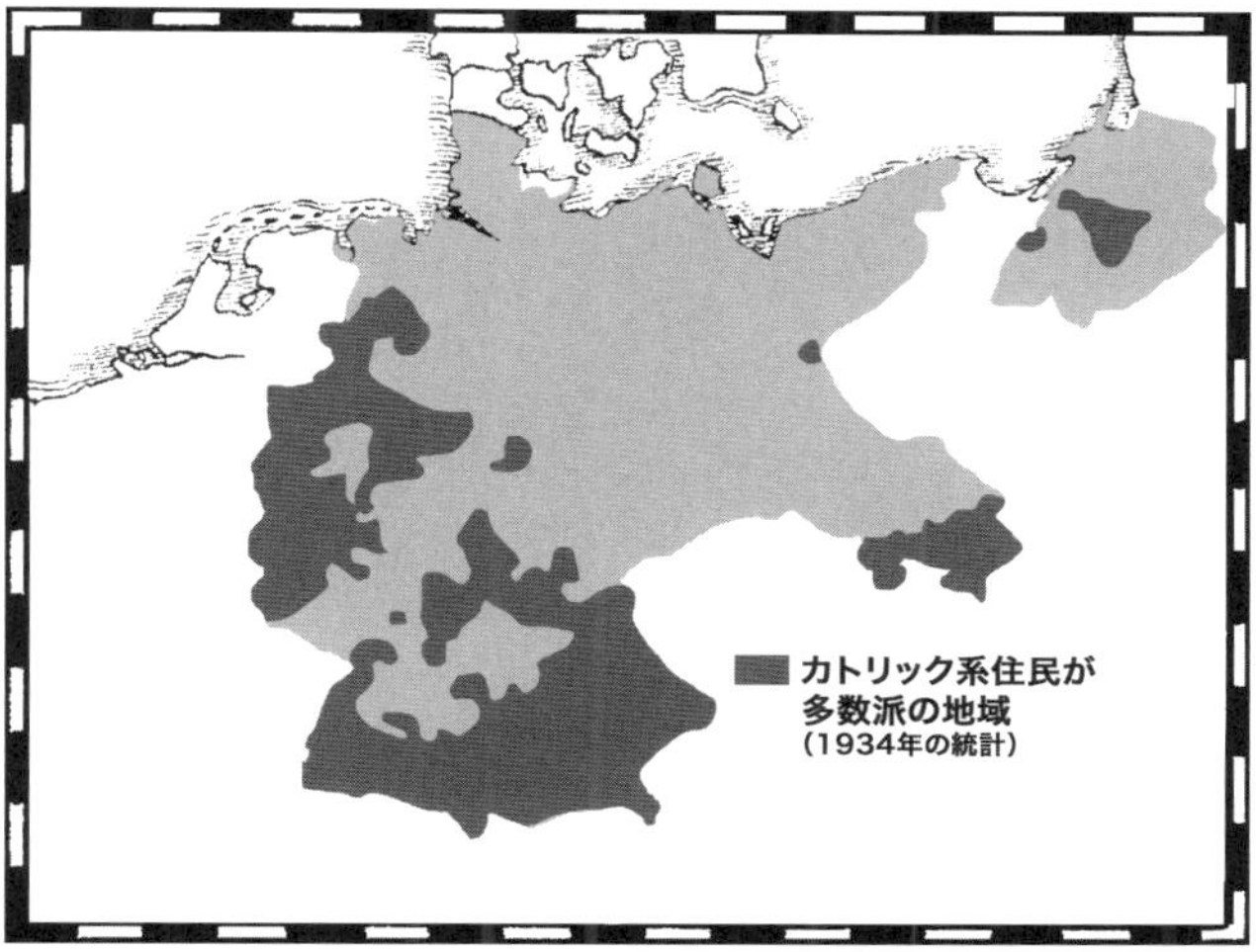

図 39

ナチ党の選挙ポスター、1933 年

定づけた選挙が行われた。すでにヒトラーは、権力を手にしていた。彼は、フォン・ヒンデンブルク大統領の東プロイセンにある屋敷での密談の結果、一九三三年一月三〇日に首相に就任した。ヒトラーは名目上、彼をコントロールできると約束したフォン・パーペン副首相の率いるDNVPとの連立を組んでいた。突撃隊の暴漢たち（今や、そのうちの五万人が国家公務員である補助警察であった）が、左派や自由主義者たちの通常の選挙活動をほとんど妨害する中で、ナチのプロパガンダは、政府機構全体に支えられながら、中間層の中で大きな支持を得た。

そこでの新たな主題は、ヒトラーが尊敬できる対象かどうかという問題だった。何しろ、老いた、絶大的人気を誇る軍人であるヒンデンブルクが、ドイツの窮地に際して彼を頼ったのだ！ この選挙キャンペーンの最高潮を迎えていた二月二七日、オランダの共産主義者、マリヌス・ファン・デア・ルッベが国会議事堂に放火した。ファン・デア・ルッベがオランダの共産主義者たちによって指示されていたのか、精神疾患の病歴を持つ急進的な一匹狼なのか、それともナチの陰謀の身代わりであるのかどうかについては、歴史家の間で現在も議論が続いている。けれども、この火災はヒトラーにとって大きな後押しとなった。

こうして、一九三三年三月五日の投票日を迎えることになる。有権者にとって、国民社会主義者たちは過去の伝統的右翼の困難な使命を継承する者たちであり、共産主義者による権力奪取を防ぐためにより強硬でなければならないという、ヒトラーの主張をうのみにするのに、これほど魅力的なときはなかっただろう。これまでのヴァイマル期に行われた国会選挙では、たいてい駆け引きや連立交渉が行われたが、一九三三年三月五日はどちらかというと国民投票もしくは大統領選挙のようなものだった。というのも、今回は、誰もが事前に、正確に、自分の投票が何を意味するのかを理解していたからだ。ナチ党かＤＮＶＰ（「闘争戦線　黒・白・赤」と名を変えていた）のどちらかに票を入れれば、「はい、私はヒトラーに政権を維持してほしいです」ということを意味した。それ以外に投票すれば、「いいえ、私はヒトラーを認めません」という意思表示となった。

この段階においても、西暦一〇〇年のローマ時代の**リーメス**内の多くの地域では、ヒトラーは支持

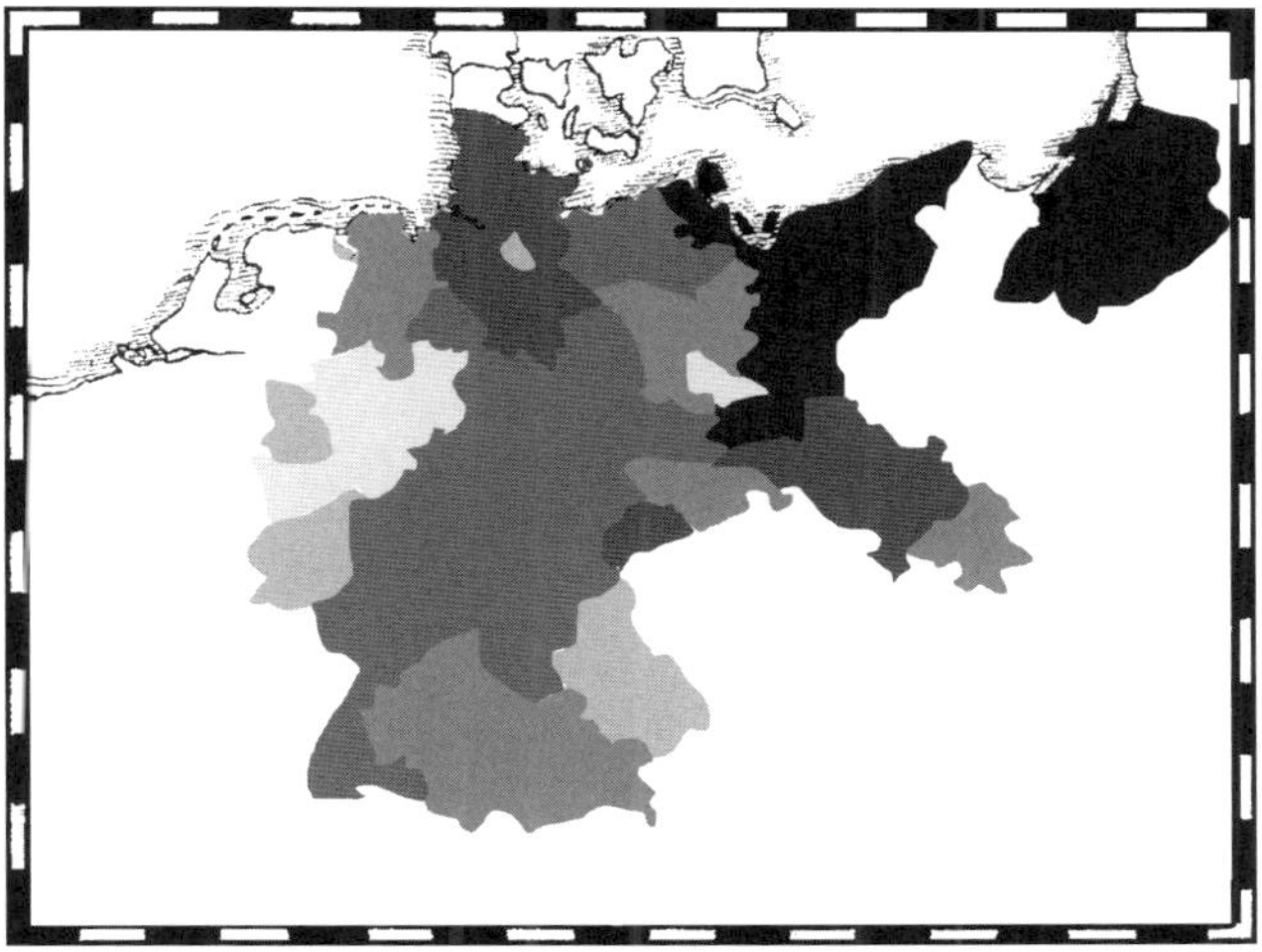

図40　ナチ党の選挙区ごとの得票率、1933年（色が濃くなるにしたがい高くなる）

率三五％を突破できていない。ここでの平均は、全体として四〇％をはるかに下回っている。国家機構全体が彼を支援しても、ヒンデンブルクの祝福があっても、国会議事堂炎上後の大規模な恐怖キャンペーンがあっても、彼をできるだけ普通に見せるように調整されたキャンペーンがあっても、ヒトラーはドイツの西部と南部で十分な支配を確立することはできなかったのである。事実、西暦九四〇年のオットー大帝の帝国領域内でヒトラーが過半数を占める選挙区は二つ（オスト＝ハノーファーとケムニッツ＝ツヴィッカウ）だけで、いずれもエルベ川西岸間近の地域だった［図40］。

この川は、依然としてドイツ史の巨大な断層だった。一〇〇〇年前からそうだったように、川より東では社会状況が異なる。ヒトラーは、ベルリン（常に、東エルベ内の政治的な孤島だった）を例外として、この地全体での飛躍に成功したのである。ドイツ全土において、ナチスが五五％以上の得票率を獲得した三つの選挙区はすべて、この東エルベの地である。ヒトラーは西側では明らかに過半数を獲得できていなかったが、この大量の東エルベの票が彼を全国得票率四三・九％にまで押し上げたのである。

ヒトラーはなおも、ユンカー政党である**黒・白・赤闘争同盟**〔旧DNVP〕を必要としていた。同党は七・九％の得票率だった。これも東エルベ票が不釣り合いなほどに多い。同党とナチ党の票数を合わせると、ベルリン以外の東エルベではおよそ六〇％がヒトラー連合を支持したことになる。この突出した地域のおかげで、ナチ党と元DNVPとの連立は、国会において五一・九％、つまりかろうじて過半数を達成したのである。

すぐさま、ヒトラーは**全権委任法 Ermächtigungsgesetz** を成立させた。これはヴァイマル憲法に規定されているもので、危機的状況において首相が議会なしでの立法を可能にする法である。ヒトラーには、合法性の装いを保つために三分の二の超過半数が必要だった。一九三三年三月二三日、ナチスの軍服を着たチンピラたちが野次を飛ばす中、野党議員たちが国会議事堂に入場した。共産党員たちは、ブルジョワ政治よりも悪い事態が訪れていると認識していたがもはや手遅れだった。なぜなら、すでに彼らは全員捕縛されているか逃亡している最中だったからだ。社会民主党は勇敢にも反対票を投じた。中央党は悩んだあげく、五一・九％のヒトラー支持の国民意志に反対票を投ずれば、ドイツのカトリック教徒は再び民意に対する裏切り者とみなされ、新たな**文化闘争**に苦しむことになるとして苦渋の選択をする。結果、ヒトラーは超多数を獲得してドイツの民主主義は終焉を迎えた。

いったい誰がドイツ民主主義の息の根を止めたのだろうか？　もし、一九二八年から一九三三年にかけて、ドイツ全土が、ラインラントやシュヴァーベン、バイエルンのような投票行動をしていたら、ヒトラーは独裁者どころか首相にすらなれなかっただろう。一九三〇年、東エルベの投票により、彼は大躍進し、一九三三年に首相となった。東エルベがなければ総統は存在しなかった。これは明白だ。

一八一四年にイギリスがプロイセンにラインラントを譲渡して以来、ドイツ全土はゆっくりと東エルベの計画に引きずり込まれて歪んでいった。打ち負かされて切断されながらもまだ死んでいなかった東エルベ地域は、一九三三年、ついにドイツ全土を奈落の底に引きずり込んだのだ。

控えめな総統

当初、ヒトラーは普通の指導者、つまり「プロイセン的な伝統」の枠組み内で「普通の」指導者としてふるまうことに細心の注意を払っていた（二三〇ページの図版を参照）。

大きな危機は、今やヒトラーの身内の急進派からもたらされた。彼の旧友であり、党の民兵組織つまり数百万の勢力を有する**突撃隊**〔SA〕の指導者エルンスト・レームは、ドイツ社会における真のナチ革命を望んでいた。それも即時の革命を。特に一九二〇年当初のナチ党綱領の第二二条に書かれているように、エリート主義的かつ保守的な軍隊を吸収し、「国民軍 Volksheer」の創設を企図していた。

軍部は憤慨した。軍指導者でユンカーであり国防大臣のヴェルナー・フォン・ブロンベルク将軍は、党員ではなかったがナチスに全面的に賛同していた。一九三四年二月、彼は（全員がキリスト教徒だったが）

プロイセン的伝統を象徴するポストカード。「フリードリヒ大王が征服し、ビスマルク公が形作り、ヒンデンブルク将軍が守り、そして兵士ヒトラーが救い、統一した」（1933年）

ユダヤ人の祖先を持つ、ごく少数の国防軍将校を直々に解雇した。しかしながら彼は、ユンカーの軍隊が**突撃隊**〔ＳＡ〕の暴漢どもに属することは我慢ならなかったのである。

　ヒトラーは両陣営に願い出て譲歩するように促そうとした。だが、どちらも譲らなかった。ついに、御年八七歳でみるみると衰弱していくものの、まだ憲法上首相解任の権限を持っていたドイツ国大統領ヒンデンブルクから、ヒトラーは事態を収束させるよう直接の命令を受けた。一九三四年四月九日、真新しいドイッチュラント級軍艦の上で、ヒトラーはブロンベルクとの取り決めを行った。ヒンデンブルクの死後、将軍たちがヒトラーをドイツの唯一の指導者として支持することを約束するならば、ＳＡを抑え、大幅に軍を拡張すると。この約束を果たすために、レームと一五〇から二〇〇人の突撃隊の指導者たちが、一九三四年六月三〇日から七月二日にかけての**長いナイフの夜**と呼ばれる事件で殺害された。

ヒンデンブルク大統領は、公衆の面前で彼の下で働く首相を祝福した。ヒトラーはこの危機の間、自身が完全に軍部の手にゆだねられていたことを理解しており、急ぎ公の場で彼らに感謝の意を述べた。ヒトラーは、軍が「国家唯一の武装者」だと宣言した。さらに、兵士たち個々人は「我々に合流せずともよい」とまで言ってのけたのである。これはつまり、公式に（多くの兵士がそうであったように）ナチ党に入党していなくても、軍隊で出世することができるということを意味した。大きな譲歩だった。つまり、これによってドイツ軍上層部は、あたかも政治という汚れたビジネスとは無縁であるという自尊心を保つことができたのである。

ユンカーの士官階級はこの取り決めに歓喜した。ヒトラーが一九一九年以来、彼らが多かれ少なかれ待ち望んでいたタイプの民間人の指導者だったとわかったからだ。一九三四年八月二日、老齢のヒンデンブルクが逝去したまさにその日、ブロンベルクはヒトラーに求められたわけでも命令されたわけでもなしに新たな宣誓を立てた。兵士たちは今や、「ドイツ国と国民〔フォルク〕の総統、アドルフ・ヒトラーに絶対の忠誠を誓う」、そう宣言したのである。

プロイセン式の拡大

一八七一年から一九一八年にかけてプロイセンは、次のようなプロイセンの特性をドイツ全土に伝播させようとしたが、ほとんど成功しなかった。つまり、軍国主義社会、国家崇拝、指導者崇拝、ゾンビ的服従（盲目的服従）、そして武装し、決闘で傷ついた顔をし法に束縛されないユンカーたちを広め

髑髏連隊のユニフォームを着た皇帝ヴィルヘルム２世（左）。彼の長男ヴィルヘルム（右の写真の左）とSS指導者ハインリヒ・ヒムラー（右）

ようとした。一九三四年以降、ナチ国家は**この特性**の広範化に成功したのである。

人種的新エリートと自称する人々は、ユンカーの横柄さ、兵営由来の早口かつ切れのある話し方、そして困難に対して私的な暴力を行使するのも辞さないこと、これらを意図的に模倣した。**親衛隊**（SS：Schutzstaffel）が独自の隊員育成学校を設立したとき、そこは**SSのユンカー教育学校**と呼ばれた。その学校の教科書には、食卓用のナイフ・フォーク・スプーン類は「手全体ではなく指だけで持つ」と記されていた。[*18] ここには、社会・政治上の支配的階層の意味転換が示されている。つまりこの時点で、社会的な栄達の道程が貴族的血統を示す家系図から、いわゆる**アーリア人証明書**へと変わったということである。どんなに古い肩書きであっても、家族にユダヤ系がいたら問題となる。他方で、ドイツ人の血が流れ、党員証を持っている養鶏場労働者や銀行員なら、ユンカーがかつてそうだったように全能感を得られた。今まで馬に近づいたことのない親衛隊隊員は、古い騎兵連隊の乗馬ズボンを着て猿真似をした。彼らの黒い制服（しばしばヒューゴ・ボスの工場で縫製されたもの）と髑髏の紋章は、第一近衛軽騎兵の独自の紋章から直接引き継いだものであった。

この威張り散らした新たな支配階級は、恣意的に法をねじ曲げて法を作り出した。過激（ラディカル）でありさえすれば、**総統のために働いている**のだと短絡的に考えた。しかし、どのような支配層にも自分たちが見下す相手がいなければならない。すべての「純血ドイツ人」は、今や等しく**民族共同体**（フォルクスゲマインシャフト Volksgemeinschaft）の一員となった。確かに左派や自由主義者といった「民族に対する裏切り者」もいた。しかし、彼らが投獄されたり、追放されたり、恐怖で沈黙させられたりする中で、ナチスはドイツにいる非ドイツ人を発見するか、あるいは発明する必要があった。彼らのなすがままにされるようなユダヤの人々がいなければ、一九三九年まで、この自称支配民族は誰一人として支配者にはなりえなかった。プロイセンの急進派たちは反ユダヤ主義を政治運動化し、プロイセンの保守派たちはそれを共通の話題とした。この反ユダヤ主義は、戦争開始前のナチ国家において民族共同体をまとめあげる接着剤となったのである。

無敵のヒトラー

他の列強の曖昧な態度こそが、この悪辣な政権を存続させて成長させた。

一九一八年以降、アメリカが地球上の最強国家だということは明白となった。もし、アメリカがその責を引き受け、世界で積極的な役割を果たそうと続けていたなら、ドイツの指導者は暴力的な手段によって第一次世界大戦の結果を覆すことができるとは考えなかっただろう。しかし、アメリカは国際的な役割を果たそうとせず、孤立主義に走った。ロシアは革命と飢饉で傷つき、そして今では大量死をもたらしたスターリンの大テロル〔大粛清〕下にあった。スターリンは、おそらくいつか来るであろうドイツ大攻勢を誘発することを恐れていた。疲弊したイギリスは、ドイツ国内に再び戦争を望んでいる人がいるとは思いもしなかった。一九三八年までイギリスの指導者たちは、ドイツを公平に、つまり寛大に扱いさえすれば、ヒトラーは満足すると愚直に信じていた。フランスはイギリス以上に戦争ダメージを受け、国内の左右の政治的対立に引き裂かれ、多くのフランス人はドイツ軍よりも自国の共産主義者を恐れていた。

真の抵抗があればすぐに終わりを迎えたであろうこの時期に、敵なしの状況がヒトラーに次々と勝利をもたらした。

一九三六年、ラインラントの再軍備とベルリン・オリンピック

一九一九年のヴェルサイユ条約により、ドイツはラインラントに軍隊を駐留させることができなくなっていた。しかし今や、ヒトラーはいともたやすく軍を進駐させた。このときドイツ軍はまだいかなる軍事的衝突にも耐えうる状況ではないことを、ヒトラーは以前から認識していた。フランスやイギリスの軍隊がほんの少しでも軍事的に抵抗したなら、即座に進駐は阻まれただろう。しかし英仏は何もせず、ドイツ国内でのヒトラーの人気は最高潮に達した。一九三六年のベルリン・オリンピックに向けてナチ国家を世界にアピールするため、ヒトラーはユダヤ迫害を一時的に停止するよう命じた。

これが、この政権の国際的な評判の最高潮であった。

一九三八年、オーストリア合邦

一九一九年、勝利した連合国は、ポーランドやチェコのような国々が統一された国民として生きる権利があると宣言した。そこでヒトラーは主張した。「なぜ、ドイツ人は違うのか?」と。ドイツ軍がオーストリアへ進駐した際、国際的な反対はまったくなかった。ヒトラーはウィーンで熱烈な歓迎を受け、彼の人気はさらに高まった。

1936 年のベルリン・オリンピックの広告。ナチ・ドイツは容認可能なパートナーだと見られていた

一九三八年、ミュンヒェン協定

一九一八年までオーストリアの支配下にあったベーメンに古くから居住するドイツ系少数派は、その地にチェコスロヴァキアが成立した当初から、その地を離れてドイツに加わることを望んでいた。そして、ヒトラーはこのドイツ語話者が住むズデーテン地方を祖国ドイツに統一することを要求した。チェコ人たちは戦う覚悟を決めた。彼らはドイツに

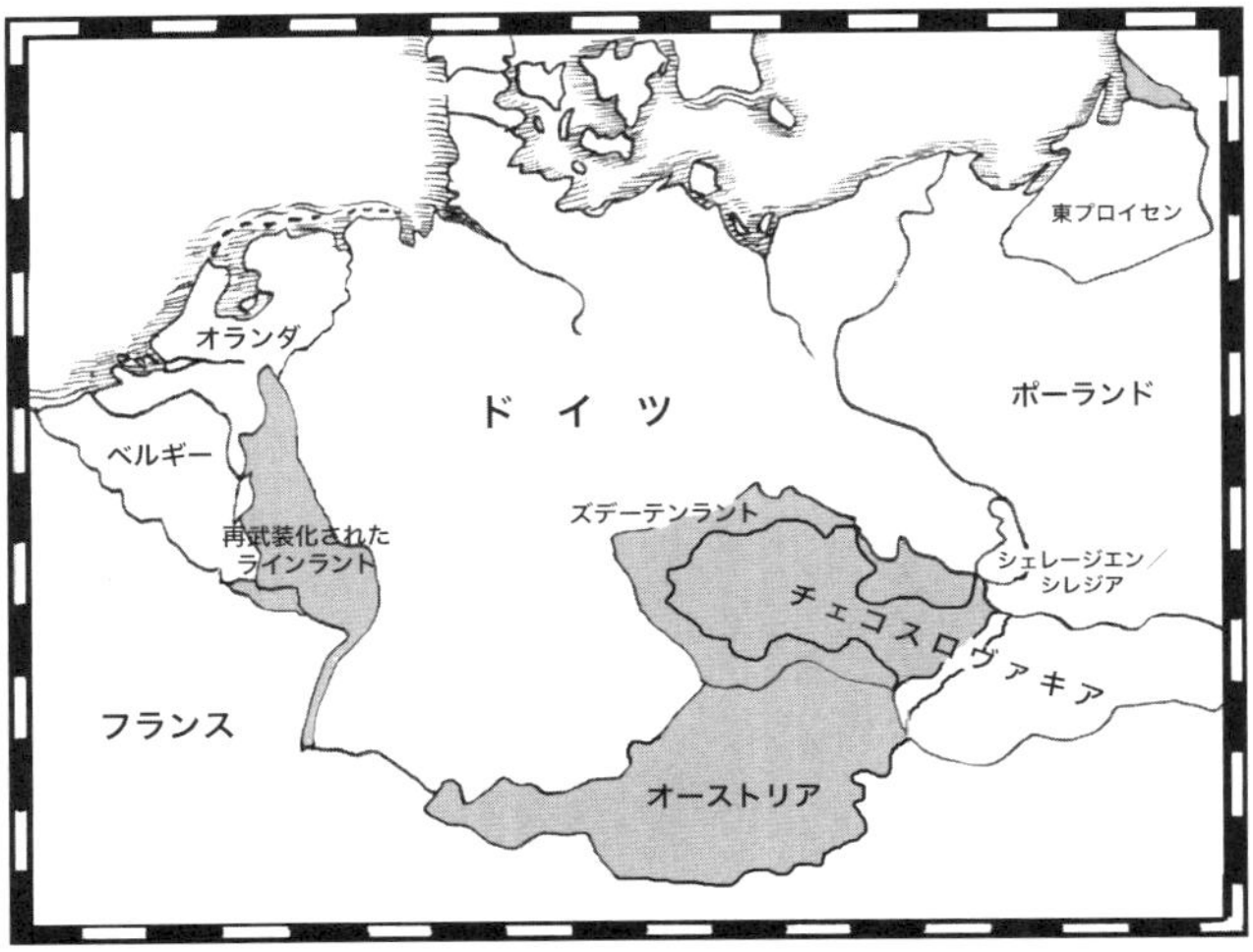

図41　ドイツの拡張、1935～1939年

面した山々を、地球上で最も優れた要塞、戦車、対戦車砲で埋め尽くした。多くのドイツ軍将校は、フランスとイギリスがチェコの人々を支援すれば、ドイツは必ず負けるだろうと思っていた。なかには、確実に敗れるくらいならばヒトラーを殺してしまおうと考える者もいて、このことはイギリス側にも知らされていた。だが、イギリスは無敵だとの噂が流れていたドイツ空軍〔ルフトヴァッフェ〕をあまりにも恐れていた。一九三八年九月三〇日、悪名高いミュンヒェン会談で、イギリスのネヴィル・チェンバレン首相は平和を守るためにチェコスロヴァキアを売り渡した。結果、戦闘なしにズデーテンが明け渡された。ルーズベルト大統領はチェンバレンに「（あなたは）お人好しだ」と電報を打った。

ヒトラーは戦わずして全ドイツ系の人々の完全統一を成し遂げた。彼は今や、民衆そして若い陸軍士官たちの間でも不動の人気を誇っていた。将校たちはひそかに暗殺計画を放棄した。

姿をあらわすヒトラーの真の顔

ミュンヒェン協定の後、ヒトラーはついに自身が望むことを自由に行えるようになったと思った。彼はもはや保守主義者のふりをする必要がなくなった。彼の真の目標は、一九三八年一一月九日、ルターの誕生日の前夜に白日の下にさらされた。**水晶の夜**と呼ばれるポグロム〔ユダヤ迫害〕で、ナチの暴漢どもはドイツ全土のユダヤ人商店やシナゴーグを破壊し焼き払った。ナチの宣伝大臣ヨーゼフ・ゲッベルスは「ラディカルで断固たる考え方が勝利した」と誇らしげに語った。

この思想は、**権力奪取**の記念日、一九三九年一月三〇日の国会議事堂でのヒトラーの大演説全体を貫いていた。この演説は、ヒトラーが**ヨーロッパにおけるユダヤ民族の絶滅**〔Vernichtung〕を宣言したものとして知られている。だが同時に、ここでヒトラーは自分に敵対する聖職者の掃討〔Vernichtung〕も断言した。彼を権力の座に就かせたユンカーに向けて、「滅びゆく社会階層が実状から離れて自らを差別化しようとする営為には断固として反対する」と約束した。

ここからもわかるように、ナチズムは伝統的な保守主義とはまったく関係のないものだった。ナチ国家は戦争そのものの性質によって初めて過激化〔ラディカル化〕したという膾炙した考え方がある（これは、いかなる戦争も決して正しいものではないと考える平和主義者と、ナチズム擁護とを結びつける）。しかし、真実はまったくの逆だ。つまり、ヒトラーは（彼自身も何度か言及しているように）反対意見を即座に封じ込められる戦時下においてのみ、まさにラディカルな態度を取れることをよく理解していた。

一九三九年三月、彼はあらゆる見せかけをかなぐり捨てて、チェコスロヴァキアの残りの地域を併合した。それに続いて、ヒトラーは東プロイセンにドイツ系が多く住むメーメルラント（現リトアニア南部）の一部を加えた。その後、世界を驚愕させた協定が結ばれた。つまり、ポーランド分割に関するヒトラー・スターリン協定が締結されたのである。

ヒトラーとスターリンとが協調するなどありえないと思われていた。しかし過去にも、プロイセン、そしてその後のプロイセン・ドイツにとって、ロシアとの共通前提を見出すことが国家理性（国家の行動基準）だった。そのロシアとの共通前提は、ポーランドを恒常的に解体しておくという共通の願いにおいて（そしてその点においてのみ）成立した。例えばナチ時代の直前なら、フォン・ゼークトとボリシェヴィキの間で秘密軍事協定が締結されていたことが挙げられる（二〇五ページを参照）。フリードリヒ大王以来のプロイセンの指導者たちのようにふるまうことで、ヒトラーはロシアの了承をえてポーランドを分割した。

ロシアの協力によってヒトラーは彼の戦争を実行できた。そしてそれは、ついに真の意味で「根本的（ラディカル）で断固たる」行動の開始だった。一九三九年九月一日、彼は二つの命令を下した。一つはポーランドへの攻撃、もう一つはドイツ民族体の純化 Reinigung des Volkskörpers のための秘密プログラム完遂へのゴーサインである。ヒトラー個人がこの計画を命じたことは疑う余地がない。この計画をヒトラーはとても重視し、同時に極めてラディカルだと認識していたので、彼には珍しく殺人遂行者に署名入りの権限を与えたのだ。

ホロコースト

ミッテル・オイローパ（中欧）を走る鉄道の引き込み線の先や樺の森の中で起こったことを忘れたいがために、我々はページ全体を真っ黒に塗りつぶし、ただ穏やかな英国式の庭園に座っていたいと思ってしまう。それは我々にとってあまりに酷くて、理性的に議論し理解するのは難しい。しかし、ここを素通りするわけにはいかない。

ガス室での死

最初、犠牲者たちの中には、本当にただシャワーを浴びるだけだと信じていた人もいたようだ。その他の人は、土壇場で抵抗し叫び始めた……。しばらくしてガスマスクをつけた作業員が扉を開けた。通例、おぞましい光景が彼らを出迎えた……。クレマトリウム、つまり死体焼却炉（しばしば単に焼却炉とも呼ばれた）の担当作業員はまた、死体を炉に運ぶ責務を負っていた……。金歯のある患者は、名前にバツ印をつけることで識別され、彼らの歯は取り外され、管理者に届けられ、純金に融かされた。

一九四〇年のグラーフェネック収容所（バーデン＝ヴュルテンベルク州立政治教育センター、二〇〇〇年）

実は、上記の描写に登場する人々はアウシュヴィッツのユダヤ人ではない。一九三九年末から一九四一年八月にかけてのいわゆる**T４作戦**〔障がい者安楽死殺害作戦〕においてドイツ国内で殺害された障がいを持ったドイツ人である。

この時期には、ポーランド地域、さらに一九四一年六月以降は占領下のソ連領で銃や銃剣によるユダヤの人々に対する大量殺戮が行われたにもかかわらず、まだドイツ国内においてはユダヤの人々は組織的に虐殺されておらず、また彼らを殺害するための特別な施設もまだ建設されていなかった。だがホロコーストの無比の特徴は、最初の迫害時期でナチスによって生きるに値しない lebensunwert とされた人々を排除していく中で発展した点である。

西洋文化の最後の残骸が、このアウシュヴィッツへと至る道程を阻むことになった。ヒムラーは、ドイツ国内において、殺害を完全に秘匿し続けることは不可能だと不満を述べた。一九三九年六月六日の親衛隊本部の文書には、「国民のプロテスタント層は、カトリック層よりも親衛隊の闘争や使命をよりよく理解していると断言できる」と書かれていた。

カトリック教会が越えたくない、あるいは越えることのできない一線がまだ存在していたのだ。一九四一年八月三日、ミュンスターのフォン・ガーレン枢機卿は、公然と、そして強い語調でT4作戦への反対を表明した。彼の説教はイギリス王立空軍（RAF）によって印刷され、ビラ〔伝単〕としてドイツの諸都市に投下された。


半ば確信のような疑念が広がっています。数多くの精神障がい者の不慮の死は、自らの意思ではなく意図的にもたらされたということ。つまり、国民や国家にとってその生命がもはや何の価値もないとし

て、いわゆる生きるに値しない生命を破壊してもよい、すなわち無実の人々を殺してもよいという教義に従って意図的に行われているのではないかという疑念です。

クレメンス・アウグスト・グラーフ・フォン・ガーレン枢機卿

これは、並外れて勇気ある行動だった。フォン・ガーレンは終戦まで事実上の自宅軟禁状態に置かれたが、(斬首された三人の司祭とは異なり)生き延びた。なぜなら、ドイツで最もナチ化されていない地域で人気のあるカトリック支持層の代表者を殺害することに、ナチスは慎重にならざるをえなかったのである。

「もし、司教に対して何らかの行動がとられれば、戦争の期間中、ミュンスターの人々、ひいてはウェストファリア(ヴェストファーレン)全体の人々の支持を完全に失うことになるかもしれない」と、ゲッベルスは語ったという。内心では戦後にガーレンの首をとることを誓っていたとしても、ヒトラーもまた、ガーレンには何もしないことが最も賢明な策であると考えた。

ニコラス・スターガード『ドイツ人の戦争』

ガーレンの勇気ある行いと、カトリック地域における民衆感情にナチスが配慮したことにより、流れ作業での障がい者の大量殺害は一九四一年八月に停止された。

ヴァンゼー会議が開催された邸宅。**最終解決**について話し合われた地

この時点までに、すでに約七万人のドイツ人男性、女性、子供が殺害されていた。その多くは一斉に毒ガスで殺害され、特別に建てられた施設で焼却された。これらすべてがユダヤ人虐殺の準備となった。しかしながら、**T4作戦**によって、ナチスはたとえ戦時中であっても、ドイツ国内で大量の人々の殺害は不可能だとの認識に至っていた。

SS（親衛隊）は、反抗的な聖職者たちが介入せず、真に自分たちの行いの秘密が保たれ、ヨーロッパ文明的なものがすでに放棄された場所を欲していた。一九四一年後半には、ポーランドとソ連西部の広範囲を掌握し、彼らはまさにその地を手に入れた。一九四二年一月二〇日、ナチ・ドイツの高官たちがヴァンゼー会議にてヨーロッパの**ユダヤ人殲滅戦略**（いわゆるEndlösung、または最終解決）を調整するために集まったとき、親衛隊ナンバーツーのラインハルト・ハイドリヒは**東部における我々の新たな展望**の意義を強調した。征服され粉々に砕かれた荒れ地では、誰もこの計画に異議を唱えないだろうというのが、彼の言葉の真意だ。

ハイドリヒの自信はゆえなきものではなかった。なぜなら、一九四一年末までに、軍の全面的な協力のもと、すでに恐るべきユダヤの人々に対する大量虐殺が行われていたからだ。次の命令は親衛隊指導者からではなく、元貴族階級のプロイセン陸軍元帥から指揮下の全兵士に宛てられたものであった。

東部戦線の兵士は……ユダヤ人という人間以下の種に下されるべき容赦のない、しかしながら正当な審判の必要性を十分に理解しなければならない……これを実行することによってのみ、アジア的・ユダヤ的脅威からドイツ民族〔フォルク〕を最終的に解放するという我々の歴史的使命が達成できるのである。

陸軍元帥、ヴァルター・フォン・ライヒェナウ、一九四一年一〇月一日、第六軍への命令（general order）

これまで見てきたように、この地域は、プロイセンの軍国主義者が長年にわたり未来の植民地として目をつけていた地域であった。そこへ急進的〔ラディカル〕なナチズムが加わり、何のためらいもなく計画実行に取りかかったのである。まず、この東方地域にはもとより国家も文化もない場所だと主張した（プロイセンは、自身がポーランド王家の下で生まれ育まれたことや一八〇七年にナポレオンによる消滅の危機の際に、ロシアこそがプロイセンを救ったことを都合よく忘れた）。そして、あらゆる地方機関を計画的に破壊し、指導者になる資質を持つ人物を殺害し、極めて恣意的かつ残忍な方法で権力を行使することによって、これらの地域を作り替えた。そして恐ろしい植民地的な秩序喪失状態が創りだされた。そこでは、地元住民にとって最悪の状況が立ち現れたのである。こうして、ナチスのラディカリズムが完遂される条件がまさに整ったのだ。

東ヨーロッパの征服によって初めて、ヒトラーは、収奪、殺人、絶滅を抵抗を受けずに実行できるような、真に無秩序な社会を創り上げる機会を得た……。他の国々において、ナチスが大量殺戮を実行できた度合いは、それらの地域が国家とその制度がどれくらい維持できていたかに大きく左右された。それゆえに、君主を長とする国家制度が機能した状態でほとんど残っていたベルギーやデンマークでは、多くのユダヤ人が殺害を免れた……。同様に、ヴィシー政権の反ユダヤ主義にもかかわらず、多数のフランス系ユダヤ人は戦争を生き延びた。

リチャード・J・エヴァンズによる、ティモシー・スナイダー『ブラックアース』の書評
『ガーディアン』二〇一五年九月一〇日

ナチスが東プロイセンの向こう側に創り上げた破滅的世界では、まったく自制や抑制もきかない状態が生み出されていた。そして、T4作戦が今や試行段階を経て、ドイツから同地に持ち込まれた。つまり、同じ担当者、同様の殺戮方法、おなじみの官僚的婉曲表現、さらには財政計画までもが転用されたのである。アウシュヴィッツ、トレブリンカ、マイダネク、そしてソビボルで、ユダヤの人々はドイツ人の障がい者と同じように、しかしながらはるかに膨大な数の人々が、いわゆる「社会ダーウィン主義」に反する者として進化の名のもとに殺害された。*19

ホロコーストは、近代が有する負の側面が純化して表出したものである。近代化理論では、人間は単なる大衆となり進歩だけが価値を持つ思考枠組みとなった。これを実行したことによって、西洋文明が入念に築き上げてきたバリアーは破壊された。この障壁は、個々人の持つ残虐さを封じ込めたり周縁化したりする役割を果たしてきた。ユダヤ虐殺には良心の呵責など不要で、それは容赦のないものだった。ヨーロッパのユダヤの人々が害虫として扱われてきたのは、彼らが「ドイツ性」の天敵とされたからである（この直接の歴史は、一八七九年のプロイセンにおける新たな様式の反ユダヤ主義にまでさかのぼることできる）。ホロコーストは決してスターリンや毛沢東の犯罪と並列できるものではない。

ベルリンのブランデンブルク門近くに建つ
「虐殺されたヨーロッパ・ユダヤ人のための記念碑」

ナチスの敗因

一九四〇年六月の時点で、ドイツ内にはもちろんのことヨーロッパにおいても、ヒトラーに対抗できる者はいなかった。スターリンは彼の同盟者だったし、イギリスもまもなく屈服すると思われていた。たとえイギリスが崩壊したり抵抗を停止したりせずとも、この島国には攻撃能力がほとんどなかった。ヒトラーは深刻な干渉を少しも受けることなく、やすやすと全ヨーロッパ中で彼の支配を強化できるかに見えた。しかしそうはせずにヒトラーはソ連を攻撃したのである。

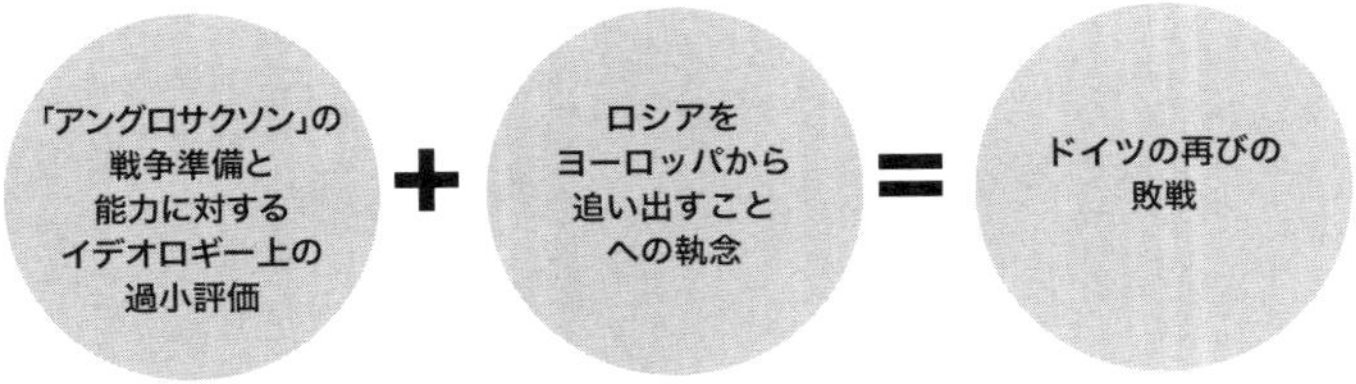
「アングロサクソン」の戦争準備と能力に対するイデオロギー上の過小評価
+
ロシアをヨーロッパから追い出すことへの執念
=
ドイツの再びの敗戦

ヒトラーはソ連との開戦に際し、いくつもの理由を用意していた。イギリスから最後の希望を奪えるだろう、油田を確保できるだろう、ソ連を先制攻撃しなければあちら側から攻撃を受けるだろう等々である。だが、ヒトラーの真意は、ルーデンドルフが東方にたやすく進出できた歴史が再現できると思っていたことにあった。しかも一九一八年とは異なった状況で東方侵攻ができる。つまり、今度は西部戦線に煩わされることはないのだ、と。一九一四年から一九一八年のプロイセンの指導者たちと同様、ヒトラーにとっても、この戦争は東方での問題を完璧に解決するためのものであった。一九四一年の時点では、ドイツ軍将校の中で勝利を疑ったものはほとんどいなかった。彼らのほとんどが第一次世界大戦で下級将校として戦った、あるいは（場合によっては同時に）**義勇軍**（フライコーア）で戦った経歴を持っていた。一九四一年のソ連攻撃はヨーロッパ東部の決定的な支配を目指したものだった。それは一八八七年にベルンハルト・フォン・ビューローが手紙の中で記したことと同じだった（一七三ページを参照）。ただし、この攻撃は**西側のドイツ史**とはまったく関係がない。ロシア攻撃の決定とは徹頭徹尾プロイセン（東のドイツ）によるものだったのである。

独ソ戦開始の結果はこうだ。一九四一年末までに、ドイツの**国防軍**は圧倒的な兵数を誇る赤軍とのすさまじい消耗戦に陥り、他方、現リビアでは**アフリカ**

軍団は明らかに強大なイギリスと対峙することとなったのである。そのうえヒトラーは、一九四一年一二月一一日、無謀にもアメリカに宣戦布告した。彼の決定の帰結は、おそらくよく知られるところだろう。

一九四一年後半以降、ヘニング・フォン・トレスコウ麾下《きか》の将校たち数名がヒトラー政権の転覆を計画した。一九四三年三月、ヒトラーの飛行機に仕掛けた爆弾が不発に終わってしまい、トレスコウはすんでのところで総統殺害に失敗した。権力の絶頂期にあったヒトラーに対して暗殺計画を企てることは、まさに英雄的な行為だった。

しかし、しばらくすると、ヒトラーに反抗することはまったく正当なことと思われた。一九四三年一月のスターリングラードでの暗澹たる敗北によって、ヒトラーはどうしても手早く大きな勝利を必要とすることとなった。[*20]アングロサクソン民主主義をヒトラーは蔑視していたので、イギリス軍や、また同時に北アフリカでまだ一戦を交えたことのないアメリカ軍に対しても勝利を収められると、彼は信じ込んでいた。ヒトラーの優秀な将軍ロンメルの嘆願を突っぱね、エリート部隊をチュニジアに投入した。ドイツ軍にとっては一九四三年五月におけるこの敗北は、スターリングラードと同じくらい惨憺たるものであった。[※3]一九四三年七月、クルスクでの未曾有の規模の戦車戦にロシアが勝利したとき、この凶兆はすでに事態に気づいている誰にとっても看過できないものになっていた。そのような中、カリスマ性のあるクラウス・フォン・シュタウフェンベルク大佐を筆頭に、ヒトラーへの抵抗計画がひそかに進められていった。

左端で右を向いているのがシュタウフェンベルク大佐。中央がヒトラー

計画者たちの中には、疑いの余地のない勇気と倫理的使命感にあふれた人物が多数存在した。しかし彼らの計画が遅きに失したことから、彼らの中でも選りすぐりの者たちでさえも、もし仮にヒトラーが連戦連勝を続けていたならば決起には至らなかったのではないかという非難にさらされた。確かに多くは、西側での平和（安定）を望んではいたが、それはただ東部での戦闘を続けるためにという理由から来る願いだった。シュタウフェンベルクのような真の理想を持っていた者たちでさえ、この時点でドイツがすでにどれほど敗北に向かっているかを理解にするのは難しかった。他方で、他の国々にとって善良なユンカーと邪悪なナチスとの違いを判別することなど不可能に近かった。[※4] 彼らの抵抗組織はあまりに貧弱であったので、後に西ドイツの首相となるコンラート・アデナウアーは、「賢い顔をした将軍に出会ったことはありますか？」と問い、参加を拒否した。

一九四四年七月二〇日、シュタウフェンベルクは、東プロイセンの司令部「狼の巣（ヴォルフスシャンツェ）」で、極限の緊張状態の中、土壇場で爆弾の準備を整え、それをブリーフケースに入れてヒトラーのすぐそばに置いた後、口実を作って会議を抜け出した。シュタウフェンベルクが狼の巣を出るための検問通過時、爆弾が爆発する音が聞こえ、彼は独裁者が死んだと確信した。

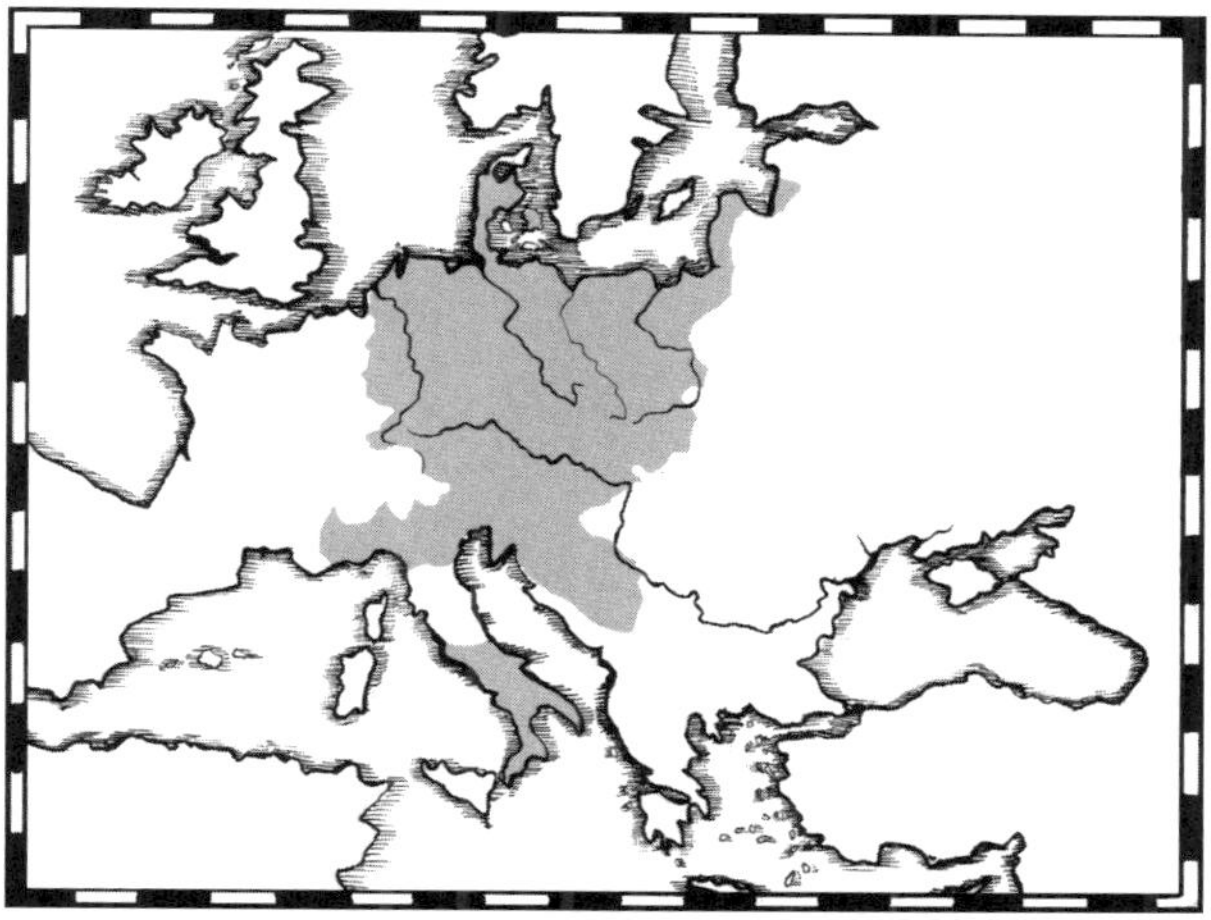
図42　ドイツの支配領域（1944年末）

しかし、計画者たちは、自分たちの正当性に自信を持つことができなかった。自分たちが何をしたか、なぜそうしたかを世間に公表する代わりに、ヒトラーが裏切り者の親衛隊に殺害されたために自分たちが政権を担うことになったという奇妙な発表をした。

実際、爆弾の威力は計画の半分しかなく、巨大なオーク材の会議机に守られたため、ヒトラーは生き残った。計画者たちは狼の巣とベルリンとの間の通信遮断・確保を怠っていたために、ヒトラーはオットー・エルンスト・レーマー陸軍少佐と電話で直接話して自身の無事を告げることができた。レーマーは即座にすべての首謀者たちを検挙した。不可解なことに、シュタウフェンベルクとその同志たちは全員が武装していたにもかかわらず、自分たちの運命を悟ってもなお戦闘行為を拒否した。この貴族出身の軍人反乱は、銃声をほとんど発することなく、べルリン市民にさえ何か大事が起きていると自覚されることなしに鎮圧されたのである。

　ヒトラーは、首謀者と関係があった者たちに対して恐るべき報復を行った。アウシュヴィッツは依然として稼働し続けていた。だが、ドイツ国防軍はノルマンディーとソ連において崩壊していた。ドイツ諸都市は、アメリカおよびイギリスの空軍によってほとんどやりたい放題の状態で爆撃されていた。しかしながら、産業がその戦争生産のピークに達したのは一九四四年八月のことであった。ヒトラーはまだ資源を有しており、依然として広大な地域を支配していた［図42］。

　ヒトラーは、ナチス曰く下等人種であるスラヴの侵略からドイツを救うために、ロシアに対してすべてを投入することもできたかもしれない。あらゆる状況を無視し、しかしプロイセンの伝統に則って、ヒトラーは、退廃的つまり民主的なアングロサクソンに十分に強い攻撃さえ与えれば、彼らはたやすく屈するだろうと思っていた。そこでヒトラーは、既存の兵器を防空用に投入するのではなく、最新のテクノロジー兵器をロンドンに向けて集中的に発射せよと命じた。ヒトラーの**V兵器**［報復兵器、Vergeltungswaffe］は、世界初の軍用大型ロケットで、連合国軍の保有するどの兵器よりもはるかに進んでいた。

V2ロケットの発射。世界初の弾道ミサイル

　しかし、総力戦という値を、この情け容赦ない方程式に当てはめれば、これらの兵器は費用対効果がとても悪かった。再利用不可能な最先端技術を満載した九〇〇〇発のV-1、一一〇〇発のV-2がイギリスに向けて発射されたが、平均し

て一発につき一人未満の死者しか出さなかった。

ロケット攻撃が行われている最中、ヒトラーは最終決戦部隊を西部に投入した。それは、四〇万人超の兵力、一〇〇〇を超える戦車や自走砲、そこにドイツ空軍の総力を結集した軍団である。しかし、このドイツ軍は、一九四四年一二月～四五年一月にかけてのフランス・ドイツ国境での**バルジの戦い**において、アメリカ軍を相手にむなしく散った。数的に不利で狼狽したアメリカ軍は後退せざるをえなかったが、増援と大規模な航空戦力がドイツ軍を足止めするまで、バストーニュ（ベルギーの都市）などの重要都市で持ちこたえて押し戻したのである。

この賭けが失敗すると、ソ連軍を抑える術はもうなかった。復讐に燃えるソ連の赤軍は北ヨーロッパの平野を越えてドイツに侵入した。ヒトラーは避難を一切禁止した。それによって、東エルベとベルリンの女性たちは**史上最大の集団レイプ**（アントニー・ビーヴァー）にさらされ、数万人の犠牲者が自殺に追い込まれた。

ソ連軍とアメリカ軍が合流したのはまさにエルベ川だった（一体、西と東がそれ以外のどこで出会うというのか）。ヒトラーは一九四五年四月三〇日に自決した。五月八日、ヨーロッパでの戦争は終焉を迎えた。

古い境界の再生

ドイツ軍は最後の最後まで激しく抵抗したため、連合国は当然、戦争が終結した後には大規模な反抗運動による混乱を想定していた。しかしながら、彼らが目の当たりにしたのは体制全体が一夜にして崩壊してしまったかのような土地だった。同時代の高名なドイツ人作家の一人は、次のように回想している。

（ナチの地区指導者）ファイクトマイアーは、二日前までは住民に恐れられ、恭しく挨拶されていた。それが今では排水溝に立ち、道路掃除をしていた。ジープがファイクトマイアーの側すれすれのところを通過すると、彼は泥で汚れた服で歩道に跳び上がった。……男たちはイギリスの占領軍兵士、つまり勝者たちの前で、帽子を取って尊敬の念を示さなければいけなかった。……ついこの前までしゃちこばった軍隊式の敬礼をし、命令の声を轟かせながら登場していた男たちが、突然ささやき声で話すようになり、自分たちはすべてのことを何も知らなかったのだ、と言い始めた。

ウーヴェ・ティム『ぼくの兄の場合』（松永美穂訳、白水社、二〇一八年）の七九～八〇頁から引用。一部、表記を改めた。

この日々は、ドイツの歴史書には**零時**（Stunde Null）として記録されている。この時期、何もかもが止まり、ゼロからの再出発をしなければならなかったからである。

勝者たちは、西プロイセンをポーランドに渡し、東プロイセンをポーランドとロシアで分割し、アルザス＝ロレーヌをフランスに返還し、ドイツの残りの地域は事前に合意された軍事支配地域に沿って四つに分割した〔図43〕。

オーデル川以東のドイツは永遠に消滅したが、それ以外の地域が長く分断されたままになるとは誰

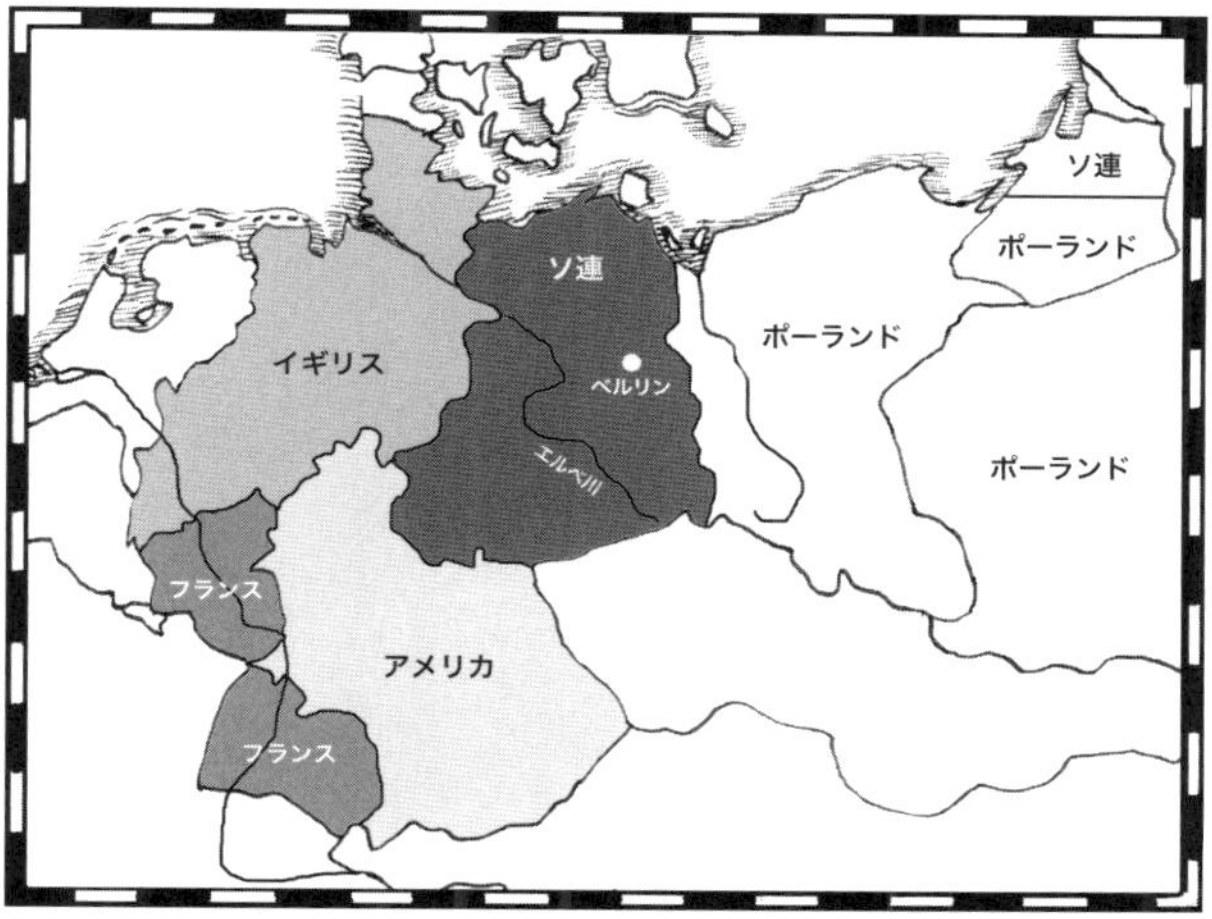

図43　戦後のドイツ分割図。なお、イギリス占領区内の一部（ブレーメンなど）はアメリカ占領区

もが思いもしなかった。一九四五年の七月から八月にかけて、ポツダムで連合国は、ドイツを部分的に脱工業化し、徹底的に非ナチ化する意向を表明した。そして次の段階〔八月二日の「ポツダム協定」〕において、「ドイツの政治のあり方を民主主義に基づいて再建し、最終的にはドイツによる国際社会への平和的協力に備えることを目指す」とした。「この目的のために、集会権と公開討論権を有するすべての民主的政党は、ドイツ全土で認可され、奨励されるものとする」。

しかしまもなく、ソ連が自分たちのやり方で物事を進めようとしていることが明らかになった。ヒトラーが自殺したまさにその日、スターリンはモスクワから従順なドイツ人共産主義者からなる既成のソ連の従属政府を送り込んでいた。このとき、スターリンはドイツ分断を望んでいなかった。ただし、永続的に弱く、貧しいドイツを望んでいたのである。

ゆえにスターリンは、賠償金として工業施設や原材料を接収するペースを強引に引き上げようとし、ドイツの工業の大半が集中していたイギリス占領区〔ハンブルクからルール工業地帯にかけての北西ドイツ〕の統治における分け前を要求した。

しかし、イギリスはドイツを再び稼働させようと必死だった。なぜなら、自国民以外に、稼働していないルール地方を養う余裕がイギリスにはなかったからだった。一九四六年まで、イギリスは戦時中にはなかったパンの配給制を余儀なくされていた。財政破綻の危機と絶望的状況から、イギリスはアメリカ占領区との合併を提案、あるいは懇願した。アメリカもまたドイツを再び軌道に乗せることを切望していた。スターリンがドイツを貧しくしておこうとしたのは、共産主義者による乗っ取りへの序曲にすぎないと考えたのだ。これに対する最善の予防策は資本主義の繁栄だった。一九一九年とは異なり、今回、アメリカは行動を起こしたのである。

我々〔アメリカ〕はヨーロッパの戦争と関わらないでいられると考え、ヨーロッパ情勢への関心を失いました。それでも我々は、第二次世界大戦に巻き込まれることを避けられなかったのです。我々は二度と同じ間違いを犯しません。……アメリカは、自国のドイツ占領区を統合意志のある他の一占領区または三占領区との統合にやぶさかではないと正式に発表します。今のところ、イギリス政府だけがその参加を希望されています。我々は、彼らの協力に深く感謝しています。

アメリカ合衆国国務長官ジェームズ・バーン、一九四六年九月六日、シュトゥットガルト*21

かつての連合国諸国が、英米陣営とソ連陣営との対立関係に陥ったので、事態は独特のダイナミクスに巻き込まれていった。チャーチルは一九四六年に**鉄のカーテン**演説を行った。翌四七年三月一二日の**トルーマン・ドクトリン**内では、「アメリカ合衆国の政策は、少数武装勢力や外部からの圧力による征服の企てに抵抗する自由な諸国民の側に立つ」とされた。一九四七年六月、ベルリンの代替首都であったフランクフルトで、米英両地域の機関が正式に統合され、二占領区合同地域**バイゾーン**〔ビツォーネ〕が誕生した。同月、ヨーロッパ再建のための**マーシャル・プラン**が発表された。これは、ヨーロッパ経済（ひいてはアメリカ製品購入のためのヨーロッパの経済力）の再建を目的としたアメリカの巨額融資である。ソ連はこれを断固拒否した。一方、フランスはこれを受け入れ、ドイツのフランス占領地域は米英のバイゾーンと合流し、三カ国占領区合同地域**トライゾーン**〔トリツォーネ〕となった。

誰が意図したわけでもなく、突如としてヨーロッパは八一四年のカール大帝の死が生み出した状況と同じ様相を呈した。つまり、エルベ川が北東の国境となり、エルベ川左岸の南方も含めて、その向こうはスラヴ文化が支配的な地域となったのである〔図44〕。

西側諸国にとっての最優先事項は、自国が占領するドイツ領土を再び軌道に乗せることだった。もはや旧ライヒスマルクは、日常生活ではタバコに取って代わられるほどに信用されていなかった。通貨が機能しなければ国の復興はありえない。

一九四七年末、**バード・ドッグ作戦**のもと、新紙幣がアメリカで秘密裏に印刷された。この新紙幣は一九四八年二月から四月にかけて、偽印が押された二万三〇〇〇の木箱に入れられてドイツに輸送

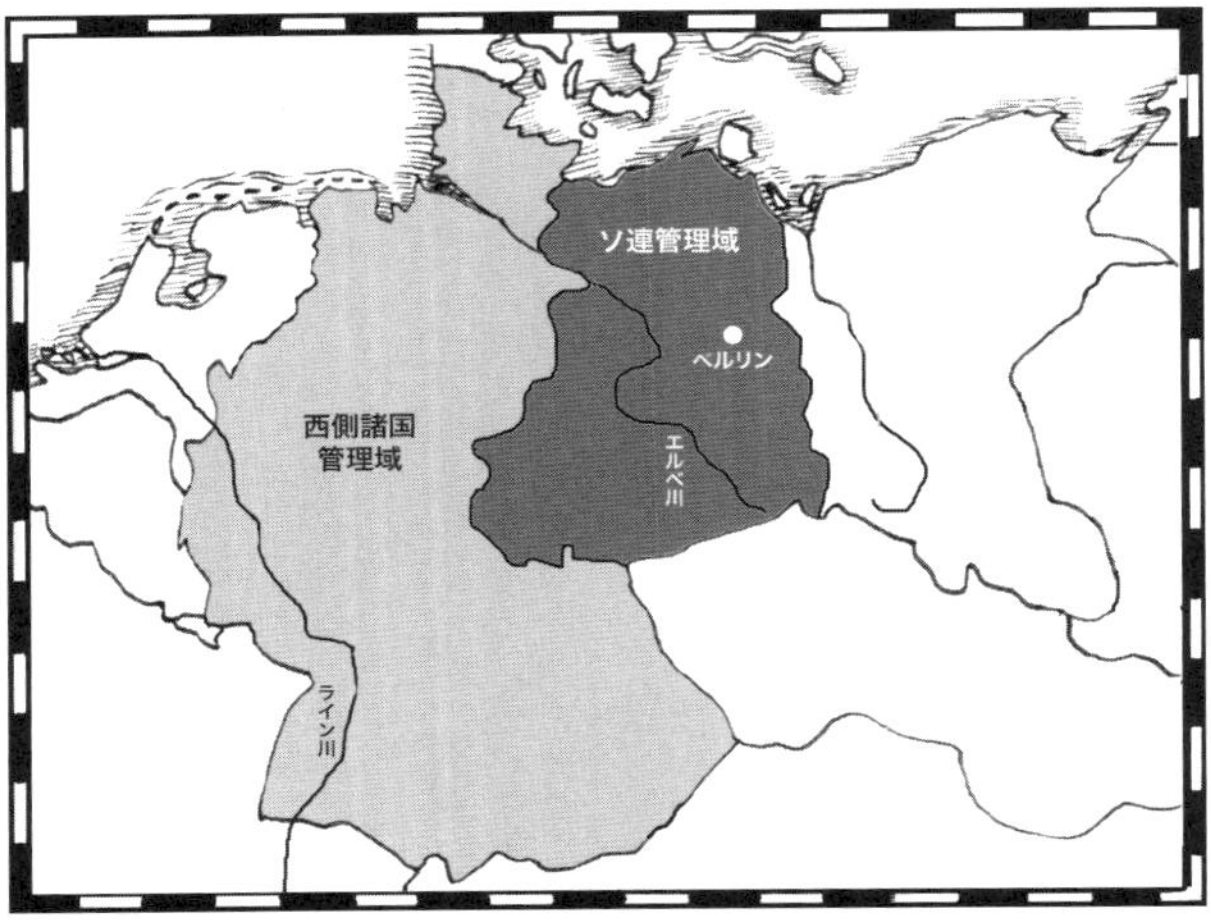

図44「第二次世界大戦末期にヨーロッパに分断線が引かれたとき、スターリン、チャーチル、ルーズベルトはまるで、カール没後1130年の記念日に、その当時の状況を注意深く研究したかのようだった」、アンドレ・グンダー・フランク『経済政治週報』1992年11月14日号

され、フランクフルトにあるかつての**ライヒ銀行**〔ライヒスバンク〕の地下室に隠された。問題は、この新通貨をどのように流通させるのがベストなのかについての合意に至らなかった点だ。

やけになったアメリカ人は、ドイツの経済と国民を真に理解しているに違いない人々に目を向けた。つまり、ドイツ人自身である。すぐさま判明したことは、彼らは袖の中に用意周到な計画を持ち合わせていたということである。

起きなかった経済の奇跡

一九四三年まで遡ろう。親衛隊全国指導者ハインリヒ・ヒムラーは、親衛隊中将オットー・オーレンドルフ〔彼は後に行動部隊D〔殺戮の実行部隊〕を率いた罪で連合国により絞首刑に処せられた）が率いる専門家委員会に、戦勝後の平時の自由市場ルールへの復帰に備えるようひそかに命令を下していた。オーレンドルフの委員会には、自由市場の理論家であるルートヴィヒ・エアハルト〔一九四九年以降の経済大臣、一九六三～一九六六年は西独首相〕や、後にドイツ連邦銀行総裁を務める銀行の重役カール・ブレッシング〔在職一九五八～一九六九年〕が含まれていた。

彼らはすぐにナチ経済が貨幣の乱発によってのみ回っていることを知った。戦争中、ドイツの商店には贅沢品らしきものは一切なく、生活必需品の価格と供給は厳しく管理されていた。そのため、余剰資金はすべて人々の銀行口座に氷漬けにされていた。ドイツ人は事実上、否が応でも一〇年間貯蓄に励むことを余儀なくされたのだ。しかし、この枷が外されたらどうなるだろうか？ これはエアハルトとブレッシングにしてみれば自明のことだった。つまり、銃口を突きつけて過大評価されたライヒスマルクの受け入れを強制できるような属国経済〔一九四〇年～一九四四年にかけてフランスなど〕がなければ、制御不能なインフレは避けられないだろうということだ。

エアハルトの解決策はラディカルなものだった。彼は、ライヒスマルクを廃止し、個人貯蓄者向けに一五対一の交換レートで**ドイツマルク**と呼ばれる真新しい通貨を導入することにより、過剰な紙幣を一掃することを提案した。ただし、事業資産は一対一で換算され、公平さを保つためにうわべだけの資本課税が徴収された。したがって、一般の人々のやっかいな現金貯蓄は文字通りに破壊されたが、対して企業資本は維持されることになった。

この計画全体は「最終勝利」が実現しないかもしれないという背信的な仮定に基づいていたため、実際には一九四四年にひっそりと取り下げられた。しかし、西側連合国がドイツ経済を再始動させようと躍起になっていた一九四八年、この計画実行の機は熟した。

一九四四年の計画が一九四八年に実行される

ルートヴィヒ・エアハルトが率いる特別部局に、終戦間際の時期の混乱によって解散させられた戦後構想の計画者たちが再び集められた。彼らの勤務するバート・ホンブルクのハンザ・ヴィラで、彼らは引き出しから古い計画を取り出した。……一九四八年四月二〇日、厳重に警備され、すりガラスで中が見えないバスに乗せられ、彼らはカッセル近郊のロートヴェステン空軍基地に移送された。そこで、ドイツの専門家集団は、数週間にわたって連合国の代表者に彼らの計画への賛同を得るための説得の後、それに成功した。一九四八年六月二〇日、小口貯蓄者はほぼすべてを失うが、株主や資産価値のある不動産所有者はほとんど何も失わない。……エアハルトの政策には一つの、ただ一つの目的があった。企業の資本増強を支援することだ。これがダイナミックな成長への王道であると彼は考えていた。

『ハンデルスブラット』紙、二〇〇六年六月二五日

経済上の競争相手であるフランスやイギリスなどは、これほどまでに極端な企業寄りの政策を夢に見ることさえできなかった。国民が決してそれを支持しないだろう。一九四八年のドイツにおいてのみこれが可能だったのは、一般市民たちが見渡すかぎりの瓦礫という状況で、ただ生きていて、自由

であることだけに喜びを感じていたからだ。

当時、無数の瓦礫と化したのは市井の人々の住居であって、企業ではなかった。このことに気づいていた人はほとんどいなかった。ドイツの諸都市に対する英米軍の空爆によって数十万人の民間人が死亡した。対して、一九四五年五月の時点で完全に廃棄された工場機械は、全体のわずか六・五％だった。ドイツの産業はいまだ巨大であり、さらに迅速な改修可能な態勢にあった。一九四八年、人々はそれを再稼働するだけでよかったのである。

エアハルトは連合国の許可を待たずに、すぐさま自由市場化を果たし、すべての配給と価格統制を廃止した。アメリカ当局との彼のやり取りは伝説として語り継がれている。

ルシアス・クレイ将軍「食糧不足が蔓延しているのに、どういうわけで配給制度の緩和を強行するのか？」
エアハルト「いいえ、将軍閣下、私は配給を緩和したのではありません。廃止したのです！　今、人々が必要とする唯一のクーポンはドイツマルクであります。そして、彼らはドイツマルクを獲得するために一生懸命働くでしょう、まぁ見ていてください！」

これは効果てきめんだった。ほぼ一夜にして店が再び商品で満ち工場が始動したことを、この世代のドイツ人たちはみんな覚えている。

この一見すると奇跡かのような出来事は、決して奇跡なんてものではない。**トライゾーン**〔トリツォーネ、米英仏占領区〔は現在、輸出に非常に有利な固定為替レートを備えたハード・カレンシー〔価値安定通貨〕を持っていた。企業資本はエアハルトの計画によって手つかずだった。東エルベとズデーテン地方から逃げてきた、すぐに馴染むことのできる何百万人もの難民〔被追放民〕は教育を受けた熟練労働力だった。彼らは、まずもって生きのびたことを喜び、低賃金でも働く意欲に満ちていた。ほとんどの機械は依然として稼働していた。そしてなにより、そこにマーシャル・プランの援助金が届けられたのだ。これらすべてが積み重なって、歴史上において最大かつ最も企業贔屓の救済策が実現したのである。

これが核心である。一九四四年のドイツの公的債務は三七九〇億ライヒスマルクに達し、これは一九三八年のドイツのGDPのおよそ四倍にあたる。一九四八年、アメリカ軍の支援の下で通貨改革が行われ、この債務は一掃された。ゼロになったのだ。……一九四七年から一九六二年まで、マーシャル・プランによって西ドイツは対外債務を免除された。……つまり、四六五〇億ライヒスマルク／ドイツマルクの債務が帳消しになったのだ。ここには、本来支払われるべきだった繰延利息支払いは含まれない、……これはギリシャ〔二〇〇九年以降のギリシャ危機〕を上回るだろうか？　おそらく、そうだろう。

アルバート・リッチュル教授『エコノミスト』誌、二〇一二年六月二五日

これほど好条件なので、西ドイツの実業家たちがすぐに再びお金を稼ぎ始めたことは本来の意味で

も奇跡ではなく、ましてや**経済の奇跡**などでもなかったのである。

真の統一、ベルリンにさよなら？

誰もが突然、未来に目を向けるようになった。しかし、生き残った企業は定義上は少なくともナチ政権との清算をせざるをえない状況で、どのようにしてこの国は道徳的かつ政治的に前進することができたのだろう？　医師のほぼ半数がナチ党員だった国家をどうやって癒やすのだろうか？　一〇年の間、全大学教員が**人種理論**を教える同僚と一緒に働いていた国を、どうやって再教育するのだろうか？　トルーマンでもスターリンでもこの回答は簡単だった。つまり、重大な戦争犯罪者以外はみな、忘却のベールに身を包みこんだのである。

特にコンラート・アデナウアーは、物事を前進させることを堅く決心していた。[*22]一九四八年六月、ソ連側はルートヴィヒ・エアハルトの新しいドイツマルク導入に対抗して西ベルリンを封鎖したので、連合国は**空の架け橋作戦**で約一年間、飛行機による西ベルリンへの補給を余儀なくされた。アデナウアーは、戦勝国間の戦争寸前といえる、この敵対関係を真の西志向のドイツという彼自身の人生の野望を実現できる空間として利用した。暫定首都としてフランクフルトではなくボンが僅差で選ばれ、一九四九年五月二四日に**基本法**が公布された。一九四九年八月一四日の選挙の結果、七三歳のアデナウアーは**連邦共和国**の初代首相に就任し、一九六三年まで継続してその地位に就いていたため、この時代は**アデナウアー時代**として知られるようになった。

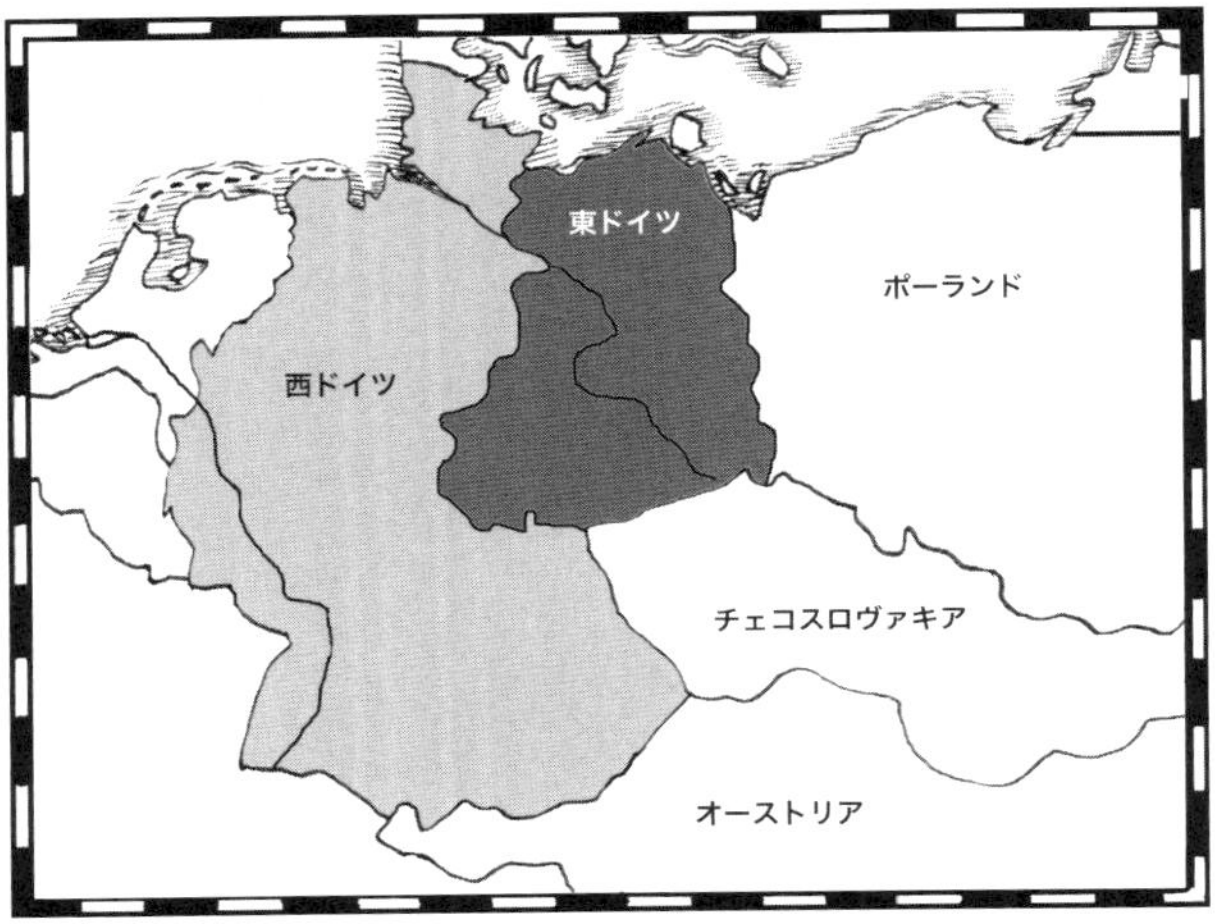

図45

アデナウアーのドイツは、ローマ帝国が企図したゲルマーニア、カール大帝のゲルマン帝国、ナポレオンのライン同盟によく似ていた。ポーランドとの間には緩衝地帯があり、ロシアとは接しておらず、チェコとはほんの少しだけの国境を有していた〔図45〕。

いわゆる一八七一年の統一は、エルベ川以西のほぼ全ドイツが統合されたことによって、それ以前の状態に解体されたのである。

アデナウアーは西側統合 Westintegration を政治の拠り所とした。彼はこのことに非常にひたむきだったので、一九四九年一一月のある有名な討論会で、社会民主党は彼を連合国〔戦勝国〕の首相だと罵声を浴びせた。彼らがアデナウアーの真意を知っていたら、もっと大声で叫んだことだろう。

一九五五年一二月一日、駐ドイツ英国高等弁務官イヴォン・カークパトリック卿は、最高機密として以下の覚書を首相に送った。

コンラート・アデナウアーの真意

昨日、ドイツ大使は私に、特に機密の連絡をしたいと申し出ました……。アデナウアー博士はドイツ国民を信頼していないとのことです。彼は自分が表舞台から姿を消せば、将来のドイツ政府がドイツを犠牲にしてソ連と取引を行うかもしれないと恐れています。ゆえに、彼はドイツの統一よりも、西ドイツと西側諸国との統合がより重要だと感じていると思われます。彼は、これを達成するために全力を尽くすつもりであることを私たちに知ってもらいたかったのです……。もし、彼が私にこれほど率直に表明した見解がドイツで公になったら、当然、彼の政治的立場はとても危ういものになるでしょう。

つまるところ、アデナウアーは、ベルリンを首都にドイツが再統一した場合、それが「西側に結びついたまま」でいられるとはまったく信じていなかったのだ。

コンラート・アデナウアー、CDUのポスター、1957年

アデナウアーの西ドイツは実に順調に溶け込んでいった。一九五四年にはサッカー・ワールドカップで優勝し、一九五五年には再軍備を果たし、アメリカ主導の西側軍事同盟である北大西洋条約機構〔NATO〕に加盟した。一九五七

年にはローマ条約によって、欧州連合EUの前身である欧州経済共同体EECが創設され、アデナウアーの盟友かつ弁護士で外交官のヴァルター・ハルシュタインが初代欧州委員会委員長に就任した。当時、ある著名なアメリカの社会学者が指摘したように、それはまさにバック・トゥ・ザ・フューチャーと呼べる現象だった。

適切な地図を比較すると、西暦八一四年頃のカール大帝の支配領域と現在EECに属している六か国の面積がほぼ同じであることがわかる。……このような類似性の高さは、単なる偶然の一致では片づけられない。

ヒューゴ・O・エンゲルマン「ヨーロッパ帝国、カール大帝から通貨市場まで」『ソーシャル・フォーシズ』一九六二年五月号

アデナウアーがもしチャンスを得ていたらどこまで踏み込んでいたのか、最近になってようやく明らかになった。ベルリンは一九四五年、連合国間で分割区域として共有されていた。一九四九年にソ連がドイツ民主共和国〔DDR、東ドイツ〕として知られる傀儡国家を樹立すると、ベルリン西部の三地帯〔米英仏占領区〕は、東側ブロックの奥深くで厳重に警備された西側の異常地帯となった。ベルリンの壁建設による危機〔一九六一年〕の直前、アデナウアーはアメリカに極秘の提案を行った。「西ベルリンを防衛するのではなく、旧プロイセンにおける西側の唯一の足場〔つまり西ベルリン〕を進んで放棄するべきだ」と。

（アデナウアーの望みによれば）アメリカ合衆国が秘密交渉でソヴィエトに交換条件を提示することを望んだ。西ベルリンとテューリンゲン、ザクセンとメクレンブルクの一部との交換である。壁の建設が始まる数日前、彼はラスク国務長官にこの提案をおこなった。……アメリカ政府側も、そのアイデアを真剣に受け止めたのである。

『シュピーゲル』二〇一一年三三号

しかしこの直後、状況は完全に膠着した。ベルリンの壁が建造され、ドイツ民主共和国は事実として認められた。それでは、そこで何が起こっていたのか見てみることにしよう。

ドイツ民主共和国、あるいは超約「東エルベの歴史」

東ドイツを変えたのは、一九四五年から一九八九年のソ連による占領ではなかった。ソ連が東ドイツを占領したのは、この地がもとより特異だったためだ。

九三五年、オットー大帝はエルベ川を越えて東方に侵攻した。九八三年、スラヴ人はドイツ人を再び追い返し、そして一一四七年にドイツ人は再度侵攻を試み、その後は二世紀にわたりオーデル川までの大部分をスラヴ人から奪うことに成功した（しかし、完全に支配することはできなかった）。ドイツ騎士団はさらに前進したが、一四一〇年、ポーランドに撃退された。一五二五年にローマへの反乱としてポーランドを宗主国として誕生したプロイセンは、スウェーデンとの戦いで名声を高め、エルベ川とオーデル川間での勝利によって大国となった。そして、一八〇七年にナポレオンに敗北したが、ロシアのツァーリによって廃絶から救われた。ドイツ西部諸邦には決定的に団結力が不足していたので、プロイセンは一八六六年のエルベ河畔での大決戦〔普墺戦争。別名はドイツ・ドイツ戦争とも言う〕の後、彼らを従えたのである。一八七〇年、プロイセンはフランスを粉砕した〔普仏戦争、最近は独仏戦争とも言う〕。その後、スラヴとの一〇〇〇年にわたる闘争を解決するために人員と資金を投資することを余儀なくさせた。この闘争は一九四五年に終結し、東エルベの一部は永遠に失われ、エルベ川とオーデル川の間に残されたのはソ連が支配する無力な植民地だった。

ドイツ民主共和国〔東ドイツ〕の創設により、この東エルベの胴体部分は、それまでずっとそうであったようなことが公式化された。つまり、スラヴの人々によって特徴づけられる東ヨーロッパの中でドイツ語を話す奇妙な存在となったのである。一九六一年に壁が建設されるまで、東ドイツ人、とりわけ若者と教育を受けた人々は、年間平均約二〇万人の割合で西ドイツへの新たな**東からの逃亡**〔オストフルフト〕を企てた。この数は一八五〇年代以降のオストフルフトの割合とほぼ同じである。もしロシアの庇護国家が、その間に逃亡者たちを阻止するための残酷な壁を建設し、それを維持していなければ、一九八九年になるまでにエルベ川の向こう側にはドイツ人はほぼ残らないことになっていただろう。

残された者は、**シュタージ**〔国家保安省〕のなすがままだった。シュタージは、約九万人の正規職員だけでなく、およそ二〇万人のいわゆる**非公式協力者**〔非常勤のシュタージ協力者〕も召集することができた。

しかしながら、シュタージをナチスのゲシュタポ以上に普及させたのは、数え切れないほどの下位レベルの情報提供者が些細な報酬のためにシュタージに進んで協力したためだ。彼らは、友人、同僚、チームメイト、家族までも密告した。誰かの一言により、キャリアがめちゃくちゃにされ、大学から追い出され、刑務所に入れられ、子供を失う恐れがあったのだ。

シュタージは、世界で最も抑圧的かつ効果的な国家保安機関だと広くみなされていますが、一部の東ドイツ国民はこの事実を辛辣なユーモアをもって扱いました。次のようなジョークがあります。

モサド、CIA、シュタージがすべて、白骨遺体の身元を特定する任務を負っていた。シュタージだけが自白を引き出すことで特定に成功した。

また、シュタージは対外スパイ活動にも並外れた効果を発揮しました。西ドイツのヴィリ・ブラント首相の執務室に内通者を置き、一九七四年にこのことが発覚してブラント首相は辞任することになったのです。しかし、すべての東ドイツの機構と同様にソ連の支配下におかれ、壁が崩壊したとき、他のすべてのものとともに崩壊しました。

『ホロコースト以後のドイツ人とユダヤ人』の著者ポール・オ・ドシャルタイの回答

左派の西ドイツ人、そしてヨーロッパやイギリスの左翼も、ドイツ民主共和国の現実を見ないことに決めていたようだ。経済学者たちは東ドイツのＧＤＰに関する、酷く、そしてあからさまな捏造を

受け入れた。お人好しの政治家たちは、その支配者たちの善意の証拠を熱心に探し求めた。極めて知的な社会学者たちも、東ドイツはもちろん完璧とは言えないし西ドイツよりも部分的に物質的に豊かではないものの、社会的によく組織された国家だと主張した。

慢性的な近視眼

『ガーディアン』紙のジャーナリストのジョナサン・スティールは一九七七年、ドイツ民主共和国について「東欧諸国が現在そうなっているような、権威主義的な福祉国家のロールモデルである」と結論づけた。「現実主義」を自称する保守派でさえ、共産主義の東ドイツについて、今日とはまったく異なる口調で語っていた。当時、「シュタージ」という言葉が彼らの口の端にのぼることはほとんどなかった。

ティモシー・ガートン・アッシュ、『ニューヨーク・レビュー・オブ・ブックス』二〇〇七年

文芸批評家たちは、東ドイツの芸術家たちを好意的に扱い、あからさまな政府のプロパガンダ以外の物を制作した者は、誰もが天才と称賛された。

ある西ドイツの批評家による困惑した回顧

突然、何年もの間、好評を博してきた東ドイツ文学が、その大部分がちっとも価値のあるものではなかったことにみなが気づき始めた。……ああ、なぜ興味がなかったのかについて、小さなエッセイを一本

でも書いていれば……と、今になって思う。しかし、そのような取り繕いはできない。ドイツ民主共和国の作家が西側で受賞したとき、私たちはただ微笑んで、「そうそう、これはドイツ民主共和国への特別ボーナスだよ」と言ったものだ。

ヨーゼフ・フォン・ヴェストファーレン『ドイツ人の過食症について』一九九〇年

晩年、ドイツ民主共和国は、自分たちこそが真のドイツであると主張しようとした。マルティン・ルターの思い出を利用し、プロイセンの美徳とされるものは、ユンカー軍国主義を別とすれば、戦争を煽るアメリカの〝**コカ・コーロ**〟**ニアリズム**〔コカ・コーラ植民地主義〕に代わる肯定的なものであると示唆した。これは実際、西ドイツの極左と共鳴するところがあった。そもそも、反西側の潮流は何であれ、ドイツの極左・極右に一定の共鳴をもたらす傾向がある。そして、この傾向が最も顕著な時代、それが一九六〇年代であった。

困難な時期

一九六〇年には、西ドイツは北大西洋条約機構〔NATO〕と欧州経済共同体〔EEC〕の中心的存在となっていた。西ドイツはイギリスを抜いて世界第二位の自動車製造国となり、労働力の不足を補うために南欧や東欧からいわゆる**ゲスト労働者**〔ガストアルバイター Gastarbeiter〕を積極的に受け入れていた。とはいえ、西ドイツではまだ賃金も低く消費も控えめであり、実際に自動車を所有している人はイギリスの半数にすぎなかった。

だが時代は大きく変わった。働くことができ、貯蓄ができ、さらには戦争を忘れることもできたことに感謝していた世代は、あらゆるものを最大限に望むベビーブーム世代に取って代わられたのである。そして、彼らは「本当のこと」も知りたいと望んだ。

西側全体で、若者たちは事なかれ主義で偽善的で権威主義的な親世代に我慢ならなかった。ドイツでは、年配者たちの中でいともたやすく本物のナチスを見つけることができたので、この対立は特に苦いものだった。一九六三年から六六年にかけてのフランクフルトのアウシュヴィッツ裁判は、ドイツの若者たちに衝撃を与えた。ベトナム戦争は彼らを憤慨させた。若者たちの頭の中に、奇妙な敵の像が形成された。自分たちの哀れな父親が元ナチスであり、西側資本主義の隷属的な仲間だという像である。ユダヤの人々を殺したかと思えば、今度は**アメリカ野郎**〔独語でAmi。占領軍のアメリカ兵も指す〕にこびへつらい、ドイツ人は**マクドナルド文化 McKultur** のほしいままになる消費者となった。一九五〇年代には、**西側志向 Westorientierung** はプロイセンやナチスの権威主義に代わる肯定的なものとして広く受け止められていた。しかし一九六〇年代には、「西」化〔Verwestlichung〕は否定的な意味合いを持つようになり、それに反対する強硬左派と強硬右派が意見を一つにしていた。

両極端が出会う場

一九六五年終わり頃から一九七〇年代初頭にかけて、デモ参加者はリンドン・B・ジョンソンとアドルフ・ヒトラーを重ねた絵を描いたプラカードを掲げ、アメリカの文化産業の野蛮とされるものを戦争の野蛮と同一視した。……反米主義という硬直した知的枠組に当てはまるなら、どんなとっぴなアイデアも歓迎された。……「USA〔アメリカ〕、SA〔突撃隊〕、SS〔親衛隊〕」というスローガンが儀礼的な言葉となった。……多くの場合、西ドイツの批評家は、東側のプロパガンダ機関雑誌の購読者かのようだった。

ベルント・グライナー『サイゴン、ニュルンベルク、そして西洋：一九六〇年代後半のドイツにおけるアメリカ・イメージ』*23

このような文化的な風潮の中、シュタージによる秘密裏の支援を受けて、一九七〇年代の西ドイツを震撼させた**バーダー・マインホフ団**、つまり**赤軍派**〔RAF〕のテロ組織が活動した。おそらくこのことは、赤軍派の主要メンバーの一人であるホルスト・マーラーがなぜ、後によく知られるネオナチとなったのかを説明する助けとなる。

ウルリケ・マインホフとグドルン・エンスリンは、道徳的に厳格で急進的なプロテスタント主義の影響を深く受けた若い女子学生であった。人心掌握に長け、残忍なアンドレアス・バーダーと根無し草のヤン＝カール・ラスペといった男たちは、知的レベルが低く、より衝動的であった。全員が中流階級の出身だった。ベトナムで繰り広げられたアメリカの「帝国主義的な」戦争と「抑圧的な」西ドイツ国家に

対する増悪に駆られてはいたが、彼らは一貫した政治イデオロギーを育むことはなかった。
『ニューヨークタイムズ』紙、一九八八年一月三日

一九六七年六月二日、後にシュタージに雇われていたことが判明した西ベルリンの警察官が、イラン国王の訪問に抗議していた非武装のデモ参加者を射殺した。この事件の銃声が、ドイツ左派テロリズムを生み出したのだった。

その後、学生集会でグドルン・エンスリンは、こう宣言した。「このファシスト国家は私たち全員を殺そうとしている！　暴力は暴力に対する唯一の答えなのだ。彼らはアウシュヴィッツの世代だ。そんな奴らと議論することなどできない！」と。

一九六〇年代の漠然とした理想主義が急速に暴力へと退行していったのは、決してドイツだけではなかった。しかし、赤軍派のメンバーは、その実践的かつ個人的な凶悪さにおいて独特であり、特異な問題をはらんでいた。いわゆる「ドイツの秋」と呼ばれた一九七七年の最盛期には、産業界の重鎮ハンス＝マルティン・シュライヤーやドレスデン銀行の総裁ユルゲン・ポントのような著名人が意のままに暗殺された。三〇歳未満の西ドイツ人の四人に一人が、逮捕されたリーダーを刑務所から解放すること以外に合理的に定義できる目標を持たないこの救世主的殺人者集団に「ある種の共感」を示した。

なぜ多くの人々が、このように心ひそかにシンパシーを感じたのだろうか？　確かに反米主義は大きく影響している。しかし、おそらくもっと古くからの何かが影響していたのだろう。

マインホフは赤軍派の使命を説明しようとした。……彼らは、自分たちがドイツに革命をもたらすとか、殺害や投獄の危険がないと考えるほどナイーブではなかった。重要なのは、「一九六七／六八年の運動が到達した認識の全状態を歴史的に救済すること、つまり闘争を再び崩壊させないこと」であった。……これは過去からドイツに長く響く言葉である。……未来にメッセージを残すために最後まで戦い抜く、運命的な闘争の伝統に由来する。

ニール・アッシャーソン、『ガーディアン』紙、二〇〇八年九月二八日

マインホフと知己だったアッシャーソンの言うことは確かに正しい。この世界観によれば、我々が今ここで誰かのために実際に良いことをしているかどうかは問題ではない。重要なのはただ我々が、何があっても信念を貫き不確かな未来に向けて模範を示すことである。よくよく考えてみると奇妙なアイデアだが、「我々は善行によってではなく、信仰だけによって救われる」、つまり**ソラ・フィデ**というルターの考えから何らかのかたちで派生したものだと思わずにはいられない。

ドイツという戦場

幸い、このニヒリズムの時代にドイツの政治を支配していたのは未来による自己正当化の情熱に力を注ぐような英雄ではなく、典型的な中道左派でヘビースモーカーの裏取引屋ヘルムート・シュミット首相〔在任一九七四～一九八二年〕であった。

シュミット政権の下、ドイツは個人の自由を深刻に傷付けずに、凶悪なテロリストに対処した。シュミットは一九七三年の石油価格ショック〔オイルショック〕によって引き起こされた世界的な経済危機を、借入の増加を容認することで乗り切った。ドイツの民主主義は勝利を収め、その産業と競争力は救われたのである。

シュミットの成功は、社会民主党の方針のためにドイツを西側陣営にあまりにも結びつけたために終わりを迎えた。このとき、東西間の深刻な緊張の時期を迎えていた。一九七七年、シュミットはNATOに対して、ソ連の中距離ミサイルの大規模な改良が均衡を崩し、悪夢のような核戦争のシナリオの可能性が高まっていると警告した。彼は、アメリカは同じ方法で対抗すべきだとし、同時に交渉は引き続き行うべきだと提案した。

NATOが想定していたワルシャワ条約機構軍の攻撃計画（1978年）

シュミットの率いた社会民主党は、アデナウアーの**西側結合**〔Westbindung〕計画には常に煮え切らない態度を取っていた。ソ連のハンガリー侵攻〔一九五六年のハンガリー事件〕やチェコスロヴァキア侵攻〔一九六八年の「プラハの春」〕にもかかわらず、党内にはアメリカこそが戦争を始める可能性が高いという不可解な確信を持っている者もいた。

一九七九年、アメリカが西ドイツに短距離陸上配備型パーシングⅡミサイルを設置することに同意したとき、国民の大部分は抗議の声を上げた。現代の緑の党はこの運動から生まれたが、単にアメリカ主導のハルマゲドンに対する合理的な恐怖に基づくものとは考えにくい。それよりも、**西側結合**に基本的な共感が欠けていると危惧したアデナウアーの考えが正しかったとする方が信ぴょう性は高いだろう。緑の党の創設者の一人であるマリールイゼ・ベックは、最近こう語っている。「反パーシング運動が、ある面では平和主義運動であり、別の面ではアメリカやＮＡＴＯに対する極めて両義的な抗議運動でもあったとは、当時は気づかなかった」と。

一九八二年まで、シュミットは党内の支持を大きく失い、予算を引き締める必要があったときに賛同を得ることができなくなっていた。シュミットは退陣し、代わりにキリスト教民主同盟のヘルムート・コールが就任したが、彼はアデナウアーの路線と軌を一にしていた。コール政権下で、アメリカ製のロケットがドイツに導入された。その結果はハルマゲドンではなく、真剣な交渉のはじまりを意味した。それは、一九八七年のアメリカとソ連の短距離ミサイルをすべて撤去するための交渉だった〔中距離核戦力全廃条約〕。

その間に何もかもが変わってしまっていた。ミハイル・ゴルバチョフは、一九四五年以降に戦争から産み落とされた、戦後のソヴィエト帝国を引き継いだ。この帝国はもはや破産し、まもなく崩壊を迎えようとしていた。

帰ってきた東エルベ

一九八九年の初め、ゴルバチョフがいようがいまいが、国家が破産しようがしまいが、ドイツ民主共和国の首班エーリヒ・ホーネッカーは「壁は五〇年後も一〇〇年後もそこにあるだろう」と宣言した。政権は自信満々で一九八九年一〇月七日に建国四〇周年のパーティーを計画し、意地汚い卑劣な道を突き進んだ。中国が天安門広場で社会主義を擁護したことを公然と称賛した。対して東ドイツ人は**共和国逃亡罪**で射殺され、シュタージは西側での殺人実行のためにバーダー・マインホフ一味の最後の生き残りを訓練していた。

東ドイツに「終わり」を告げるゴルバチョフ（1989年10月）

八月、ハンガリー当局はオーストリアへの入国を許可し始め、その後ドイツへの入国も許可した。何万人もの東ドイツ人が脱出のチャンスを嗅ぎつけ、ハンガリーへの休暇旅行を予約した。ブダペストとプラハの西ドイツ大使館は、突如として亡命を求める東ドイツ人であふれかえった。九月一一日、ハンガリー軍はあっさり門を開いた。同月末までに三万人の難民が西ドイツに押し寄せた。

やけになったドイツ民主共和国は、チェコスロヴァキアとの国境を閉鎖した。一九八九年一〇月六日から七日にかけて東ベルリンで開催された建国記念パーティーの場で、東ドイツの強硬派の支持者ではなかったゴルバチョフは、ホーネッカーに「遅きに失した者に、人生は罰を与える」と語った。

ベルリンの聴衆は、ゴルバチョフを**ゴルビー**と呼び喝采を送った。しかし彼らは、ゴルバチョフが立ち去った後、警察に殴られたのである。一〇月九日のライプツィヒに、人々は決意を固めながらも恐怖を感じつつ集合した。なぜなら、当局が**北京的な解決**〔虐殺、つまり天安門事件〕を目指すのか、それとも**ポーランド的な解決**〔妥協〕を目指すのか、誰一人として知る由もなかったのだから。

聴衆には物を投げつけるような者はおらず、警察も軍隊も発砲しなかった。一〇月一七日にホーネッカーは辞任し、一一月一日にはチェコスロヴァキアとの国境が再び解放された。二日間で一万五〇〇〇人が東ドイツから逃れた。[*24] 一一月九日、まったくの偶然ではあったもののベルリンの壁の開放が宣言され、すぐさま人々が壁に殺到しハンマーで壁を叩き壊すなどした。ヘルムート・コール首相でさえ、この事態をほとんど予想していなかったため、当時ワルシャワの政府晩餐会に出席しており、この報に驚いたのである。

事態は急ピッチで進んでいたが、当面の間は東ドイツが独立した国家であり続けるだろうと誰もが思っていた。とどのつまり、統一は間違いなく、あまりにも複雑な手続きを踏まねばならないと思われたからだ。その手続きには、すべての国際パートナーが関わる必要があるだろうし、ドイツ国内では公共的で包括的な討議もされなければならないし、さらにこれらに関わる選挙もまた必要だろう、と。

しかし、これらは何一つとして必要なかった。東ドイツのキリスト教民主同盟（CDU）支部〔若きアンゲラ・メルケルもそこに加わっていた〕が率いるドイツ連合が、一九九〇年三月の東ドイツ人民議会選挙で巨勝した。まだ統一について実際に投票した者はいなかったが、東ドイツ国民はその政治体制から立ち去っていった。一九九〇年一月だけでも二〇万人が西ドイツに移住した。ライプツィヒのデモ参加者のシュプレヒコールは、愛国的アピール「Wir sind ein Volk!〔我々は一つの国民だ！〕」から、今や「西ドイツマルクが来れば、ここに留まる。そうでなければ西ドイツに行く！」という脅迫に変わりつつあった。

新たな**東からの避難民**に対する恐怖が事態を動かし始めた。西ドイツが東マルクとドイツマルクを一対一で交換したとしたら、人々は元の場所に留まり続けたかもしれない。だが、どのようにして元東ドイツの国営企業がそのような額の賃金を支払うことができただろうか？　どのようにして新しい地域はほぼ同等の年金や給付金を供給することができるのだろうか？　西ドイツからの巨額の補助金が必要となることは明確であったため、ドイツ連邦銀行総裁オットー・ペールがこの問題で辞任した。だが、コールの一団は毅然とした態度をとった。東ドイツは一九九〇年七月一日にドイツマルクを取得した。西ドイツはドイツ人を東エルベに留めておくための費用を支払わなければならなかったのである。一八五〇年以来、平時のどの政府も彼らの脱出を阻止できなかったにもかかわらずだ。

まだ統一に関する投票は行われていなかった。最終決定を下したのは国内政治だった。世論調査ではいずれも、次の西ドイツ総選挙でのコールの敗北を予想していた。しかし、この選挙が**西側**だけではなく、東側もだったらどうだろうか？

ありえないことに、東側でも西側でも投票されることはなく、**再統一**は一九九〇年一〇月三日に達

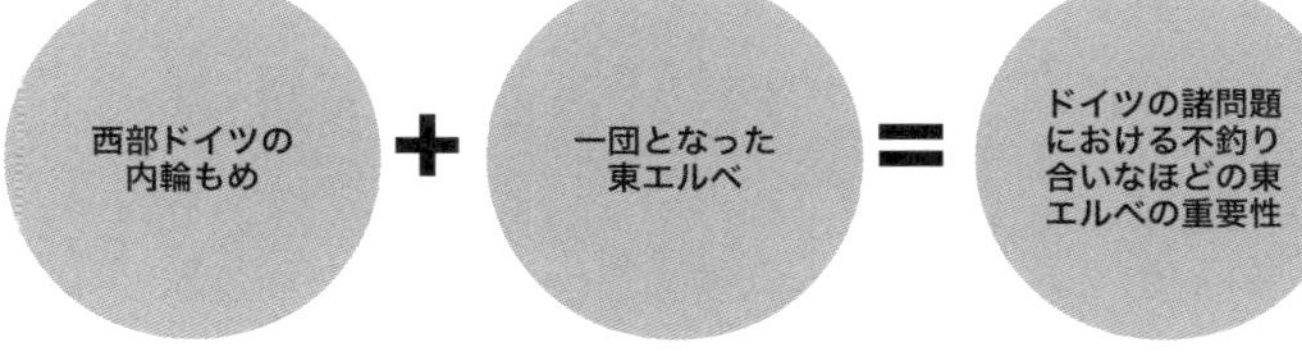

フリードリヒ大王以後のドイツ政治史の超約

成された。多くの人が、次のように考えた。コールは国民の同意なしに、愛着あるドイツ・マルクを手放してユーロを導入すると約束してフランスの合意を得たのだろうと。

> ミッテラン〔仏大統領〕はドイツの東方拡大を許可することで、コールが「統一首相」になるのを手伝った。これにより、コールはドイツが大切に保持してきた通貨を取り除く立場に立つこととなり、これはミッテラン時代の最大の勝利の一つとなった。
>
> 『シュピーゲル』二〇一〇年九月三〇日

コールは愛国心を刺激する手札を最大限活用し、新しい州を**花咲き乱れる風景**に変えるもう一つの「経済の奇跡」を約束した。それでも、一九九〇年一二月の総選挙では西ドイツでせいぜい持ちこたえただけで、一九八七年の選挙結果と比較してほとんどの選挙区で後退した。人々は明らかに、**統一首相**の行いに失望していた。もちろん東では状況が異なった。つまりコールは新たに誕生した五州すべてを制し、そのうち四州では大差で勝利し、新たに自由民主党〔FDP〕との連立政権をたやすく率いることができたのである。

さて、議会をボンからベルリンに移すかどうかという大きな選択が迫られた一九九一年六月二〇日の長く緊迫した討議は、最後まで接戦となった。ついに採決となったとき、元西ドイツの議員たちは、二九一対二一四でボンに投票した。多くの観察者は、わずか数か月前に命を狙われて車椅子生活を余儀なくされたヴォルフガング・ショイブレ内相がベルリンを支持する感動的な演説を行ったことが、これほどまでの接戦を招いたと述べている。

ドイツの歴史ではよくあることだが、西側諸州の分裂が命取りとなった。西の諸州のボンへの投票ははっきりとしていた。しかし、それは完全に明確だったわけではなかった。またしても、東エルベのほぼ単一文化圏の票が数でははるかに少なかったものの、僅差で決定を揺るがした。新諸州の八〇%がベルリンに投票したため、三三八対三二〇でベルリンに軍配があがった。ドイツの政治的重心は、かつてローマ時代に栄えたラインラントからベルリンに移った。つまり、一八七一年を真の統一だとする考えに全面的に基づき、ドイツ・ナショナルな首都だとかつて主張した都市に移ったのである。

第二の奇跡、到来せず

すぐさま、西側のドイツは実力以上のことをしようとしていると思われた。西ドイツに経済の奇跡の秘密の解決策など存在したことはなく、エアハルトが一九四八年時点の好条件下で与えた自由市場と

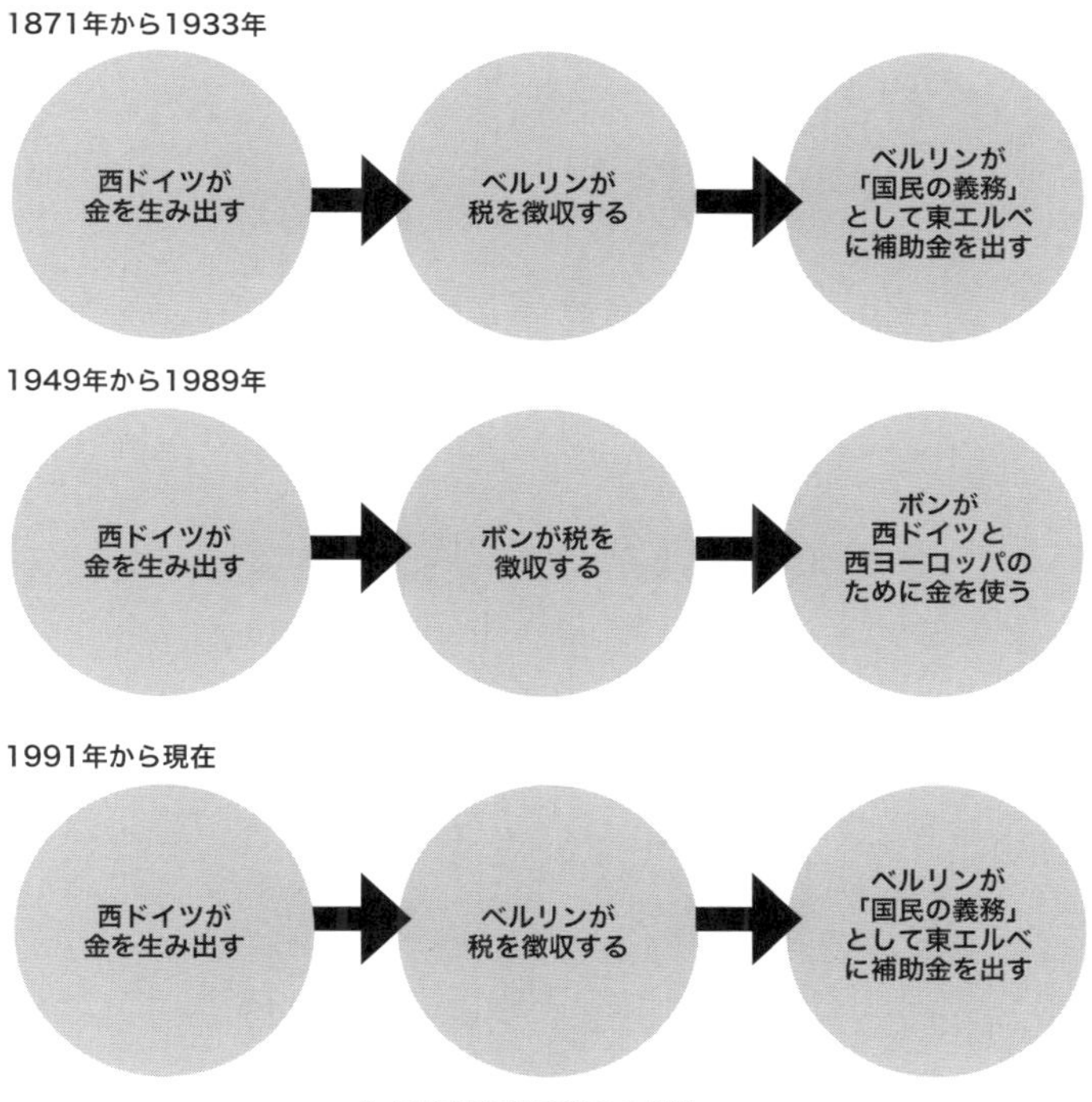

ドイツ国内経済の流れの超約

いうショック剤の例があっただけである。一九九〇年の通貨統合はその逆で、短期的な満足感は得られたものの、経済にとっては悲惨なものだった。

賃金、困窮者への給付金、年金は西側諸国とほぼ同等に設定されていたため、ほとんどの東ドイツ国民は元の土地に留まることを決意した。しかし、何十年もほとんど投資がなく、生産性がはるかに低かったため、東側の経済が持ちこたえることはできなかった。ゆえに、西ドイツがその費用を負担せねばならなくなったのである。

一八七一年から一九三三年ま

でがそうであったように、豊かで生産的な西ドイツ人は、絶望的な東エルベ経済に補助金を出し、首都ベルリンで巨大な官僚機構を維持することが国民の義務だと言った。すぐに、西ドイツ人は疑念を抱き始めた。次のようなジョークがささやかれるようになった。

トルコ人とオッシー〔東ドイツ人への揶揄表現〕の違いは何だと思う？　――トルコ人はドイツ語を話し、働きます。

中国人はどうしてあんなに幸せそうなのですか？　――彼らにはまだ壁があるからです。

経済は再び停滞し始めた。一九九七年、最新のメルセデスＡクラスが急ブレーキやカーブの性能を確認するいわゆる**ヘラジカテスト**中に横転した。もはやドイツに勢いがなくなったかのように思えたので、この実験名は流行し、ことわざにもなった。二〇〇〇年を迎えようとする頃、ブレアやブッシュなどのような楽観的な大西洋主義者は、未来はアングロサクソン・モデルにかかっていると信じていた。

経済成長が再び失速する中、ドイツはヨーロッパの病人（あるいは日本も）の烙印を押されつつある……。実際、ドイツの弱体化によって、ユーロは極めて危険な時期を迎えている。一月の導入以来、新通貨がドルに対してほぼ途切れることなく下落しているのは、ドイツ経済に対する悲観によるところが大きい……。ドイツのGDP全体の約五％を占める東部への補助金水準は、一九九〇年以来ほとんど下がっていない……。ドイツからヨーロッパの病人というレッテルが消えることはすぐにはないだろう。

『エコノミスト』一九九九年六月三日

二〇〇〇年以降の世界

海賊のようなアングロサクソン人が、アイスランド銀行をはじめとした欧州の金融は手堅いと考えて不良債権の借入・支出ブームに熱狂した。他方で、ドイツは状況を静観した。

中道左派の実務家ゲアハルト・シュレーダーは、ドイツで**ハルツ・フィア**〔Hartz IV〕改革として知られる二〇〇五年の制度的年金改革の手筈を整えた。これらにより、国の給付金で長期的に暮らすことの魅力が大幅に低下し、請求者は新しい**ジョブセンター**〔職業安定所〕に向かうようになったが、この英語の名称がそのアイデアの出所を示唆していた。シュレーダーはまた、もしドイツが全戦争に関わらないことがバルカン半島〔ユーゴスラヴィア〕での大量殺人を許すことを意味するのであれば、何か行動する必要があると緑の党の仲間たちを説得した。そしてシュレーダーは、緑の党の党員たちが反戦的な態度を改めさせることに成功した。彼は「ドイツは第二次湾岸戦争に参加しない」、つまり、「冒険するつもりはない」と強調し、反アメリカ主義という間に合わせのカンフル剤で社会民主党左派の機嫌を取った。ジョージ・W・ブッシュは立腹したが、シュレーダーは二期目を乗り切ることができた。

二〇〇五年には、ドイツはもはや病人のようには見えなかった。南ヨーロッパ人は高品質のドイツ製品に過大評価されたユーロを費やしたが、一方で自国の低価格の代替品は埃をかぶっていた。極東は突如として豊かになり、その人々は裕福なヨーロッパ人が望むものと同じものなら何でも望んだ。彼らの新しい産業には、ドイツの産業が比類のない生産力を誇る、特注の工作機械、クレーン、ベルトコンベアが必要だった。アメリカは輸入されたドイツ車を遮二無二求めた。信用貸しが横行する世界の中で、ドイツは全力で働いた。

二〇〇八年に人々が突然、借りた金は、借りているだけで返さなければならないと気づいたとき、ドイツにとっても、思いがけぬ災厄となりえた。実際、その不況はちょうど一年続いた。ドイツは嵐が急速に吹き抜けることに賭け、自国の産業基盤を死なせることなく守り続けた。ドイツの産業の多くが、（大部分は一九四八年のエアハルトのおかげで）依然として投資基金ではなく一族によって所有されているという事実が助けになった。そのような人々は状況が芳しくなかったとしても、自分の企業を諦めたくなかったのだ。しばしばフォルクスワーゲンのような工業会社の大株主となっていた国営銀行が支援に乗り出した。あとは、西ドイツ独特の伝統である組合と経営者との真剣な交渉が功を奏した。経営者は失業の代わりにパートタイム労働を提供し、労働者はそれを受け入れたのである。

この国は正しい判断をしたことが、すぐさまわかった。世界の他の国々が回復したとき、アメリカは依然として輸入に依存しており、極東はまだ新興成金だった。今やより慎重な選択が必要となったヨーロッパ人でさえ、価値を維持できる高品質の製品と思われるものを入念に選択した。ギリシャ負債危機が最高潮に達すると、ギリシャ国民はドイツ国旗を燃やしたが、同時にユーロからの離脱を余儀なくされた場合の保護策として、これまで以上に多くのドイツ車を購入していた。

ドイツは信じられないほど安定していて、逆境に強いように見えていた。三回の選挙で連続して〔二〇〇五年、二〇〇九年、二〇一三年〕、アンゲラ・メルケルが首相に就任した。選挙のたびに、彼女はドイツでは極めて稀な過半数議席に近づいていった。この国は世界の**輸出マイスター**であり、そのためゼロ金利でお金を借りられるほど信頼されていた。人々が**ヨーロッパ**は弱小国を救済する必要があると言うとき、それは**ドイツ**のことを意味した。アメリカが、**ヨーロッパ**はロシアに立ち向かう必要があると言ったとき、**ドイツ**のことを意味していた。イギリスの政治家が**ヨーロッパ**に特別な譲歩を要求したとき、それは**ドイツ**を意味していた。

ドイツの人々もまた、うまくいくようになった。個人資産の合計に関しては、驚くべきことに平均的なドイツ人は平均的なフランス人やイタリア人よりも所有財産が少なかった。これは主に、自分の家を所有するドイツ人がはるかに少なく、また旧東ドイツの多くの人々が持つ純資産が事実上、ゼロに近かったためである。しかし、著名な経済史家が指摘したように、彼の同郷人は、問題なく機能している政治共同体の一部であったため、まったくもって貧しくなかった。

社会国家[*25]はドイツ人の富の一部です。……我々は、人々が安全に満足して暮らすために他の国ほど個人の富に依存する必要がない、機能している自治共同体で暮らしています。我々の富は、単に所有する車や家の数だけではないのです。

ヴェルナー・アーベルスハウザーへのインタビュー記事『ツァイト』紙、二〇一七年、三月二三日

だが、アーベルスハウザーの見解には警戒心が見え隠れする。つまり、もし西ドイツに典型的な経済や公共機関に対する信頼が弱まったらどうなるだろうか？　実際、富裕層がアーベルスハウザーの**機能する自治共同体**から切り離されつつある兆候がいくつかあった。二〇一二年から、裕福なドイツ人が突然アングロサクソン人のように行動し始め、不動産を買い占め、悪名高いイギリス市場をも上回る住宅価格ブームを巻き起こした。ドイツではイギリスやアメリカほど重要ではなかった私教育が突然普及した。自由市場支持、反福祉、反ギリシャ救済、ＥＵ批判の新たな政党、ＡｆＤ**「ドイツのための選択肢[*26]」**が誕生した。創設者のベルント・ルッケは大学教授であり、最初のマニフェストを公に支持した人々の半数も同様だった。富裕層はかつての確信を疑っているようだった。貧しい人々、つまり「事実上、何も所有していないドイツ人の四〇％」（『ヴェルト』紙）もまた、その信条を放棄したらどうなるだろうか？

しかし、メルケルが意気揚々と三期目に突入したとき、これらの声は単なる雑音にすぎなかった。唯一、そして心からの怒りは相変わらず東エルベから突きつけられたのである。

支持されることのない東

巨額の援助プログラムにもかかわらず、コールが約束した花咲く風景はまだ生命維持装置につながっていた。累積数値は非常に驚くべきものになりつつあった。

> 一九九一年だけでも、収入の確保、企業支援、インフラ整備のために一四三〇億マルクをドイツ東部に送金する必要があった。……一九九九年までに総額は一兆六三四〇億マルクに達し、バックフローを考慮しても最終的には一兆二〇〇〇億マルクに達した。……その金額があまりにも巨額であったため、ドイツの公的債務は二倍以上となった。ドイツ統一の最初の数年間から、この傾向は現在に至るまで大きくは変わっていない。
>
> 「統一への道程」、連邦政治教育センター『政治教育のための情報集』二〇〇九年六月二三日より

この莫大な支出はほとんど効果がなかった。確かに、統一された大ベルリンは活況を呈しているように思われた。首都として、ベルリンは政府支出の巨大な恩恵を受けていた。グランジ・シック〔乱雑さによるかっこよさ〕と安い賃料は、観光客や新参者を引きつけた。しかし、それはすべて借金と補助金に依存していた。ベルリン市州〔人口三五〇万〕は中央政府から、年間およそ三五億ユーロを受け取っているにもかかわらず、バイエルン州〔人口一二五〇万〕よりもはるかに多く、国家から借金をしていた。他

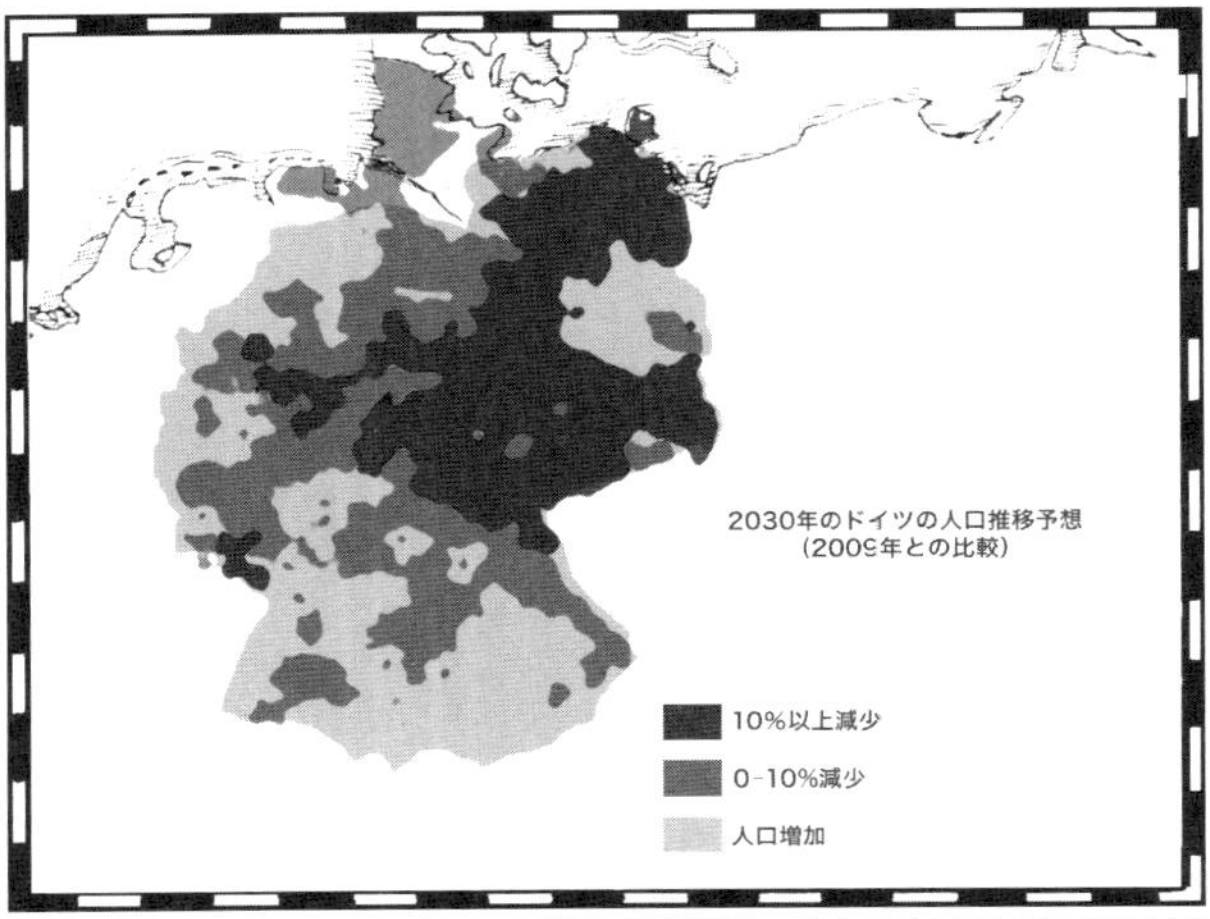

図46　2030年頃のドイツ人口の予想図（連邦建設・都市・国土研究所、2012年）

のヨーロッパの首都はすべて、国庫に資金を提供するのに貢献していた。ドイツだけがその逆であった。東エルベの奥部では、事態は壊滅的な状況に陥っていた。バイエルン州〔旧西ドイツ〕の人口は一九九一年から二〇一二年の間に八%増加した。他方、ザクセン＝アンハルト州〔旧東ドイツ〕では二〇%減少した。連邦経済エネルギー省は二〇一六年の報告書で、「この人口統計の状況はヨーロッパだけでなく国際的にも独特だ」と辛辣に述べた。東エルベは一八五〇年以来、選択の余地があればほとんどのドイツの人々にとっては住みたくない場所であったという事実を、二兆ユーロを投じても打ち消すことはできなかったのだ。

公式見解によれば、このような人口流出は今後も続くとされていた。東エルベを離れる人々は、比率としては若く、教育を受けていて、なおかつ女性が多かったため、現場の実情は簡素な数字が示すより

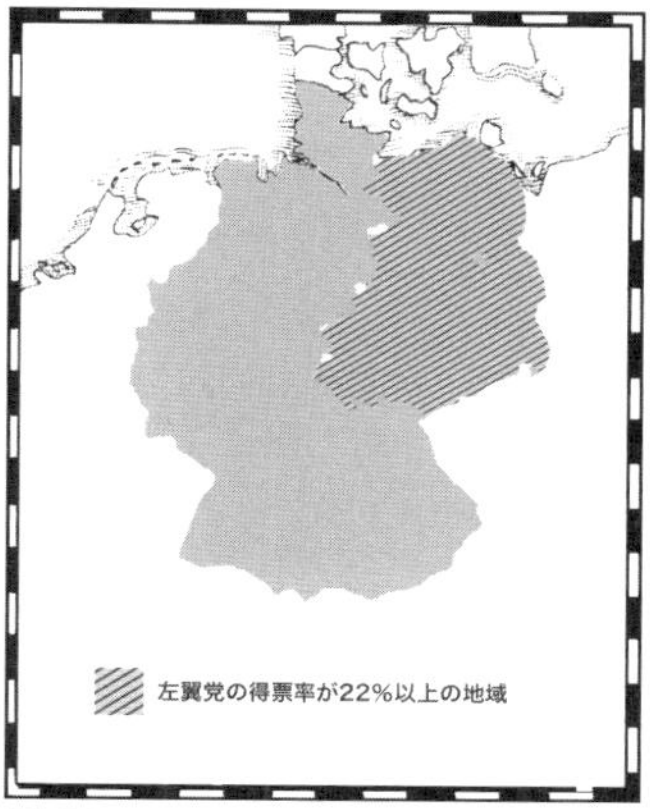

図 47

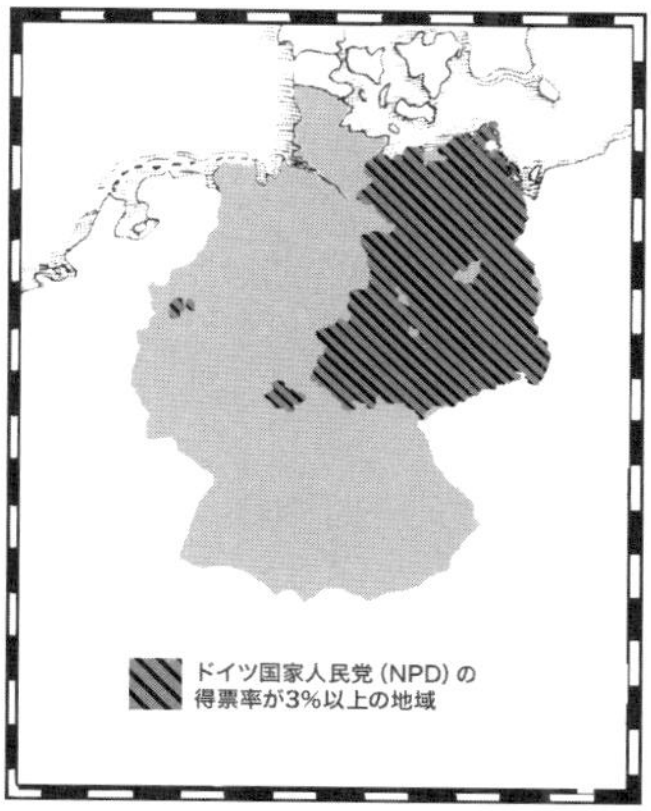

図 48
極左とネオナチの拠点、2013 年

もさらに悪いものだった［図46］。

　ではもう一度、西暦一〇〇〇年の**リーメス**とエルベ川の二本の線を図46の未来予想地図に描き込んでみよう。

　東エルベに残った人々は次第に高齢化し、教育水準が低く、男性が多く、西側とはまったく異なる投票をした。ドイツの主要な全国投票意向調査（インフラテスト・ディマップ社の日曜アンケート）は、地域に分けて発表されるのが常だった。つまり、**西ドイツと東ドイツ**である。しかるべくしてそのように分けられており、そうでなければ誤解を生む結果をもたらしていただろう。二〇〇四年や二〇〇九年、東エルベの有権者は、ネオナチ的に行動するNPD（ドイツ国家民主党）を二つの州議会に送り込んだ。*27 そして、このように相当数が極右に投票した一方で、それよりもはるかに多数の人々が旧東ドイツをずっと支配していた共産主義政党の直系後継党である**左翼党**に投票した。繰り返すが、地理的な分断があまりにはっきりしているので、地図が最良の判断材料となる。

この原因を一九四九年から一九八九年までのソ連の占領のみに帰するのはたやすいことだ。だが、東エルベではすでに何世代にもわたって数々の投票が行われてきた。第一次世界大戦前は**旧保守党**に、ヴァイマル共和国ではドイツ国家人民党〔DNVP〕に、一九三〇年から一九三三年にはナチ党に、そして二〇〇九年までには極左や極右に対して投票した〔図47、48〕。

旧東ドイツへの**郷愁**〔**オスタルギー**〕は、ほとんどのドイツ人にとって無害で皮肉な観光的な体験かもしれない。しかしながら、ザクセン州あるいはメクレンブルク＝フォアポンメルン州には、西側の価値観や同盟とは無縁の、一種のドイツらしさに対して、真剣な憧れを抱いていた人たちが少なからずいたようだ。

二〇一五年ではまだ安心・安全で豊かなドイツは、経済的に瀕死状態かつ政治的にも不安な東エルベに再び束縛されたとしても生きていけるように思えた。同年四月のメルケルの国内支持率は七五％で、政権発足から一〇年も経った民主的な指導者としては驚異的な数値を記録した。彼女はギリシャに厳しく、南ヨーロッパの多くで嫌われていたが、しかし東ヨーロッパの新しいEU諸国と自国の有権者は彼女に称賛を送った。

そして二〇一五年八月、メルケルはドイツ、ひいてはEU全体の人々の**機能する自治共同体**を、まさに自身のヘラジカテストに真っ向から追い込んだのである。

アンゲラ・ドロテア・メルケル

メルケルの奇妙な秋

一九九七年のダブリン規約は、ＥＵへの政治的亡命希望者は最初に入国した国に登録し、残留しなければならないと定めている。二〇一五年九月、難民がイラクとシリアの紛争地帯から北と西に流れ込む中、アンゲラ・メルケルは一方的にこの協定を無効にした。これにより、ドイツは中東を追われた人々の最大の目的地となった。

メルケルがなぜ、そんなことをしたのかははっきりしない。おそらく道徳的義務感から、つまり難民を助け、ギリシャとイタリアへの圧力を和らげたいという純粋な願望からだろう。おそらく彼女は、高齢化するドイツ社会にとって、この移住者たちが活性化のための若い血だと考えていたのだろう。あるいは、もっと複雑な政治上の作戦だったかもしれない。メルケル率いるキリスト教民主同盟は、アルバニア、モンテネグロ、コソヴォが今や**安全な出身国**〔政治状況が庇護の根拠にならない国〕であることを理由に、長年にわたり難民申請者を拒否しようとしていたが、連立政権のパートナーであるドイツ社会民主党によっていつも阻止されてきた。一部の人は、メルケル首相がシリア内戦からの難民問題を主導することで、この問題で道徳的優位性を独占できると見込んでいるのだと考えている。

メルケルの動機が何であれ、結果として彼女は南東ヨーロッパに向けて、同地がドイツに向かおうとする避難民の通過キャンプだと宣言したことになった。つまりドイツに行けば、微笑みをたたえる著名な女性首相が一緒に写真を撮ってくれるかのように思わせてしまったのである。メルケル首相が、難民の数がどれほど膨大になるか、もしくは他のＥＵ諸国からどれだけの反対に合うかについて大誤算をしていたことは明らかだった。

多くのドイツ人による**歓迎する文化** Willkommenskultur は世界を驚かせたが、大量に押し寄せた流入者のうち、実際に現下のシリアの危機から逃れてきた家族は少数派であり、あるいはシリア人ですらない場合もあり、すぐに限界に達した。二〇一五年の大晦日、ケルンで(警察の言うところでは)**アラブ系または北アフリカ系の若者たち**による集団性暴行が広く報道され、彼らは見たところドイツ当局など恐れることなく凶行にいたった。これが門戸開放政策に終焉をもたらした。

メルケルは他のＥＵ諸国に難民の一部を受け入れるよう要求しながらも、「我々なら成し遂げられる Wir schaffen das」というスローガンを繰り返し唱えた。スウェーデン以外に反応する国はなく、おまけにスウェーデンですらすぐにまた門戸を閉ざした。東ヨーロッパでは特に厳しい反応があった。

昨年九月にアンゲラ・メルケルがブダペストで足止めを食らっている難民にドイツの国境を開いたとき、彼女は権力の絶頂にあった。しかしヨーロッパでは、彼女の厳格な要求が多くの国を彼女に敵対させた。そしてここでメルケルは、プロテスタントの家系とドイツ的感性とが独特に混じり合った彼女の難民原則をヨーロッパ大陸に押しつけていた。……彼女の政策の代償は、ドイツにおける新しい右翼ポピュリスト政党の台頭と、ここ数年では以前よりもさらに分断が進行し、不満が高まったドイツ社会だけではない。メルケルはまた、あるヨーロッパをつくり上げてしまった。それは、もはやお互いが信頼

し合わないヨーロッパである。

『シュピーゲル』、二〇一六年、三月一〇日

その新しい右翼ポピュリスト政党とはAfDであり、二〇一五年の間にネオナチのドイツ国家人民党〔NPD〕に不快なほど近いものに変貌した。二〇一六年には、豊かな南西部バーデン＝ヴュルテンベルク州で一五・一%を獲得した。一見すると、安全な場所などどこにもないようだった。しかし、「バーデン＝ヴュルテンベルク」には周知のごとく、この地域独特の宗教的分断線が存在し（連合国は一九四九年に三つの異なる領域からこの州を創設した）、二〇一六年の選挙を地図上で見ると、一九三〇年から三三年にかけてのドイツ全土の状況と同じである。急進的右派は明らかにプロテスタント地域で最もよく機能する。ヒトラーの場合と同じように、あるいはイギリスのEU離脱やトランプの場合と同じように、恐怖や約束に対して人々を脆弱にしているのは、収入だけではなく文化なのだ。何世紀にもわたって植民地的な恐怖とルター派の権威主義が混在してきた東エルベは、それらが十分に醸成された土地である。この地ではAfDが二四%（ザクセン＝アンハルト州）、二〇・九%（メクレンブルク＝フォアポンメルン州）で勝利した。どちらの場合もNPDは三%を獲得した。一九九〇年以来ギリシャ救済として毎年行われているのと同じ額の二兆ユーロという補助金では、連綿と続く態度や意見を消し去ることができないのだ。

二〇一六年二月に難民住居が襲撃された後、『ヴェルト』紙の見出しは、ドイツ文化への同化に問題

を抱えているのは移民ではなく、**ザクセン**の人々ではないかと示唆した（この「ザクセン」という語は西部ドイツでは東部ドイツ全体を意味するために広く用いられている）。この前、ドレスデンでの一〇月三日の**統一の日**の式典では、ネオナチの火炎びんと当日の極右デモが式典を台無しにしたとき、ドイツの大新聞はリベラル派も保守派も、ザクセンの人々は実は別のフォルク（民族、国民）なのではないかとしきりに疑問を呈した。東ドイツ人の頭の中だけで、一体何が起こっていたのだろうか？

希望のないジョークがすべてを物語った。「ヨーロッパではブレグジット（イギリスのEU離脱）が可能だったのに、どうしてドイツは**ゼクジット**（ザクセンのドイツ離脱）ができないの？」

二〇一六年一二月、ベルリンのクリスマスマーケットで、一一人の死者を出したトラック突入事件は、ジョークですまされない深刻な事件だった。この襲撃事件は、ほとんどのドイツ人の見方ではとっくに国外追放されているはずの難民資格のない者（元申請者）が実行したものだった。

結論――二〇一七年、そしてドイツの真の歴史

過去を学んでも、そこから現在に対して何らかの光を当てなければ意味がない。西欧世界が次々と危機に見舞われる中、ドイツの歴史自体にはっきりとしたメッセージがある。ドイツ史においてプロイセンからナチ時代にかけての短い期間（一八六六年から一九四五年）とは、つまりはひどく逸脱した時代だった。そのことを認識せねばならないというメッセージである。

紀元一〇〇年以来、ドイツの南・西側は西ヨーロッパに属していた。一五二五年に初めて、西ヨー

ロッパではない新たなドイツが姿を現した。プロイセンである。対して、西部ドイツ人は、根っからの戦争遂行者、もしくは生まれながらの国家崇拝者からはほど遠く、この成り上がり者に対して団結することができなかった。そのため、西方ドイツの土地は戦場となっていき、この強大な隣人の潜在的な植民地となっていった。そして一八一四年、当時はロシアの一子分にすぎなかったプロイセンが、当世最大の愚策のおかげで一気に強大になった。イギリスが、今日のトランプ主義者のように、ヨーロッパの競合国家の混乱状態を積極的に望み、ライン地方の近代的な工業地帯をプロイセンに与えたからである。一八六六年、南部と西部のドイツ〔バイエルンなど〕は、この決定的に強大となったプロイセンに敗れ、まもなく吸収された。プロイセンは、歴史、地理、政治構造、宗教など、ヨーロッパの国家体制と比して完全に異質だった。これが大きな変容をもたらした。それ以来、ドイツの南部および西部のあらゆる富・産業・労働力は、プロイセンの野心に注ぎ込まれていく。そこでは、常にある一つの目標が目指された。つまり、可能であればロシアと同盟し、必要であればロシアと対決することによって、ポーランド、バルト海沿岸諸国、および中欧の北部一帯に対する覇権を獲得することであった。この千年来の闘いは、一九四五年に、プロイセンを血の一滴に至るまで、そしてその名さえも消滅させることで終焉に至った。ついに西部ドイツは自由になったのである。一九四九年、西ドイツはついに真の政治的実体を持つこととなった〔図49〕。

コンラート・アデナウアー、ヴィリ・ブラント、ヘルムート・シュミットのドイツは、仮初めの国家ではなく、もう一つの半身を待ち焦がれているような中途半端な国ではなかったのである。プロイ

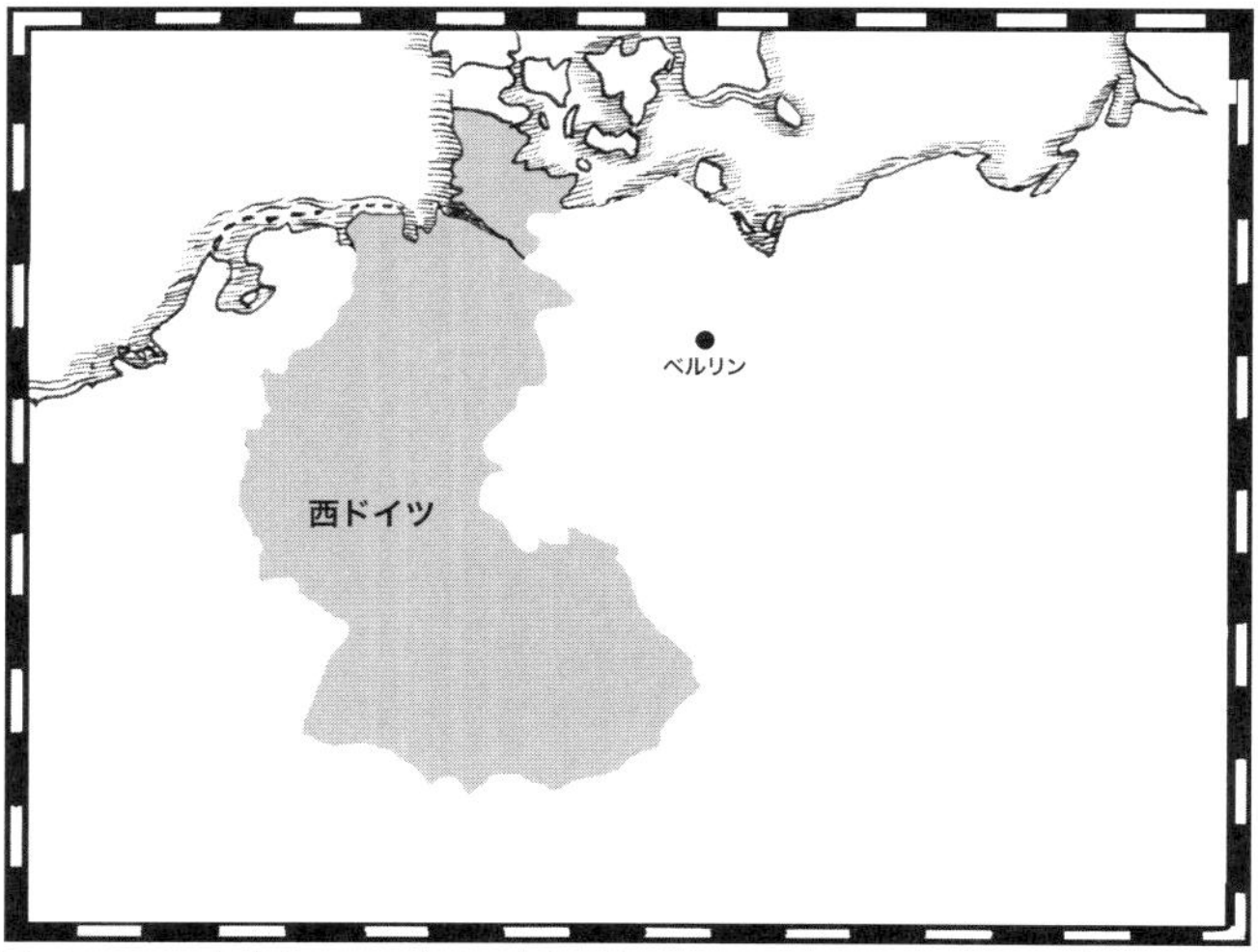

図49　1949年から1990年まで存在した西ドイツは、ローマ皇帝アウグストゥスが紀元前1年に想定したゲルマーニア、そして843年のヴェルダン条約で成立した東フランク、さらには1808年のライン同盟などに驚くほど似ている

セン・ドイツという過ぎ去った怪物とは異なり、西ドイツには真正なルーツがあった。西ドイツは、東のエルベ川を国境とし、ライン川に首都を置く単一の政治単位で、「ドイツの窓はさらに西側に開かれていて」（アデナウアー）、ドイツの真の歴史の集大成であった。つまり、それは地中海沿岸諸地域とは明らかに異なる場所でありながら、紛うことなき西洋の不可欠な一部である。

しかし、一九九一年、この**ブドウ畑**（肥沃な地）はベルリンのために放棄された。ベルリンは、マインツやシュトゥットガルトよりもワルシャワに近い都市だ。これはつまり、ドイツを苦しめるプロイセンの亡霊が依然として存在しているということを意味した。いわゆるドイツ再統一とは、ドイツ帝国と呼ばれたものの一部を切り落としたものを再生させたにすぎない。そして、ドイツ帝国とは、一八七一年にビスマルクによって、西ドイツ人、そして世界に押しつけられたプロイセンの虚構である。ほとんどの人々が深く考えもせず、このうわべで語られた、この再統一を感覚的に支持した。その理由を問うことなしに、ベルリンがドイツの当然の首都であるかのように思い込んで受け入れた。破綻した東エルベを援助することが、かつて祖先がユンカーやナチ体制の下でしてきたように、(西)ドイツ人の国民的義務であると考えた。一九九〇年時点で、忘却の淵にあったプロイセンの歌を一緒に歌わされていることに気づいていたドイツ人はほとんどいなかったのである。

この物語を思い出せば、ドイツ人は、アデナウアーがしたように、真の友に目を向け、真の利益を追求することができるかもしれない。手遅れになる前に、だ。ドイツ、要するに西ドイツは、巨大な貿易黒字を計上している。それは特にユーロ圏の他の国々との間で、である。二〇一六年から二〇一七年にかけて、貿易黒字は一〇〇〇億ドルに達する勢いである。その結果、ドイツ政府は驚くほどの低金利で信用を得ることができる。二〇一六年に発行されたドイツの一〇年国債の金利はマイナスだったにもかかわらず売れた。これはいわば、国際投資家が自分たちの金をドイツに貯蓄するために、その金を支払ったことを意味する。だが、ドイツはある種の共通ユーロ債の保証人として自らを差し出す代わりに、最も大切な隣国たち、つまり輸出市場、そして長年の友好国に対して厳しい節約政策を要求している。同時に、何兆ユーロ(!)もの大金を、かつて相応の報いを受けた東エルベに無駄に注ぎ込んでいる。そう、これがプロイセンであり、それは墓の底から語りかけてくるのである。

プロイセンは単に語りかけてくるわけではなく、政治的にも影響を及ぼしている。二千年の歴史が分断してきたものは、統合のために二兆ユーロを費やしてもまとめることはできない。東エルベでは、常に投票結果もその他と異なっている。東ドイツの投票者の約四〇%は、極右政党のAfDかさらに過激な極右のNPD、あるいは逆の極左政党である左翼党に投票している。これらの政党は、反EUや反NATOを声高に叫び、アメリカを軽蔑している。ポーランド人、チェコ人、ハンガリー人、あるいは実際にロシアと国境を接するバルト諸国の人々とは異なり、先述の左右両極の政党を支持する東エルベ・ドイツ人は、ワシントンやパリよりもモスクワを自然なパートナーであり、より近しい心の友だと考える傾向が顕著である。再度言わせてもらえば、この発想はドイツ史とは無縁の考えであり、すべてがプロイセン史に関わるものである。ドイツの元外相ヨシュカ・フィッシャーは、アデナウアーを考えなしに信奉するような人物ではない（実際、彼は一九六〇年代に極左デモを指導してその名を知らしめた）。だが、彼は今やアデナウアー時代の記憶を呼び起こしている。

AfDはドイツの右翼ナショナリストたち（あるいはそれ以上にひどい）を代表するものであり、彼らは古き中道的な立場を欲し、ロシアともっと緊密な関係を結びたいと考えている。……願わくば私たちはこのような悲劇的な未来を回避したいし、そしてメルケルが二〇一七年以降も政務を続けてほしいと思う。ドイツ、ヨーロッパ、そして西側世界はそれにかかっているかもしれない。

ヨシュカ・フィッシャー「瀬戸際に立つ西洋」、『ツァイト』紙、二〇一六年一〇月三日二〇一七年の時点では、アンゲラ・メルケルが再び勝利しようとしている。つまり、彼女とエマニュエル・マクロンは、ＥＵにおける独仏の中核を復活させる機会をうかがっているのである。だが、それは簡単ではないだろう。今やフランスとドイツの相対的な強さは、ドゴールやアデナウアーの時代とは大きく異なっている。「再統一」によって、ドイツの関心は強く東エルベに向くこととなった。ボンは、パリ、ブリュッセル、ハーグ、さらにはロンドンに物理的に近かった。対して、ベルリンはプラハやワルシャワに近い。

トランプのＮＡＴＯに対する動揺、イギリスのＥＵ離脱、そして南欧諸国からのドイツへの敵視によって、西へと結びついている状態がもはやドイツの未来の中心的課題ではないという考えをより強くしただけだった。

今、ドイツはその本当の歴史を思い起こさねばならない。一八七一年から一九四五年という歳月は、ライン川・エルベ川・アルプス山脈に囲まれた領土を支配するプロイセンによる逸脱状態にあった。ドイツ本来の歴史は、国家崇拝、ピューリタン的熱情、そして勇壮な軍国主義とは無縁だったのである。このことを理解したうえで、ヨーロッパはそれに応えなければならない。ドイツはヨーロッパの大きな希望だ。ドイツがずっとそうであったように、今こそドイツは行動し、今こそドイツは受け入れられなければならない。ドイツが長年あった姿、それは西欧のまさに中心部だったということである。

二〇二二年九月の時点での追記

二〇二二年二月、皇帝ウラジミール〔プーチン〕がその首元への攻撃〔キーウへの直接攻撃〕したことによってウクライナの政府転覆に着手し始めた。彼は本当に自分を含むグレートゲームを待望してきたことが明らかとなった〔本書の一二ページを参照〕。しかし、ウクライナ人たちはこの侵略に備えており、すんでのところで小型だが重要な荷物、つまり対戦車ミサイルをアメリカ、イギリスそしてバルト沿岸諸国から受け取ったのである。ロシアからのガス供給に対するドイツ人の極度の依存がドイツの足かせとなるだろうと、以前から多く指摘されてきた。このプーチンの予測は、ほぼ正しかったことが証明された。ウクライナの人々が自身で決然と立ち上がったときでさえ、ＳＰＤ〔社会民主党〕所属の新たなドイツ首相〔オラフ・ショルツ〕はヨーロッパでも決定が遅れ、多くの影響力のあるリベラルな知識人もウクライナへの武器供与に激しく反対した。バルト沿岸諸国やポーランドの指導者たちは腹を立てて、ドイツのエリートたちがロシアに対してあまりに優しくも優柔不断な態度を取っていることを糾弾した。

ここでも東・西の分断が一役買っている。東の有権者たちは、ショルツが首相に就任するさいに重要な役割を果たした。そして、二〇二二年四月、ドイツに被害が及ぶのであればウクライナ支援には半数以上が消極的だった。しかし西側では、五五〜七〇％の有権者は衝突の覚悟ありと答えた。

さらに、この危機は本書で見てきた断層線を再び露わにした。**極右政党ＡｆＤ**〔ドイツのための選択肢〕

と極左政党Die Linke〔左翼党〕は両党ともに東の有権者に支えられた政党であり、最終的には同じ立場、つまり親ロシア的な立場をとった。ＳＰＤもまた歴史的にプロテスタントの北部・東部に基盤を持っており、ショルツ首相が歴史的な時代の転換点 eine Zeitenwende を宣言した後でさえ、ウクライナ支援に乗り気ではないかのように思えた。しかし、他が動き出した。緑の党は、全ドイツの政党の中でも筋金入りの西側政党であり、直裁的かつ好戦的にロシア反対を主唱したことで、多くの人々を驚かせた。これに反応して、大衆は彼らを支持した。もし近々選挙があったなら、ＣＤＵ〔キリスト教民主同盟〕、緑の党、そして自由市場主義のＦＤＰ〔ドイツ自由民主党〕との連立政権が生まれるかもしれない。これらはすべて、ＮＡＴＯ支持、ＥＵ支持、そしてウクライナ支持の政党である。

つまり、この本を書いたときから状況は何も変わっていない。ただし、その緊急性を除いては、である。我々全員にとって、ドイツの方針は極めて重要だ。つまり、一八七一年の強いられた「統一」によって決定づけられたプロイセンの破滅的な指針を完全に捨て去り、そして西ヨーロッパの中核という、ドイツの真の、そして歴史的な役目を果たす時が到来しているのである。

註

※1―当時の新聞や映像メディアは、政府にとっていかに操作しやすかったかについて、今日では想像するのが難しいだろう。

※2―フォード自身も熱心な反ユダヤ主義者で、実際に初期のナチ党への献金を行った。感謝と称

賛の気持ちを込めて、ヒトラーは一九二二年から一九二四年までフォードの写真を執務室に飾らせた。

※3—スターリングラードでの出来事はドイツの民族的な記憶の中でいまだ衰えていない。英米軍に降伏した一三万の兵は全員生存したが、ロシアに捕えられた九万の兵はほぼすべて命を失ったからだ。

※4—ところが、脱ナチ化されたドイツがスターリンと戦うかもしれないというアイデアは、まったく奇想天外なものでもなかったのである。一九四四年末の前、チャーチル自身が、英米軍による一九四五年のソ連に対する奇襲「想像を絶する作戦」の実現性に関する調査を命じた。その調査報告書で求められたのは、英米軍をドイツの部隊が支援するという前提だった。イギリス陸軍はこのアイデアはそもそもお話にならないと断言した。

1——著者のホーズはWest Germanyという語を使っているが、これは後の西ドイツを意識してのものだと思われる。

2——神聖ローマ帝国の皇帝としてはフランツ二世だが、この時点で退位している。

3——「世界の工場」は、一九世紀半ばのイギリスの国際的地位に関する言葉。工業製品の世界的な供給者となったことを、ディズレーリが一八三八年の議会演説でこのように表現したことから有名になった。『山川世界史小辞典』（山川出版、二〇〇四年）を参照。

4――ドイツ連邦（Deutscher Bund）は、一八一五年のウィーン議定書によって成立したドイツ系の諸邦の同盟。オーストリアが主導した。「ドイツ同盟」という訳語もある。

5――プロイセンが、「ドイツ」という、より高次な存在の一部になるということ。

6――多くは「プロレタリア独裁」と訳される。プロレタリアートが「独立して裁量権を持つ」という意味で「独裁」である。二〇世紀の歴史を経て、「独裁」にはヒトラーやファシズムなどのイメージが付いているので、「執権」とした。

7――それぞれ、一八二一年のギリシャ革命と、一八六一年のイタリア統一とそれらの前後の運動を指す。

8――ビスマルクの外交政策などについては、飯田洋介『ビスマルク　ドイツ帝国を築いた政治外交術』（中公新書、二〇一五年）がある。

9――「セミ・ゴータ」とは、「ゴータ」という有名な家系図書の名を利用し、そこに「セミ」という語をつけたもの。「セミ」は一方では「半分（未熟）」を意味し、他方では「セム（ユダヤ）」を意味する。つまり、「（劣った）ユダヤ系の家系図」というような差別的意味合いを含む書名である。一九一二年に初出版された。

10――ティボリ綱領は、ドイツ保守党の党綱領で、ベルリンのティボリ醸造所ビアホールでの会合で決定されたことから、こう名づけられた。

11――ベルンハルト・フォン・ビューロー（一八四九～一九二九年）は、ドイツの外交官、そして一九〇〇年から一九〇九年まで帝国宰相を務めた。

12――フリードリヒ・フォン・ホルシュタイン（一八三七～一九〇九年）は、ドイツの外交官で、多大な影響力を持っていたことから「黒幕」と呼ばれていた。

13――星乃治彦『男たちの帝国　ヴィルヘルム二世からナチスへ』（岩波書店、二〇〇六年）に詳しい。

14――マティアス・エンツェンスベルガー（一八七五～一九二一年）。政治家で作家。第一次世界大戦の終戦交渉に全権委任代表として出席。ヴァイマル期には財務大臣を務めた。

15――ヴァルター・ラーテナウ（一八六七～一九二二年）。電機メーカー社長。ヴァイマル期には外務大臣を務めた。

16――アデナウアーのベルリンへの忌避は明らかにされている。ただし、コンパートメントでの移動は夜行列車が多かったことから、カーテンを閉めた逸話は疑問視される。同時に、アデナウアーの東方観は検討する価値があるだろう。

17――ハンス・フォン・ゼークト（一八六六～一九三六年）は、ドイツの軍人。ヴァイマル時代には陸軍のトップを務めた。

18――これはつまり、ユンカーが貴族階層として持っていた「上流階級」的な装いや振る舞いを、非ユンカー出身のＳＳの若者にさせることで「支配的階層」の転換が行われていると考えられる。

19――社会ダーウィン主義（社会ダーウィニズム）は、ホロコーストを正当化する理論として用いられたが、ダーウィンの提唱した理論とはかけ離れている偽科学の理論である。

20――スターリングラードの戦いは、正確には二月に終焉を迎えたが、ここではドイツの第六軍の降伏時点を取り上げていると考えられる。

21――シュトゥットガルトはフランス占領区なので、対フランスのメッセージを多分に含んでいると考えられる。

22――板橋拓己『アデナウアー　現代ドイツを創った政治家』（中公新書、二〇一四年）に詳しい。

23――Bernd Greiner, "Saigon, Nuremberg, and the West: German Images of America in the Late 1960s", in: Alexander Stephan (ed.), *Americanization and Anti-Americanism: The German Encounter with American Culture After 1945*. Berghahn Books 2004, pp. 51-64.

24――一一月三日には、すでに四〇〇〇人が在チェコスロヴァキアのドイツ大使館に亡命し、八〇〇〇人がチェコスロヴァキア国内に入ったという。この場合には、一万二〇〇〇人となる。

25――社会国家とは、一般に福祉重視の福祉国家と捉えてよいが厳密には異なる。

26――ＡｆＤは「ドイツのための選択肢」が定訳となっているが、実際には「オルタナティヴ」が重要であり、閉塞した状況下での「別の道」つまり「代案」を示すという意味合いが含まれている。

27――ドイツでは議会に議席を得るためには、原則として「五％のハードル」が設置されている。これは全得票率の五％を超えないと議席を得られないというシステムであり、ヴァイマル時代における小政党の乱立を防ぐために考えられた制度である。

謝辞

しばしば言われるのは、イギリスの出版業界にはもはや真の意味での編集者は存在しないというものだ。ベン・ヤードル＝バトラーはその生ける反証である。そして、私は日々祈りを捧げている。エージェントのキャスピアン・デニスがほめてくれますように。グラフィックを手がけたジェームズ・ナンとの作業は大いなる喜びであった。またマット・ベイリスからの助言はいつでも有益で、何度も命拾いをした。重篤なバイタルトークとのやり取りは、ピーター・トンプソン博士、カレン・リーダー教授（オックスフォード大学）、ステファン・スザイマンスキー教授（ミシガン大学）、そしてマシュー・フィッツパトリック教授（フリンダース大学）と共に行われた。ピーター・トンプソンは写真もたくさん撮ってくれた―オックスフォード・ブルックス大学には、彼との出張旅費を補助してくれたことを深く感謝している。ハンブルクにあるビスマルク記念碑の写真を特別に撮ってくれたのはフィリップ・フォン・オッペンだ。私の母、ジャネット・ホーズ・ネイ・フライは重要な修正を的確に指摘してくれた。ドイツ史についての魅惑的な会話を数多くしたのは、私の義理の父、カール・フォン・オッペン、そして彼の娘、私の最愛の妻、キャロライン・フォン・オッペン博士（バース大学）とだった。彼女はあまりにも長く、この本と一緒にすごしてくれた。

ジェームズ・ホーズ

監訳者あとがき

本書の翻訳は多数の人々の協力なしには完成しなかった。まず、既刊『超約　ヨーロッパの歴史』の出版社・東京書籍の藤田六郎さんにメールを送ったことが始まりだった。監訳者・柳原は東京女子大学に勤務し、その大学院ゼミでドイツ史を研究する院生たちと、何か翻訳プロジェクトを開始したいと思っていた。大学院は修了し「通過」していく場所だが、社会に向けて何らかのカタチを残しておきたいと願っていた。

まずは翻訳に取り組んでくれた(元)大学院生を紹介しておこう。修士論文の執筆と同時に翻訳も丁寧にこなしてくれた小林百音さん、そして就職後の仕事をしながらの作業となった櫻田美月さん、お二人にはドイツ史を研究する意義と愉しさを再認識させてもらった。深く感謝している。また、二〇二四年度前期の講義「ドイツ史」は、本書を基に行った。そこで数々のコメント・質問を寄せてくれた東京女子大学の学生にも感謝を捧げたい。

本書は「二千年」の歴史を扱うゆえに、訳者の知識不足により訳出が難しい箇所があった。そこで多くの専門家の知見をお借りしている。東京女子大学・歴史文化専攻の樋脇博敏先生(古代ローマ史研究)と坂下史先生(イギリス近世・近代史研究)のお二人には、それぞれ専門分野からのアドヴァイスや修正意見をいただいた。他にも、小野寺賢一さん(ドイツ文学研究、大東文化大学)、崎山直樹さん(アイルランド史研究、千葉大学)、三佐川亮宏先生(ドイツ中世史研究、東海大学)、永本哲也さん(ドイツ近世史研究、弘前大学)たちには大変お世話になった。また、本シリーズに含まれる『超約　ヨーロッパの歴史』を翻訳された倉嶋雅人さんからは、全体を通して丁寧な校正意見をいただいた。ただし、翻訳に瑕疵があるとしたら、当然ながらすべて監訳者に責がある。

東京書籍編集者の藤田六郎さんと小野寺美華さんには多大なご迷惑をおかけした点をお詫びすると同時に、書籍作成については特大の感謝を贈りたい。

そして最後に、ライン川、ドナウ川、エルベ川を一緒に旅してきたミュンヒェン在住の家族に感謝を。

柳原伸洋

著者
ジェームズ・ホーズ　James Hawes
1960年生。歴史家・作家。オックスフォード大学を卒業後、役者を志すが断念し、ユニバーシティ・カレッジ・ロンドン（UCL）で博士号を取得（ドイツ文学におけるニーチェの影響を研究）。大学講師を務めたのち、作家へ転身。小説・ノンフィクション・歴史書まで幅広く手がける。本書 *The Shortest History of Germany*（2017, 2022）のほか、*The Shortest History of England*（2021）を執筆し、いずれも本国イギリスでベストセラーとなる。邦訳書には、小説『腐ったアルミニウム』（DHC、1999年）がある。

日本語版監修・監訳者
柳原伸洋　やなぎはらのぶひろ
1977年生。東京女子大学現代教養学部歴史文化専攻教授。研究分野はドイツ・ヨーロッパ近現代史。北海道大学文学部、東京大学大学院、在ドイツ日本大使館専門調査員などを経て、現職。共編著書に『教養のドイツ現代史』（共編著、ミネルヴァ書房、2016年）、『ドイツ文化事典』（編集幹事、丸善出版、2020年）、『ドイツ国民の境界　近現代史の時空から』（分担執筆、山川出版社、2023年）などがある。また、ペンネーム「伸井太一」として、ドイツ製品・文化関連の書籍多数。

訳者
小林百音　こばやしもね
東京女子大学大学院博士前期課程修了。研究分野は、ドイツ現代史。論文に「第二次世界大戦末期のドイツにおける民族共同体とその変容――ザクセン地域の事例をとおして」（修士論文）。

櫻田美月　さくらだみづき
東京女子大学大学院博士前期課程修了。研究分野は、ドイツ現代史。論文に「ナチズムとジードルング――レーゲンスブルクの事例における空間と生活の理想」（修士論文）。

超約《ちょうやく》ドイツの歴史《れきし》

2024年9月9日　第1刷発行

著者	**ジェームズ・ホーズ**
日本語版監修・監訳者	**柳原伸洋**
訳者	**小林百音　櫻田美月**
発行者	**渡辺能理夫**
発行所	**東京書籍株式会社**
	〒114-8524 東京都北区堀船 2-17-1
	03-5390-7531（営業）　03-5390-7500（編集）
デザイン	**榊原蓉子（東京書籍 AD）**
DTP	**川端俊弘（WOOD HOUSE DESIGN）**
協力	**小野寺美華　吉田智美　小池彩恵子**
印刷・製本	**TOPPANクロレ株式会社**

ISBN978-4-487-81697-2　C0022　NDC234

出版情報　https://www.tokyo-shoseki.co.jp/